精品课程配套教材

21世纪应用型人才培养规划教材

“双创”型人才培养优秀教材

DIANZI
SHANGWU
WULIU GUANLI

电子商务物流管理

主 编 李兴志 张 华 曹益平

山东大学出版社

图书在版编目（CIP）数据

电子商务物流管理/李兴志，张华，曹益平主编. —济南：山东大学出版社，2019. 9

ISBN 978-7-5607-6443-6

Ⅰ. ①电… Ⅱ. ①李… ②张… ③曹… Ⅲ. ①电子商务—物流管理 Ⅳ. ①F713. 365. 1

中国版本图书馆 CIP 数据核字(2019)第 211224 号

责任编辑：尹凤桐
美术编辑：张　荔
封面设计：尤　岛

出版发行：山东大学出版社
　　社　址　山东省济南市山大南路 20 号
　　邮　编　250100
　　电　话　市场部（0531）88363008
经　　销：新华书店
印　　刷：北京俊林印刷有限公司
规　　格：787 毫米×1092 毫米　1/16
　　18 印张　　416 千字
版　　次：2019 年 9 月第 1 版
印　　次：2019 年 9 月第 1 次印刷
定　　价：45. 00 元

《电子商务物流管理》
编委会

前　言

在欧美经济发达国家，物流的发展已经经历了数十年。而我国的物流业起步晚、水平低，虽然经过近年来的迅猛发展，我国的物流产业有了长足的进步，但是与发达国家相比，仍然存在着不小的差距。当前，我国电子商务产业的迅速扩张，极大地促进了物流行业的发展，也为我国物流产业的发展壮大提供了契机。本教材在编写过程中，结合我国电子商务产业和物流产业发展的实际情况，调研电子商务行业和物流行业的人才需求，根据行业、企业的实际用人需要，对电子商务物流中的知识、技术、装备等进行了系统的陈述和分析，为读者展示电子商务物流中的新理论、新思想、新技术。

本书在借鉴和吸收国内外电子商务物流管理的基本理论和最新研究成果的基础上，密切结合我国电商企业和物流企业发展的实际情况，从介绍物流管理的基本概念入手，对物流管理的方法、内容、特点等进行详细讲解；按照物流的七大功能来进行教材的章节安排和内容组织，并对物流管理中所涉及的成本管理和服务管理进行了系统的论述；结合当前电商商务和物流发展的新形势，本书也对第三方物流、第四方物流、供应链管理等物流的新思想、新理论进行了系统的分析和说明。

为了满足高等教育教学的需要，本书采用“项目导向、任务驱动”的方式设置章节结构，通过电子商务企业和物流企业的岗位分析，以岗位需求为依托，以职业化能力培养为主线，结合当前电商行业、企业中的物流新技术、新要求组织教材内容。本书在注重理论知识教学的同时，也增加实习实训内容，每一个任务模块都设置了任务实训环节，提高学生应用理论知识解决实际问题的能力，这样既有利于提高学生的操作能力和技术水平，也能够满足电商和物流从业人员学习培训的需要。

在本书的编写过程中，我们借鉴参考了国内外众多学者的研究成果和文献资料，并引用了部分网络资源和企业案例资料，在此我们一并表示最诚挚的谢意。

因作者水平所限，且电子商务物流理论和技术的发展日新月异，书中难免存在疏漏和不足，恳请各位专家、读者批评指正。

编　者

2019 年 8 月

目 录

项目1 电子商务物流管理概述

项目描述

随着电商的发展和日益成熟，物流成为各大电商企业竞争强有力的筹码，物流的配送速度和质量成为影响电子商务企业成败与否的关键因素，电子商务的发展与物流的关系越来越密切。本项目学习主要介绍电子商务与物流管理的基本知识，尤其是电子商务物流管理的相关理论和方法，培养学生利用物流知识解决电子商务过程中实际问题的能力。

项目要求

通过本项目的学习，掌握电子商务物流的定义、特点、作用等，理解电子商务物流管理的目标、原则、职能、特点等，了解物流对于电子商务的积极影响以及当前电子商务物流中存在的问题和解决的方法。

项目目标

【技能目标】

1. 掌握电子商务与物流的关系；
2. 掌握电商物流管理方法；
3. 能够利用电子商务和物流管理知识解决实际问题。

【知识目标】

1. 掌握物流和物流管理的基本知识；
2. 了解物流对于电子商务的作用和意义；
3. 掌握电子商务物流管理的原则和职能；
4. 了解电子商务物流存在的问题和解决方法。

【职业能力目标】

1. 培养学生利用物流理论和方法解决实际问题的意识；
2. 增强学生对物流管理与电子商务关系的认识；
3. 引导学生认识物流对于电子商务的深远影响，培养学生利用物流知识解决电商问题的观念和意识。

引导案例

甘肃皋兰县与京东打造电商物流基地，提升西北仓配能力

2018年9月28日，京东甘肃电商运营结算总部基地项目暨2018年皋兰县电商物流项目签约仪式在兰州举行，共签约5个项目，合同金额为39.7亿元。

兰州市皋兰县县长杜宁让28日称，在西山片区投资39.7亿元，占地1000多亩的电商物流项目，是推动皋兰打造国家级电子商务进农村综合示范县的龙头项目。据了解，京东甘肃电商运营结算总部基地项目是皋兰县引进的第一个世界500强产业项目，该项目是由京东集团总投资约16.5亿元，在皋兰县西山片区占地约600亩，以现代信息技术为依托，以公路、铁路、航空“三位一体”联运为特色，打造集商品物资集散、仓储运营、城市配送、信息处理、配套服务等功能于一体的现代化、系统化、生态化的运营结算总部基地。

京东集团副总裁李晨在签约仪式上说，京东甘肃电商运营结算总部基地项目建成后将成为国内一流电子商务运营示范基地，对接兰州并辐射周边地区的各项商贸业务和城市配送服务；将成为服务兰州的现代化智能物流基础设施，可以全方位满足企业的定制化物流需求，增加兰州本地企业的市场竞争力和经济效益。

此外，当日签约的项目还有，西安京拍档电子商务有限公司总投资约5亿元，引入京东协同仓、京东数科为园区提供仓储和互联网金融服务；上海丰树管理有限公司总投资约4亿元，建设国际国内知名品牌垂直电商区域分拨中心、国际大型零售O2O区域物流运营中心等；香港泉康投资有限公司总投资约5.2亿元，建设集展示、运营服务等为一体的现代化高端供应链运营产业区；盈石集团总投资约9亿元，建设以电商、跨境电商商贸中心等为一体的跨境电商创新产业园。

杜宁让称，这5个项目全部为电商物流项目，是皋兰县短板产业的补链、延链项目，项目落地在处于兰州主城区、兰州新区和白银市“两市一区”金三角位置，将为服务兰州现代化中心城市建设以及加快兰州新老城区一体化发展起到积极的促进作用。

皋兰县官方表示，这些项目的签约落地，将对县域经济社会转型跨越发展发挥明显的推动作用，也将极大提升兰州市作为甘肃地区乃至西北地区重要物流中转节点城市的仓配能力。

（刘薛梅：《甘肃皋兰县与京东打造电商物流基地提升西北仓配能力》，2018年9月28日，http：//www.gs.chinanews.com/news/2018/09-28/309211.shtml）

任务1.1 电子商务与现代物流

任务描述

电子商务时代，物流是买卖双方的重要纽带，电子商务的发展离不开高效、合理、畅通的物流系统。通过本任务的学习，使学生了解物流管理的基本知识，了解电子商务物流的定义和特点，理解电子商务与物流的密切联系。

任务知识

1.1.1 电子商务概述

电子商务（Electronic Commerce，简称EC），通常是指在全球各地广泛的商业贸易活动中，在因特网开放的网络环境下，基于浏览器/服务器应用方式，买卖双方不谋面地进行各种商贸活动，实现消费者的网上购物、商户之间的网上交易和在线电子支付以及各种商务活动、交易活动、金融活动和相关的综合服务活动的一种新型的商业运营模式。

电子商务包含两个基本的因素：一是电子，二是商务。我们可以简单理解为：将商务活动电子化。通过将信息技术和商务活动整合起来，改变传统商务活动的业务流程、商业模式和组织架构，利用互联网这一平台，买卖双方不需要面对面就能进行各种商务活动，比传统的商务模式更加的快捷、高效。

随着信息技术快速发展的新经济时代的来临，电子商务作为一种新型交易方式，实现了商流、资金流、信息流的有效对接与整合，以其无可比拟的便利性渗透到人们生活的方方面面。据中国电子商务研究中心发布的相关数据表明，我国电子商务行业已经整体跨入了厚积薄发后的爆发式增长阶段。电子商务不仅实现了交易方式的创新，而且还促进了我国物流业由传统模式向现代模式转变，实现了流通模式的变革。电子商务时代的到来，推动了我国物流服务业的快速发展，给物流业的发展带来契机，也使物流发展面临诸多挑战。

1.1.2 物流概述

物流最早出现于美国，1915年美国学者阿奇·萧在《市场流通中的若干问题》一书中就提到物流一词，当时物流的英文单词是 Physical Distribution，可以理解为实体配送，主要是指销售过程中的物流活动。

在第二次世界大战期间，美国需要将大量的军事物资供应到全球各地，因此美国军队的“后勤”（Logistics）理论得以迅速的发展和完善。这里的后勤主要是指将军事物资的生产、采购、供应、运输、仓储、配给等活动进行系统科学的部署和管理，以实现低成本、高效率地完成军事物资的补给。第二次世界大战结束后，军事后勤的理论和思想开始进入商业活动，也就衍生出了商业后勤、企业后勤等说法，这时的后勤主要是指生产过程、销售过程中的物流活动。

经过70多年的探索，在20世纪80年代，物流才有了定论。“物流”包含生产领域的原材料采购、生产过程中的物流搬运与厂内物流及流通过程中的物流或销售物流（Physical distribution），外延更加广泛。联合国物流委员会1999年的定义为：物流是为了满足消费者需要而进行的从起点到终点的原材料、中间过程库存、最终产品和相关信息有效流动和存储计划、实现和控制管理的过程。

在我国，被广为接受的是《中华人民共和国国家标准：物流术语》（GB/T 18354-2006）中的物流定义：物品从供应地向接收地的实体流动过程。根据实际需要，将运输、储存、装卸、搬运、包装、流通加工、配送、回收、信息处理等基本功能实施有机结合。

物流的基本功能包括包装功能、装卸搬运功能、运输功能、储存功能、加工功能、配送功能以及物流信息管理功能等，随着现代物流业的不断发展，又产生了一些增值功能，主要体现在增加客户的便利性、针对客户的要求适时加快物流体系的反应速度、降低物流配送成本、集成原有供应链并针对新的供应链提供增值服务以及按照不同的客户要求而定制的精益物流、综合物流等，进一步体现了物流体系的时间效用和空间效用。

补充阅读

常见的物流学说

1. 黑大陆学说

著名的管理学权威 P. E. 德鲁克曾经讲过："流通是经济领域里的黑大陆"，德鲁克泛指的是流通，但是，由于流通领域中物流活动的模糊性尤其突出，是流通领域中最具潜力的领域，所以，"黑大陆"说法现在转向主要针对物流而言。

2. 物流冰山说

物流冰山说是日本早稻田大学西泽修教授提出来的。他潜心研究物流成本时发现，现行的财务会计制度和会计核算方法都不可能掌握物流费用的实际情况，因而人们对物流费用的了解是一片空白甚至有很大的虚假性，他把这种情况比作"物流冰山"。冰山的特点是大部分沉在水面以下，是我们看不到的黑色区域，而我们看到的不过是其中很小的一部分。

3. 利润中心说

利润中心说的含义是，物流可以为企业提供大量直接和间接的利润，是形成企业经营利润的主要活动。对国民经济而言，物流也是国民经济中创利的主要活动。物流的这一作用，被表述为"第三利润源"。"第三利润源"的说法主要出自日本。从经济发展历程来看，能够大量提供利润的领域主要有两个：第一个是资源领域，第二个是人力领域。在这两个利润源潜力越来越小、利润开拓越来越困难的情况下，物流领域的潜力被人们所重视，按时间序列排为"第三利润源"。

4. 成本中心说

成本中心说的含义是，物流在企业管理中，只对企业营销活动的成本发生影响，物流是企业成本的重要产生点。物流所解决的问题主要是通过物流管理和物流的一系列活动降低成本。所以，成本中心既是指主要成本的产生点，又是指降低成本的关注点。物流是"降低成本的宝库"等说法正是这种认识的形象表述。

5. 服务中心说

服务中心说代表了美国和欧洲等一些国家学者对物流的认识。他们认为，物流活动最大的作用并不在于为企业节约了消耗，降低了成本或增加了利润，而是在于提高企业对用户的服务水平进而提高了企业的竞争能力。因此，他们在使用描述物流的词汇上选择了"后勤"一词，特别强调其服务保障的职能。通过物流的服务保障，企业以其整体能力来压缩成本和增加利润。

6. 效益背反说

效益背反说是物流领域中经常出现的普遍现象，是这一领域中内部矛盾的反映和表现。以包装问题为例，包装方面每少花一分钱，从表面上看这一分钱就必然转到收益上来。包装越省，利润则越高。但是，一旦商品进入流通之后，如果简省的包装降低了产品的防护效果，造成了大量损失，就会造成储存、装卸、运输功能要素的工作劣化和效益大减。

7. 物流战略说

这也是当前非常盛行的一种说法，实际上学术界和产业界越来越多的人已逐渐认识到，物流更具有战略性，是企业发展的战略而不是一项具体操作性任务，应该说这种看法把物流放在了很高的位置。企业战略是什么呢？是生存和发展，而物流对企业的生存和发展具有重要的影响和意义。

1.1.3 电子商务与物流的关系

随着电子商务产业的发展，对众多传统产业都产生了巨大影响，尤其是对物流产业更是产生了巨大的推动和影响作用，使得电子商务与物流的关系愈加紧密。电子商务使商业信息的流通突破了时间和空间的界限，能够为地理上处于分散状态的供应方和需求方提供服务，便于商流的周转和实现。但是，商流的实现离不开物资的流转，进而对物流业提出了更高的要求，这就为物流的发展开拓了新领域和创造了新机遇。电子商务在快捷、高效地解决信息流、商流和资金流之后，只有完成商品或服务空间的转移才能实现整个电子商务过程，从这个层面来看，物流效率是决定电子商务成功与否的关键。便捷的物流不但可以降低库存、减少交易成本，而且还保证了电子商务过程以及顾客中心理念的实现，因此可以将物流看作是电子商务的基础和重要组成部分，电子商务正是对信息流、商流、资金流和物流的有效整合的基础上形成的。

1. 电子商务对物流的影响

相对于传统商务中的物流活动，电子商务的出现对物流业的发展产生了诸多影响，主要表现在以下几个方面：

（1）电子商务改变了传统的物流运作方式

传统的物流活动在其运作过程中，无论是为生产服务还是为销售服务，实际上都是以商流为中心，从属于商流活动，因为物流的运动方式是紧紧伴随着商流来运动。在电子商务环境下，通过网络上的信息传递，可以有效地实现对物流的实时控制，提高物流管理效率。传统的物流活动，也可以利用计算机对物流信息进行处理和控制，但多是独立、分散地进行运作和控制。比如，在传统的物流中心或仓储企业中，企业的计算机管理信息系统是基于企业自身物流作业。而在电子商务时代，利用信息化技术和电子商务技术，可使物流在全球范围内实施整体的实时控制，实现更加科学高效的管理。

（2）电子商务促进了物流基础设施建设和物流技术的发展

电子商务的发展，极大地扩大了交易的地域范围，促进了全球范围内的物资流转，这样就要求物流能够满足全球范围内货物流转的需求。而物流要达到这一目标，良好的交通运输网络、通信网络、港口、机场、仓库等基础设施则是最基本的物质保证。在这种大形势下，世界各国都在大力进行物流基础设施建设，为物流业的迅速发展奠定了物质基础。另外，从物流环节来看，物流技术包括运输技术、保管技术、装卸技术、包装技术等。物流技术水平的高低是影响物流效率高低的一个重要因素。为了适应电子商务高速、高效的运作要求，物流企业也在不断地进行技术开发和应用，不断探索新的物流管理理论和措施，物流新技术、新理论、新方法不断涌现，实现了物流技术的巨大飞跃。

（3）电子商务为物流创造了新形式

电子商务不仅改变了传统的商业模式，而且还为物流虚拟化提供了技术保障，在电子商务状态下，人们在进行物流活动时，物流的各种职能及功能可以通过虚拟化的方式表现出来，将物流运作的实际过程虚拟化，而更加直观地分析物流目标和展现物流结果。在这种虚拟化的过程中，人们可以通过各种组合方式，寻求物流的合理化，使商品实体在实际的运动过程中，达到效率最高、费用最省、距离最短、时间最少的目的。

（4）电子商务对物流人才提出了更高的要求

电子商务不仅要求物流管理人员既具有较高的物流管理水平和丰富的物流专业知识，而且还要求其具有相关的电子商务知识，以在实际物流运作过程中，能有效地将二者有机结合在一起。这样既能满足电商客户个性化、多样化的需求，又能够使企业物流活动实现低成本、高效率的运营。另外，电子商务的时效性也促进了物流企业不断寻求服务、产品、信息以及决策反馈的及时性，推动了物流技术的发展和物流新模式的产生，这也意味着物流从业人员需要不断地学习和适应这些新技术和新模式，以满足物流行业发展的要求。

2. 物流对电子商务的影响

电子商务的发展对物流产生了深远影响，而物流对于电子商务产业的发展亦有着重要的作用和重大的影响。具体而言，物流对电子商务的影响主要体现在以下几个方面：

（1）物流保证了电子商务的实现

在传统的交易过程中，一般商流的实现往往伴随相应的物流活动，即双方的交易实现是将商品实体以适当的方式、途径由供方向需方转移。而在电子商务模式下，买方通过网络与卖方完成了商品所有权的交割过程，但电子商务的活动并未结束，只有商品和服务真正转移到买方手中，商务活动才告终结，而商品的转移则需要物流来实现。在这一交易过程中，物流实际上是以商流的后续者和服务者的姿态出现的，没有现代化的物流，任何实体商品的电子商务活动都不可能实现。

（2）物流是电子商务提高客户满意度的重要保证

利用电子商务，买卖双方可以方便迅捷地进行货物的交易活动，但是货物从卖方到买方的实体流动由物流活动来完成的，这一过程是否轻松、便利、快捷影响着买方的客户满意度。比如，消费者在淘宝、京东等电商网站上购买货物后，如果缺乏科学高效的物流作业，消费者所购商品迟迟不能送到，或者送达的货物并非自己所购买的，又或者是货物破损，那么必然会影响消费者的购物体验和满意度，进而影响电子商务企业的运营和电子商务行业的发展。

（3）物流是电子商务降低成本的重要途径

物流被称为“第三利润源”（“第一利润源”是指物质资源的节约，“第二利润源”是指人力资源的节约），虽然物流不能直接生产产品，但是可以通过对生产、销售等活动的支持和优化来降低成本，在收入一定的情况下，为企业带来巨大的利润。物流成本是电子商务企业成本的重要组成部分，对电子商务企业具有重大的影响。物流是电子商务企业运营成本的重要产生点，通过选择合理的物流模式，提高物流效率可以降低成本，支持和保障企业的其他经营活动，为电子商务企业创造利润。

（4）物流是电子商务企业的成败关键

利用互联网可以实现信息的流转，但是无法完成物资的流转，因而电子商务的实现又需要物流的支撑，物流的顺畅与否关系电子商务企业的生死存亡。电子商务企业需要根据自身的实际情况选择合理的物流模式，以低成本、高质量的物流服务为基础来开展电子商务，才能在激烈的竞争中立于不败之地。

总体而言，电子商务与物流之间是相互影响、相互促进的关系，一方面电子商务带动了物流的创新和发展，给物流业的发展提供了契机和动力；另一方面，物流为电子商务的发展提供了物质基础和服务保障。

1.1.4 电子商务物流的定义

电子商务作为一种新的数字化商务方式，代表未来的贸易、消费和服务方式，因此，要完善整体商务环境，就需要打破原有工业的传统体系，发展建立以商品代理和配送为主要特征，物流、商流、信息流有机结合的社会化物流配送体系。

电子商务物流的概念是伴随电子商务技术和社会需求的发展而出现的，它是电子商务不可或缺的重要组成部分。电子商务物流既可以理解为是“物流企业的电子商务化”，亦可以从更广义的角度去理解为“电子商务时代的物流”，或“电子商务企业的物流”，本书中的电子商务物流的定义更倾向于后者，即电子商务物流是根据电子商务对物流管理提出的新要求，利用电子商务技术和理念对传统物流管理进行改造，以专门为电子商务行业、企业服务的物流活动。

1.1.5 电子商务物流的特点

电子商务下的物流，有不同于一般物流的明显特殊性，除了具备基本的服务功能外，还要提供增值服务，它要求有高效的组织结构及严格的物流成本控制能力等，其特点就在于利用现代通信技术，体现出其高效化、个性化和低成本的优势。具体而言，电子商务物流的特点有以下几条：

1. 信息化

在电子商务时代，物流信息化是电子商务的必然要求。信息化表现为物流信息的商品化、物流信息收集的数据库化和代码化、物流信息处理的电子化和计算机化、物流信息传递的标准化和实时化、物流信息存储的数字化等。

2. 自动化

自动化的外在表现是无人化，其效果是省力，并且可以扩大物流作业能力、提高劳动生产率、减少物流作业的差错等。物流自动化的设施非常多，如条码、语音、视频自动识别系统、自动分拣系统、自动存取系统、自动导向车、货物自动跟踪系统等。

3. 智能化

这是物流自动化、信息化的一种高层次应用。物流作业过程大量的运筹和决策，如库存水平的确定、运输（搬运）路径的选择、自动导向车的运行轨迹和作业控制、自动分拣机的运行、物流配送中心经营管理的决策支持等问题都需要借助于大量的知识才能解决。在物流自动化的进程中，物流智能化是不可回避的技术难题。

4. 柔性化

柔性化，即根据消费者需求的变化来灵活调节生产工艺，没有配套的柔性化的物流系统是不可能达到目的的。20 世纪 90 年代，国际生产领域纷纷推出柔性制造系统、计算机集成制造系统、制造资源系统、企业资源计划以及供应链管理等概念和技术。这些概念和技术的实质是要将生产、流通进行集成，根据需求组织生产，安排物流活动。因此，柔性化的物流正是适应生产、流通与消费的需求而发展起来的一种新型物流模式。

5. 全球化

电子商务加速了全球经济的一体化，也带动了物流企业发展到国际化阶段。物流的全球化趋势给企业带来了新的问题，也带来了新机遇，迫使企业改变理念、开发新技术，参与到全球化的竞争。经济全球化大趋势，使物流企业和电子商务企业、生产企业更紧密地联系在一起，有利于物流专业化和全球化的发展。

6. 网络化

物流网络化的基础也是信息化，是电子商务下物流活动主要特征之一。这里指的网络化有两层含义：一是物流配送系统的计算机通信网络；二是物流组织和物流布局的网络化。物流的网络化是物流信息化的必然，是电子商务下物流活动的主要特征之一。当今世界 Internet 等全球网络资源的可用性及网络技术的普及为物流的网络化提供了良好的外部环境，物流网络化不可阻挡。

1.1.6 我国电子商务物流存在的问题

电子商务物流发展是必然趋势，但要进一步推动发展，必须要清楚地认识到存在的问题：

1. 电商物流体系不完善，基建不足，服务能力弱

我国的电商物流还是受到传统管理体制的制约，电商物流配送体系不完善，难以满足当前迅速发展的电子商务产业发展的需求。特别是在农村地区，相对来说电子商务物流较为薄弱，末端配送、冷链配送不完善，影响了农村电商业务的推广和开展。另外，基础设施的建设情况是物流活动质量和速度的保障因素。物流基础设施分为节点设施和线路设施。线路设施，我国现在的铁路、水路、航空等运输能力还不能满足电子商务物流发展的要求，一些公路、铁路会经常出现超负荷的运输现象，严重损坏了其使用寿命；节点设施，像是物流园区、配送中心、交通枢纽等网络分布还需要优化和完善。

2. 电商物流结构不尽合理

整体看来，我国电子商务物流结构不尽合理，企业规模普遍偏小，创新能力差，物流的配送布局与最优配送中心选址的布局存在一定的差异，专业化程度低，服务水平参差不齐。以淘宝网站为例，消费者在淘宝上货款支付成功后，往往需要 2~4 天的物流配送时间，一定程度上，影响了消费者的购物体验。目前，很多电商企业、物流企业都在探索优化电商物流结构，缩短货物流转时间，降低物流成本，只有改进物流结构中的不合理才能促进电商物流的综合发展。

3. 国际竞争力不强

我国现有的电子商务公司、物流公司基本上只为国内用户提供服务，除了淘宝、京东等几家已成规模的电商公司外，很多网站的在线交易量很低，不能形成大规模经营的货流，难以形成规模效益，物流成本居高不下。另外，我国的物流公司、快递公司起步较

晚，无论是资金和技术实力，还是物流网络，与发达国家的物流巨头相比，都存在较大差距，国际竞争力不足，难以满足电子商务发展的全球化需求。

4. 政策机制尚未健全

我国电子商务物流市场经过十几年的发展，已经初具规模，但相关的政策机制还处于探索、完善阶段，对电子商务物流的调控、引导还未尽善尽美，导致物流快递市场上的暴力分拣、恶性竞争、信息泄露等问题时有发生。与发达国家的电商物流相比，我国电子商务行业不够规范，相关的法律法规不够健全，管理体制和相关法律法规有待完善，通行难、停靠难、装卸难等问题也在制约电商物流的发展。

5. 电商物流专业人才匮乏

电子商务条件下物流行业的发展涵盖了物流理论、电子商务理论、信息技术以及管理学、市场营销学、经济学和心理学等多门学科知识，对从业人员的综合素质要求比较高。由于我国电子商务、物流管理等行业起步较晚，相关的理论研究的开展也较为落后。电子商务物流是一门综合性的学科，所需人才是懂电子商务也要懂物流的复合型人才，目前我国开展电商物流专业的学校并不多，所以在这方面的人才储备尚无法满足电子商务物流管理的发展要求。

1.1.7 解决电商物流问题的对策

我国电子商务物流的发展建设与发达国家相比，仍有众多不足。为了保证我国电子商务产业的健康发展，应该从以下几个方面进行电子商务物流建设。

1. 加快物流基础设施的建设

政府应主导、引导企业以共同参与的方式对物流基础设施进行统一规划、改造和建设；国家有关部门应根据国内实际情况结合国际标准制定和完善物流业标准；物流企业应提高物流企业的管理水平，使管理集成化，作业标准化；同时，充分利用和整合现有资源，对现有设施、设备进行改造，鼓励将先进技术运用于物流的整个过程，提高物流的信息化、自动化、智能化水平。

2. 完善物流体系，优化物流结构

完善的物流体系是电商物流迅速发展的基础，物流企业应针对自身物流的特点，提高物流配送的合理性，优化物流的结构，让各个地区都能享受到物流的便捷服务。其次，还应该提高物流的服务水平和服务类型，促进我国电商物流的发展。

发展电子商务物流不能仅仅局限于企业自身的物流，应积极发展第三方、第四方物流，实现专业化物流，大力发展新兴的电子商务物流服务企业，加快电子商务与传统行业的接轨，实现电子商务物流的社会化、集约化发展。

3. 加大物流技术研发和推广

从发达国家的物流业来看，现代物流主要特点表现为依据信息反馈和物流方面专业知识，用最低的成本去提供客户需要的物流管理和服务。目前，我国物流企业很难从真正意义上达到现在物流水平的标准，从现有的工作条件看，仍停留在仓储、运输、搬运上，信息化作业水平仍然很低，不能提供综合性的物流服务。为与信息化时代快速相适应，我们要积极借鉴、吸取他国物流管理研究的成果，切实从发展物流业的角度出发，鼓励理论界和实务界多研究电子商务物流中的难题。

4. 加强物流人才培养力度

开展多种形式的物流教育与培训，加强电子商务物流人才队伍建设。鼓励高校优化物流专业的课程设置和学生培养模式，加强对电商物流人才的培养，可以实行工学交替的模式来培养专业性的电商物流人才，还可以将优秀人才送到国外进修和培训，学习发达国家的先进技术。大力发展职业教育和社会教育，通过组织人员参加技能培训、颁发从业资格认证等方式来推广电子商务物流管理知识，提高从业人员职业素养。

电子商务的出现，使得现代物流发生巨大的变化，信息技术及计算机技术在物流中的应用将会彻底改变世界物流的面貌。电子商务物流使物流业打破了区域和国界，开辟了巨大的网上商业市场，提高了我国企业参与国际竞争的能力。但是我们必须看到，作为发展中国家，在物流业方面与发达国家的差距还甚远，要缩短我国与发达国家之间的差距，建立高效可靠的物流系统，已成为我国企业参与世界贸易竞争的关键所在。

任务实施

组织学生参观当地的电子商务企业，了解货物仓储、运输、配送、流通加工等物流作业是如何完成的。

任务成果

根据调研的电子商务企业，结合本次任务中的物流知识，分析企业的物流作业流程和物流作业内容，并填写实训报告。

任务考核

考核内容	评价标准	分值	得分
调研准备	参观调研当地电子商务物流企业，了解企业的基本情况，做好调研准备和调研计划	10	
调研过程	调研电子商务企业，了解电子商务企业的经营范围、销售对象、物流作业内容、物流作业流程、物流管理中存在的问题，并做好详细记录	30	
实训报告	咨询报告结构合理、内容翔实、分析总结科学合理，体现出对电子商务企业物流作业运营的认知与理解	60	
合计		100	

任务小结

物流与电子商务的发展存在着密切的关系，通过本任务的学习，使同学们了解了电子商务物流的定义、特点等，也使大家认识到我国电子商务物流发展中存在的问题及应对策略，为本课程后期的学习奠定了基础。

任务1.2 电子商务物流管理

任务描述

电子商务物流管理是对电子商务相关的物流活动的管理，本任务的主要学习内容是电子商务物流管理的定义、目标、原则、内容、职能等相关知识，培养学生利用物流知识、管理理论解决电子商务运作中的物流问题的能力。

任务知识

1.2.1 电子商务物流管理的定义

电子商务物流管理是指在社会再生产过程中，根据物质资料实体流动的规律，应用管理的基本原理和科学方法，对电子商务物流活动进行计划、组织、指挥、协调、控制和决策，使各项物流活动实现最佳协调与配合，以降低物流成本，提高物流效率和经济效益。简言之，电子商务物流管理就是研究并应用电子商务物流活动规律对物流全过程、各环节和各方面的管理。

1.2.2 电子商务物流管理的目标

电子商务物流管理基本目标是为电子商务活动提供物流保障，以低成本、高质量的物流服务为电子商务行业、企业的发展奠定基础。具体而言，电子商务物流管理有以下几个目标：

1. 服务保障

物流系统本身就是流通系统的一部分，它连接着生产与消费两个环节，因此，要求物流系统应具有很强的服务性，为生产和销售服务；同时也要求物流管理活动始终以用户为中心，并树立“用户第一”观念，为企业生产经营活动服务。电子商务物流管理的目标亦是如此，通过建立高效合理的物流系统，为电子商务的运作和实现提供满足客户需求的物流服务，进而推动电子商务产业的发展。

2. 降低成本

物流成本是电子商务企业经营成本的重要组成部分，而物流作为“第三利润源”就是依靠降低成本来实现的。降低成本是经济领域的重要规律，对于物流管理而言，降低成本尤其重要。因为由于流通过程消耗大而又基本上不增加商品使用价值，所以降低成本是提高相对产出的重要手段。因此，在物流领域推行集约化、规模化方式，采取各种省时、省力、省能耗的措施，以降低电子商务物流过程中的成本。

3. 规模优化

规模经济是作用于现代经济活动中的普遍经济规律，伴随着电子商务产业和物流产业的发展而日渐壮大的电子商务物流同样也适用规模经济理论。以物流规模作为电子商务物流管理的目标，目的是为了追求“规模效益”。物流系统规模的扩大，是为了形成规模效应，降低电子商务企业的物流成本，扩大企业的竞争优势，是电子商务物流管理重要目标之一。

4. 快速反应

快速反应是指在物流管理中对消费者需求作出快速反应的供应链管理方法。对于电子商务物流管理而言，快速反应具有更加重要的意义。在电子商务物流管理过程中，通过与零售商和制造商建立战略伙伴关系，利用电子数据交换（EDI）、销售时点信息系统（POS）、电子订货系统（EOS）等信息技术，以缩短交货周期、减少库存、提高客户服务水平、对消费者需求作出快速反应，从而最大限度地提高电子商务的运作效率和反应速度，为客户提供更快、更好的电商和物流服务，进而获取更大的竞争优势和市场份额。

1.2.3 电子商务物流管理的原则

为了实现电子商务物流管理的目标，构建成本低、服务好的物流系统，电子商务物流管理过程中应该遵循下述原则：效益最优原则、系统性原则、服务原则。

1. 效益最优原则

企业管理的目标是取得和提高企业效益，包括企业的经济效益、社会效益和生态效益，电子商务物流管理过程中也应该遵循效益优先原则，围绕这一原则来进行计划和管理，科学地处理部分与整体、近期与长期、内部与外部、微观与宏观等关系，统筹兼顾，权衡利弊，以促进物流管理的效益最大化。

2. 系统性原则

物流系统包括运输、保管、包装、装卸搬运、流通加工、配送和信息等七大功能，这些功能相互影响、相互作用，形成一个有机的整体，物流管理的系统性原则要求对物流活动的全过程进行统一管理，充分协调各部门、各环节的资源配置，发挥综合效益，总体优势。

3. 合理化原则

所谓物流合理化，就是对物流设备配置和物流活动组织进行调整改进，实现物流系统整体优化的过程。电子商务物流合理化具体表现在如何协调好成本与服务二者之间的关系上，即在成本一定的情况下，尽可能地提高物流服务水平，或者在物流服务能够满足客户需求的情况下，尽可能地降低物流成本。

1.2.4 电子商务物流管理的内容

电子商务物流管理主要包括对物流过程的管理和对物流要素的管理。其中物流过程管理主要包括对物流功能和物流作业环节的管理，物流要素管理主要是对物流运作中所涉及的各种要素的管理。

1. 物流过程管理

物流过程主要由物品的包装、装卸搬运、运输、储存、流通加工、配送、物流信息、客户服务等活动组成，是物流基本功能的实施与管理过程，其包含以下几个管理内容：

（1）运输管理。运输方式及服务方式的选择，运输路线的选择，车辆调度与组织。

（2）储存管理。原料、半成品和成品的储存策略，储存统计、库存控制、养护。

（3）装卸搬运管理。装卸搬运系统的设计、设备规划与配置和作业组织等。

（4）包装管理。包装容器和包装材料的选择与设计，包装技术和方法的改进，包装系列化、标准化、自动化等。

（5）流通加工管理。加工场所的选定，加工机械的配置，加工技术与方法的研究和改进，加工作业流程的制订与优化。

（6）配送管理。配送中心选址及优化布局，配送机械的合理配置与调度，配送作业流程的制订与优化。

（7）物流信息管理。对反映物流活动内容的信息、物流要求的信息、物流作用的信息和物流特点的信息所进行的搜集、加工、处理、存储和传输等。

（8）客户服务管理。对于物流活动相关服务的组织和监督，如调查和分析顾客对物流活动的反映，决定顾客所需要的服务水平、服务项目等。

2. 物流要素管理

物流要素管理主要是对物流过程中所涉及的人、财、物、信息、设备等资源的调配和管理。

（1）人的管理。物流从业人员的选拔和录用，物流专业人才的培训与提高，物流教育和物流人才培养规划与措施的制定。

（2）物的管理。“物”指的是物流活动的客体，即物质资料实体，涉及物流活动诸要素，即物的运输、储存、包装、流通加工等。

（3）财的管理。主要指物流管理中有关降低物流成本、提高经济效益等方面的内容，包括物流成本的计算与控制、物流经济效益指标体系的建立、资金的筹措与运用、提高经济效益的方法。

（4）设备管理。对物流设备进行管理，包括对各种物流设备的选型与优化配置，对各种设备的合理使用和更新改造，对各种设备的研制、开发与引进等。

（5）方法管理。包括各种物流技术的研究、推广普及，物流科学研究工作的组织与开展，新技术的推广普及，现代管理方法的应用。

（6）信息管理。掌握充分的、准确的、及时的物流信息，把物流信息传递到适当的部门和人员手中，从而根据物流信息，作出物流决策。

1.2.5 电子商务物流管理的职能

电子商务物流管理和任何管理活动一样，包括组织、计划、协调、指挥和控制这五大职能。

1. 组织职能

主要工作内容有：确定电子商务物流系统的机构设置、劳动分工和定额定员；根据企业目标，对电子商务物流中的各项职能进行合理分工，保证物流组织架构的高效运转。

2. 计划职能

主要是设定企业物流管理的目标，编制和执行年度电子商务物流的供给和需求计划，编制电子商务物流各环节的具体作业计划（如运输计划、仓储计划等）以及与物流营运相关的财务计划、人事计划等。

3. 协调职能

在物流系统运作过程中，部门之间、作业环节之间、内外组织之间难免会出现各种矛盾和冲突，这就要求发挥物流管理的协调职能，通过资源调配、信息交流、任务分工等方式来处理矛盾和冲突，保证电子商务物流的顺畅运作。

4. 指挥职能

物流管理中的指挥职能是指按物流组织目标对物流过程进行控制、对人员进行激励，率领下属共同为实现目标而努力的活动。其具体内容包括：发布指令、监督检查、指导激励等。指挥主要体现在上级对下级的激励与控制，既要凭借职权发布命令，以纪律要求进行监督检查，又要以工作业务指导和激励调动员工的积极性，同心协力完成任务。

5. 控制职能

由于电子商务物流管理涉及面广，组织架构复杂，参与人员众多，难以保证所有部门和人员都能够按照计划向着同一目标前进。而控制职能就是利用规章制度、行为准则、考核评价、监督、奖惩等措施来及时发现和纠正偏差，确保物流管理计划的执行和物流管理目标的实现。

1.2.6 电子商务物流管理的特点

电子商务下的物流是伴随电子商务技术和社会需求的发展而出现的。由于电子商务所独具的电子化、信息化、自动化等特点，以及高速、廉价、灵活等诸多好处，使得电子商务下的物流管理也有别于传统物流。具体而言，电子商务物流管理的特点有以下几个：

1. 综合化

从电子商务物流管理覆盖的领域上看，它涉及商务、营销、物流、信息和技术等领域的管理；从管理的范围看，它不仅涉及电子商务物流企业，而且还包括供应链的上下游企业；从管理的方式方法看，它既有传统的管理方法，又包含通过网络进行的过程管理和虚拟管理，因而电子商务物流管理具有综合性的特点。

2. 智能化

电子商务物流比传统物流的自动化、智能化程度高，利用物流资源计划（LRP）、企业资源计划（ERP）、决策支持系统（DSS）等信息化的管理手段，能够对企业物流过程中的人、财、物等资源进行更加科学合理的调配，甚至可以利用智能化的电子商务物流管理系统来模拟现实、发出指令、实施决策，根据物流过程的特点采用对应管理手段，真正实现电子商务物流管理的柔性化和智能化。

3. 信息化

物流信息化既是电子商务物流的特点，也是电子商务物流的必然要求；信息化是电子商务的基础，也是电子商务物流的基础。没有物流的信息化，任何先进的技术设备都无法在物流领域得以应用，物流信息化表现为物流信息的商品化、物流信息传递的标准化和实时化、物流信息存储的数字化等。条码（Bar Code）技术、数据库（Database）技术等信息技术在物流管理中的普遍应用，彻底改变了传统的物流管理方式，为实时、高效的物流管理提供了技术支持。

4. 柔性化

物流的柔性化是为了实现“以顾客为中心”理念而在生产领域提出的，柔性化的物流是适应生产、流通与消费的需求而发展起来的一种新型物流模型，其实质是将生产、流通进行集成，根据需求端的需求组织生产、安排物流活动，以满足客户多样化、个性化的需求，为客户提供更有针对性的物流服务。

电子商务与物流的互动协调发展有助于解决电子商务物流瓶颈，并且持续性地推动双方共赢发展。当前，电子商务企业的快速成长而带来的巨大订单推动了快递物流的飞速发展。电子商务的进一步发展也需要获得高效的物流配送体系支持。两者之间存在着互利互惠、利益共生的合作关系与互相促进的作用，但由于快递物流在某些环节跟不上电子商务的步伐，致使两者难于协调运转起来。鉴于此，探究电子商务物流管理中存在的不足和问题，并采取措施与对策促进电子商务与物流的协调发展，对我国电子商务产业和物流产业发展有着极其重要的理论意义和现实紧迫性。

补充阅读

2017 年我国电子商务物流市场现状及未来发展前景展望

1. 电子商务市场规模分析

智研咨询发布的《2018～2024 年中国物流市场深度调查及投资前景预测报告》指出：2017 年全国电子商务交易额达 29.16 万亿元；其中商品、服务类电商交易额 21.83 万亿元，同比增长 24.0%；合约类电商交易额 7.33 万亿元，同比下降 28.7%。

2011～2017 年中国电子商务交易额走势图

2. 电子商务区域分布情况

从分地区情况看，东、中、西部交易额增速基本平衡，东北地区交易额增速较高。2017 年东部地区商品、服务类电商交易额 15.02 万亿元，占 68.8%，同比增长 24.3%；中部地区交易额 2.76 万亿元，占 12.6%，同比增长 20.3%；西部地区交易额 3.31 万亿元，占 15.2%，同比增长 24.2%；东北地区交易额 0.74 万亿元，占 3.4%，同比增长 30.6%。

3. 电子商务行业分布情况

从我国电子商务网站所处的行业分布来看，排在前十名的依次为：服装鞋帽、纺织化纤、农林畜牧、数码家电、机械设备、化工塑料、食品糖酒、建筑建材、五金工具、医疗医药，其中服装鞋帽和纺织化纤占比分别为 14% 和 11%。

4. 电子商务从业人员规模

截至 2017 年 12 月，中国电子商务服务企业直接从业人员超过 305 万人，由电子商务间接带动的就业人数，已超过 2500 万人。

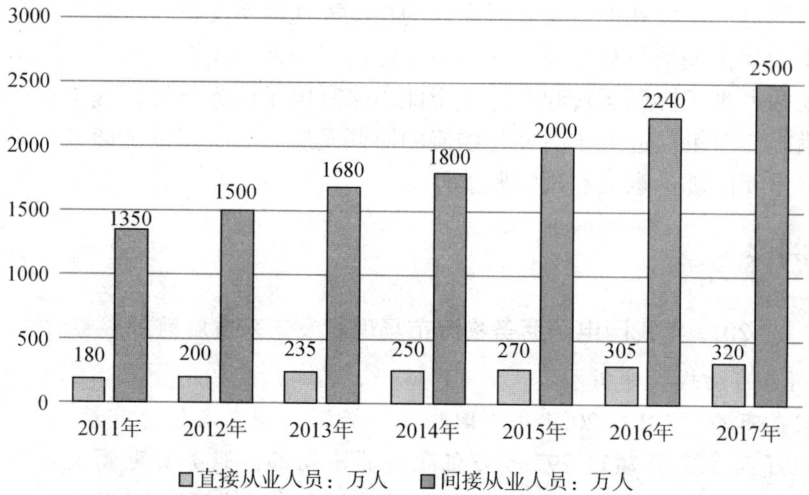

2011 ~ 2017 年电子商务从业人员规模走势图

5. 电子商务对物流的影响

（1）宏观上现代物流业将成为一个国家的支柱行业

电子商务是一次高科技和信息化的革命，强化了信息处理，弱化了实体处理。这必然导致产业大重组，原有的一些实体行业、企业将逐渐压缩乃至消亡，将扩大和新增一些行业、企业。产业重组的结果，可能实际上使得社会上的产业只剩下两类行业：一类是实业，包括制造业和物流业；一类是信息业，包括服务、金融、信息处理业等。

（2）微观上物流企业会越来越强化

电子商务的应用，使得普通消费者可以在网上商城购买自己所需的产品，企业可以通过网络采购原料、接受订单、销售产品，并且可以通过电子银行或者利用电子货币进行支付。现实中的商店、银行将会大量减少乃至消亡。而与此同时，除了极少数的数字化产品（如电子书籍、音乐等）可以通过网络传输之外，其余的绝大部分产品还得依赖于物流企业送达客户。除此之外，物流企业还要从生产企业及时把产品进货入库。物流企业担任着生产企业的仓库和用户的实物供应者的双重角色。而且，随着绝大多数的商店、银行虚拟化，商务事务处理信息化，多数生产企业柔性化，整个市场剩下的就只有实物物流处理工作了。物流企业成了代表所有生产企业及供应商对用户的唯一最集中、最广泛的实物供应者，是进行区域市场实物供应的唯一主体。

6. 物流对电子商务的作用

(1) 电子商务改变传统物流观念

传统的物流和配送企业需要置备大面积的仓库，而电子商务系统网络化的虚拟企业将散置在各地的、分属不同所有者的仓库通过网络连接起来，使之成为“虚拟仓库”，进行统一管理和调配，服务半径和货物集散空间都放大了。这样的企业在组织资源的速度、规模、效率和资源的合理配置方面都是传统的物流和配送所不可比拟的，相应的物流观念也必须是全新的。

电子商务作为一新兴的商务活动，为物流创造了虚拟的运动空间。可以通过各种组合方式，寻求物流的合理化，使商品实体在实际的运动过程中，达到效率最高、费用最省、距离最短、时间最少的功能。

(2) 电子商务改变物流的运作方式

传统的物流和配送过程是由多个业务流程组成的，受人为因素和时间影响很大。网络的应用可以实现整个过程的实时监控和实时决策，而且这种物流的实时控制是以整体物流来进行的。新型的物流和配送的业务流程都由网络系统连接。当系统的任何一个环节收到一个需求信息时，该系统都可以在极短的时间内作出反应，并拟定详细的配送计划，通知各相关环节开始工作。这一切工作都是由计算机根据人们事先设计好的程序自动完成的。

(3) 电子商务改变物流企业的经营

首先，电子商务将改变物流企业对物流的组织和管理。在传统经济条件下，物流往往是从某一企业来进行组织和管理，为企业自身服务。而电子商务则要求物流以社会的角度来实行系统的组织和管理，以打破传统物流分散的状态。这就要求企业在组织物流的过程中，不仅要考虑本企业的物流组织和管理，而且还要考虑全社会的整体系统。

其次，电子商务将改变物流企业的竞争状态。在传统经济活动中，物流企业之间存在激烈的竞争，这种竞争往往是依靠本企业提供优质服务、降低物流费用等方面来进行的。在电子商务时代，这些竞争内容虽然依然存在，但有效性却大大降低了。原因在于电子商务需要一个全球性的物流系统来保证商品实体的合理流动。对于一个企业来说，即使它的规模再大，也是难以达到这一要求的。这就要求物流企业应相互联合起来，在竞争中形成一种协同竞争的状态，以实现物流高效化、合理化、系统化。

(4) 电子商务促进物流改善和提高

首先，电子商务将促进物流基础设施的改善。电子商务高效率和全球性的特点，要求物流也必须达到这一目标。而物流要达到这一目标，良好的交通运输网络、通信网络等基础设施则是最基本的保证。

其次，电子商务将促进物流技术的进步。物流技术主要包括物流硬技术和软技术。物流硬技术是指在组织物流过程中所需的各种材料、机械和设施等；物流软技术是指组织高效率的物流所需的计划、管理、评价等方面的技术和管理方法。物流技术水平的高低是实现物流效率高低的一个重要因素。

最后，电子商务将促进物流管理水平的提高。物流管理水平的高低直接决定和影响着物流效率的高低，也影响着电子商务高效率优势的实现。只有建立科学、合理的管理制度，将科学的管理手段和方法应用于物流管理当中，才能确保物流的畅通进行，实现物流的合理化和高效化，促进电子商务的发展。

7. 电子商务环境下我国物流企业的现状

根据我国物流企业现阶段的所有制性质和经营管理方式不同，大致可将其分为两类：

一类是传统型物流企业，这类企业大多为国有或集体企业，其特点一般包括地域性、行业性和传统性，这类物流企业只接受仓储和运输的订单。

一类是第三方物流企业，这类企业大多都是依据市场的运作规律而建的新型物流企业，这类第三方物流企业是电子商务时代的主流。

目前，我国的第三方物流企业在数量上已具有一定的规模，但质量上还显得很薄弱，其中只有某些较大的第三方物流企业建立了自身的配送中心。我国加入 WTO 后，国际社会上许多物流业和运递业的大型企业相继进入我国市场，这对我国还处于起步阶段的第三方物流造成了巨大的影响。

电子商务环境下我国第三方物流的基础设施得到了很大的改善，经过多年的建设，我国的铁路、水路、公路、民航等基础设施已得到了很大的改善，基本可以满足物流运输的基础设施体系。

8. 电子商务物流发展前景展望

从经济基本层面来看，经济复苏正处于新旧增长动能转换的关键阶段，全球逆全球化思潮和贸易保护主义不断抬头，但跨境电商物流与进出口一般贸易形成鲜明反差。以俄罗斯为例，仅 2016 年一季度中国电商包裹占据了俄罗斯 90% 的市场，跨境电子商务发展潜力巨大，发展势头势不可挡，对于重塑国际贸易新格局、主导国际贸易新规则、打造产业国际竞争力具有十分重要的战略意义。国内宏观经济将坚持稳中求进工作总基调，保持定力，深入推进“三去一降一补”，着力破除实体经济发展的条块约束，降低各类交易成本特别是制度性交易成本，释放制度红利，消费领域在国民经济中继续发挥关键力量，这些为电商物流的快速发展奠定了坚实基础。

从政策层面来看，十三五专项规划相继发布，电商物流激励措施密集出台，2016 年 3 月份《全国电子商务物流发展专项规划（2016~2020 年）》发布，明确提出到 2020 年基本形成“布局完善、结构优化、功能强大、运作高效、服务优质”的电商物流体系，这是指导“十三五”时期我国电商物流发展的纲领性文件，标志着我国电商物流进入全新的发展阶段。《电子商务“十三五”发展规划》《商贸物流发展“十三五”规划》和《国内贸易流通“十三五”发展规划》也对电商物流提出了相关工作要求。国务院《全国农业现代化规划（2016~2020 年）》明确要引导新型经营主体对接各类电子商务平台，健全标准体系和冷链物流体系，并提出到“十三五”末农产品网上零售额占农业总产值比重达到 8% 的目标。部分省市也出台适合本地区发展的“十三五”电商物流发展规划。随着电商物流服务规范、跨境商品电商经营服务规范相继实施，市场服务更趋规范。

从重点行业来看，随着“一带一路”“走出去”等国家战略的深入实施，我国与世界其他国家贸易广度和深度不断增强，贸易便利化、海关、电子商务以及投融资合作等日益频繁，“全球买、全球卖”为我国电商物流国际化带来巨大发展机遇。

总体判断，国内外电商物流市场将持续繁荣，农村、冷链、医药、跨境等专业领域需求旺盛而迫切，包容、开放、共享、创新的发展思路继续引领行业发展。整体上看，电商物流将继续保持快速增长的良好态势。

（本部分内容源自中国产业信息网，有删节。http://www.chyxx.com/industry/201808/664872.html）

任务实施

将全班学生分成若干组，每组3~5人，每个小组选定一家电子商务企业，通过实地调研、网络查询等方式收集该电商企业的物流管理运作方式，分析其物流管理中存在的问题，并提出改进意见，撰写调查报告。

任务成果

关于某电商企业物流管理存在的问题的调研报告，并制作小组汇报课件。

任务考核

序号	考核项目	考核标准	分值
1	人员分工	分工明确，各司其职，体现出良好的团队精神	20
2	调研过程	调研过程科学合理，信息收集整理详尽准确	20
3	调研报告	调研报告结构完整、内容充实、分析合理，能正确运用所学知识解决问题	30
4	小组汇报	PPT美观，逻辑清晰，语言表达自然流畅，观点鲜明	30
合计			100

任务小结

本任务主要学习了电子商务物流管理的定义、目标、原则、职能、特点等相关知识。通过本次任务的学习和实训，使大家掌握电子商务物流管理的基本知识，并能够利用物流管理的知识来分析和解决电商企业中存在的问题。

项目能力测试

一、单项选择题

1. 电子商务的英文简称是（　　）。

A. PD　　B. ERP　　C. EDI　　D. EC

2. 物流被称为（　　）。

A. 第一利润源　　B. 第二利润源　　C. 第三利润源　　D. 第四利润源

3. 不属于电子商务物流管理的原则的是（　　）。

A. 效益最优　　B. 系统性　　C. 综合性　　D. 合理化

4. 电子商务物流管理主要包括对物流过程的管理和对（　　）的管理。

A. 物流设备　　B. 物流成本　　C. 物流人员　　D. 物流要素

二、多项选择题

1. 物流的基本功能包括（　　）。

A. 包装功能　B. 装卸搬运功能　C. 运输功能　D. 储存功能

2. 电子商务物流的特点包括（　　）。

A. 信息化　B. 智能化　C. 柔性化　D. 区域化

3. 电子商务物流管理的目标有（　　）。

A. 服务保障　B. 降低成本　C. 减小规模　D. 快速反应

4. 电子商务物流管理的职能有（　　）。

A. 计划　B. 组织　C. 激励　D. 控制

三、简答题

1. 什么是物流？

2. 什么是电子商务物流？

3. 简述电子商务物流管理的目标。

4. 简述电子商务物流要素管理的内容。

项目 2 电子商务中的运输管理

项目描述

运输业既具有实质生产的共性，又具有区别于一般物质生产的特性，所以运输业是生产过程正在流通过程内的继续，属于物质生产领域。运输管理为运输企业、第三方物流企业运输作业部、兼顾生产企业和商贸连锁企业的运输部门，培养运输业务操作员、运输项目主管、运输部门经理。物流业是运输业、仓储业、货代业和信息业的复合产业，而运输服务是客户物流服务的单项服务，运输管理就是要以运输企业的运营过程为依据，以企业真实的服务活动为载体整合教学内容。巩固所学的运输管理的基本理论和基本知识，掌握运输管理的基本岗位技能，了解运输企业的基本流程、组织分工以及各岗位的主要职责，这是本项目主要实现的教学任务。

项目要求

通过本项目学习，熟悉运输组织和运输选择与决策的基本理论、方法和技能，了解运输管理的目标内容及作用，掌握各种运输方式的作业环节和流程、运输成本分析和运输费用的计算方法，具备运输经营管理和实际操作的能力。

项目目标

【技能目标】

1. 具备企业物流运输方式有效选择和优化的技能。
2. 了解商品不合理运输的形式，掌握运输合理化的措施。
3. 了解运输与物流其他功能环节的关系。
4. 掌握各种运输方式的优缺点、适用范围。
5. 能够恰当地选择合理的物流运输方式。

【知识目标】

1. 掌握运输的概念、特征、功能、主要运输方式的优缺点、影响运输成本的主要因素。
2. 了解商品不合理运输的形式，掌握运输合理化的措施。
3. 掌握运输管理的作用及内容。

【职业能力目标】

学生通过课堂理论学习，校内外实训基地一体化教学与技能训练以及工作学期的顶岗实习，能在先进的物流运输管理理念指导下，通过运用物流运输管理基础知识、不同物流运输方式的实操业务、物流运输组织与管理、物流运输决策、物流运输经营、集装箱运输、联合运输、运输相关法规、特殊货物运输、运输风险的分析与防范等方面知识进行物流运输管理实训和实践，掌握“一线运营管理人”应具备的物流运输管理知识、技能。

1. 培养学生利用科学手段进行合理运输方式选择，降低运输成本的意识。
2. 增强学生对新理论、新思想、新技术的接受和应用能力。
3. 引导学生认识运输管理对物流行业产生的深远影响。

引导案例

“蓉欧+”推动成都建设成为联通欧洲泛亚桥头堡

一、放眼国际独辟蹊径

2013年4月26日，承载着中欧经贸开拓梦想的中欧班列蓉欧快铁从成都国际铁路港正式首发，按照每周一班的频率定期发运到波兰罗兹。这是国内直达欧洲时间最短、最早承诺定期开行且冬季不停运、率先采用全程EDI电子通关的中欧班列，由此掀开了成都向西拓展对外开放大通道、打造内陆开放型经济高地的新篇章。

经过三年多的探索和磨砺，为破解因本地外向型经济欠发达造成的腹地货源供给不足的难题，成都放眼国际独辟蹊径，主动牵手东部沿海港口城市，共同打造贯通泛欧泛亚地区的新亚欧大陆桥。

- 2015年8月16日，厦门至成都“厦蓉欧”班列首次开通后，深圳、宁波、昆明、南宁、上海、武汉、广州等国内枢纽城市至成都的互联互通班列相继开通，中欧班列蓉欧快铁的国内市场腹地大幅拓展。
- 2015年8月18日，首趟返程班列从波兰罗兹发车，中欧班列蓉欧快铁正式实现双向运行。
- 2015年8月29日，在成都国际铁路港规划建设专题会上，成都首次明确提出要大力实施“蓉欧+”战略，把成都建设成为联通欧洲、泛亚的桥头堡，并初步阐述了“蓉欧+”的战略目标、愿景、内涵和路径，且在实际工作中不断丰富和发展，逐步形成了系统完整的“蓉欧+”战略。

在“蓉欧+”战略的强力推动下，2015年10月12日、2016年3月19日，德国纽伦堡、荷兰蒂尔堡站点相继开通，中欧班列蓉欧快铁国际市场腹地向欧洲枢纽城市迅速拓展延伸，并在2016年实现了“天天一班”的开行目标。

二、深入实施“蓉欧+”

2016年，面对国家“一带一路”倡议全面推进、国家中心城市建设、内陆自由贸易试验区建设等千载难逢的重大历史机遇，成都市委市政府以“站在月球看地球”的视野、“站在珠峰看成都”的胸襟，作出了深入实施“蓉欧+”战略、加快建设“两港三网”的重大部署。

“两港”，即国际铁路港和国际航空港（包括双流国际机场和天府国际机场），是成都建设国际综合交通枢纽的核心及对外开放的门户；“三网”，即陆上物流网络、空中客流网络和空中物流网络，是成都全面增强经济要素聚集和配置能力的重要载体。

建设"两港三网"是实施"蓉欧+"战略的核心要义，是成都建设国家中心城市"157"总体思路的重要内容。自"蓉欧+"战略实施以来，成都以加密开行国际航线、中欧班列蓉欧快铁，加快推进航空"一市两场"和国际铁路港建设为着力点，实现了战略的稳起步、快落地。

目前，双流国际机场实施扩容改造工程后，旅客吞吐量2016年增至4604万人次，通航城市增加到209个，开通航线增加到270条，其中国际（地区）航线增加到95条，货邮吞吐量提高到61万吨，跻身世界机场排名前50强。

与此同时，成都国际铁路港23个基础性平台类项目全面开工，2016年成都铁路集装箱中心站吞吐量达57万标箱，位列全国第一。中欧班列蓉欧快铁量能快速提升，初步形成北线至莫斯科、中线至罗兹、南线至伊斯坦布尔三线并行格局，实现"天天有班列"目标。

中欧班列蓉欧快铁开行量由2013年的31列、2014年的45列、2015年的103列一跃增加到2016年的460列，开行数量跃居国内首位，占国内中欧班列总量的26%，发运货物总价值超过13亿美元。同时，中亚班列同步开行共60列，以成都为中转枢纽的对欧贸易货物接续服务能力大幅提升。

在国家中心城市建设引领下，成都将广泛对标国际国内先进枢纽城市，继续坚定不移地深入实施"蓉欧+"战略，加快建设"两港三网"，围绕打造立体式综合型国际物流枢纽，强化国际航空港、国际铁路港枢纽组织功能，构建供应链主导能力和产业发展支撑能力较强的陆上物流网、空中物流网和空中客流网，完善"空铁公水"四位一体多式联运服务体系，支撑"制造、贸易、物流、金融、信息"五大产业加快发展，全面提升成都国际物流枢纽全球资源要素配置能力和对外开放发展水平，把成都建成连接泛欧泛亚地区的国际物流贸易桥头堡。

（章华维、高红霞：《蓉欧快铁形成北、中、南三线并行格局》，2017年3月9日《成都日报》）

任务2.1 运输管理的基本知识

任务描述

运输作为物流系统的一项功能，包括生产领域的运输和流通领域的运输。流通领域的运输活动，则是作为流通领域里的一个环节是生产过程在流通领域的继续。其主要内容是对物质产品的运输，是以社会服务为目的，完成物品从生产领域向消费领域在空间位置上的物理性转移的过程。

任务知识

2.1.1 运输的定义

运输是国民经济的命脉，任何跨越空间的物质实体的流动都可称作运输。运输实现了物质实体从供应点到需求点的移动，是旅客或货物的位移。随着现代物流系统的发展，传统运输与现代运输在国民经济的各个领域发生了非常大的变化，其概念和内容也随之而变。

1. 传统运输的定义

传统运输是指人或物体借助于运力系统在一定空间范围内产生的位置移动。其中，运力系统是由运输设施、路线、设备、工具和人力组成的，具有从事运输活动能力的系统。众所周知，运输包括客运和货运。

2. 现代运输的定义

根据《中华人民共和国国家标准物流术语》的定义，运输是“用设备和工具，将物品从一地点向另一地点运送的物流活动。其中包括集货、分配、搬运、中转、装入、卸下、分散等一系列操作。”将物流定义为“物品从供应地向接收地的实体流动过程。根据实际需要，将运输、储存、装卸、搬运、包装、流通加工、配送、信息处理等基本功能实施有机结合。”从中我们可以看出，运输是物流的一个基本功能，需要与搬运、配送等活动紧密配合才能构成完整的物流环节。

3. 传统运输与现代运输的区别

表 2-1　传统运输与现代运输的区别

类别	传统运输	现代运输
服务对象	既包括客运，又包括货运	现代运输仅仅是物品从发货地到接收地的实体运送，不包括客运
服务领域	主要服务于流通领域，不包括生产领域	作为物流系统的一个重要组成部分，不仅包括流通领域的运输，而且还包括生产领域的运输
服务目的	只限于运输单一职能的实现，以“送达”为目的	需结合物流的其他职能综合考虑，提高效率，降低运输总成本，以便于“准确、及时、经济、安全”地实现空间的位移

2.1.2　运输的特点

在物流的众多功能中，运输是核心功能，它实现的是物体由供应点向需求点的移动，实现了异地差值的创造，缩小了物流交换的空间，扩大了社会经济活动的范围，使得物品价值进行了合理化分配，具有不同于其他物质生产部门的特点。

1. 运输具有生产的本质属性

运输的生产过程是以一定的生产关系联系起来的、具有劳动技能的人们使用劳动工具（如车、船、飞机及其他设施）和劳动对象（货物和旅客）进行生产，并创造产品的生产过程。运输的产品，对旅客运输来说，是人的空间位移；对货物运输来说，是货物的空间位移。显然，运输是以改变“人和物”的空间位置为目的的生产活动，这一点和通常意义下以改变劳动对象物理、化学、生物属性为主的工农业生产不同。

2. 运输生产是在流通过程中完成的

运输是把产品从生产地运往消费地的活动，因此从整个社会生产过程来说，运输是在流通领域内继续的生产过程，并在其中完成。

3. 运输产品是无形的

运输生产不像工农业生产那样改变劳动对象的物理、化学性质和形态，而只改变劳动对象的空间位置，并不创造新的实物形态产品。因此，在满足社会运输需求的情况下，多余的运输产品或运输支出都是一种浪费。

4. 运输产品属于边生产边消费

工农业产品的生产和消费在时间和空间上可以完全分离，而运输产品的生产和消费不论在时间和空间上都是不可分离地结合在一起的，属于边生产边消费。

5. 运输产品的非储存性

由于运输产品是无形的，不具有物质实体，又由于它的边生产边消费属性，因此运输产品既不能调拨，也不能存储。

6. 运输产品的同一性

对不同的运输方式来说，虽然他们使用不同的运输工具，具有不同的技术经济特征，在不同的线路上进行运输生产活动，但它们对社会具有相同的效用，即都实现了物品的空间位移。运输产品的同一性使得各种运输方式之间可以相互补充、协调、替代，形成一个有效的综合运输系统。

2.1.3　运输的功能

运输具有两大功能，即产品转移和产品储存。

1. 物品的位移功能

无论物品处于什么形式，是材料、零部件、装配件、在制品还是制成品，不管是在制造过程中将被移到下一阶段还是实际上更接近最终的顾客，运输都是必不可少的。

运输的主要目的就是以最低的时间、财务和环境资源成本，将产品从原产地转移到规定地点，产品损坏的费用也必须是最小的。产品转移的方式必须能满足顾客有关交付履行和装运信息的要求。

2. 物品的储存功能

对产品进行临时储存是一个特殊的运输功能。运输车辆被用作一种临时储存设施，将产品装到运输车辆上，然后采用迂回或间接线路运往其目的地。在运输过程中，如果物品需要储存，就会大大节约卸货和装货及在仓库中的连带费用，运输工具是更经济的暂时存储场所。

2.1.4　运输的原理

规模经济原理和距离经济原理通过正确的运输决策可以提高运输资源的利用率，从而降低运输成本。这包括：①运输分析决策：规划路线和计划运输设备的适用时间，从而在满足客户需求的基础上使车辆和人员的适用效率最高。按其影响的时间长短可以分为战略性决策和战术性决策。②运输分析技术：路线和时间的分析计划是运输分析的重要问题。可以分为试错方法、精确方法、迭代方法和组合方法。③运输分析数据：包括道路网络数据、运输需求数据和运输能力数据。

1. 批量经济

批量经济的特点是随着装运批量的增加，使单位重量的运输成本逐渐降低。例如，满载运输的每单位成本要比零担运输的成本低。

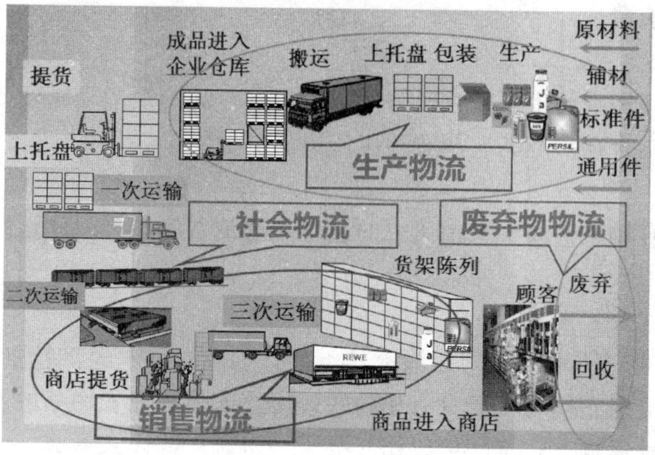

图 2-1　物流过程

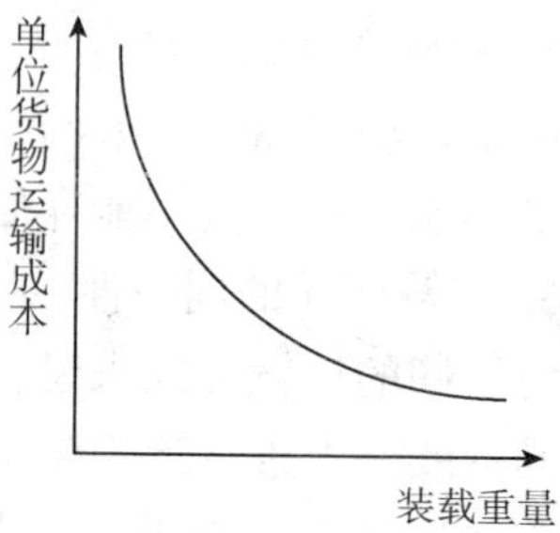

图 2-2　载重量与运输成本的关系

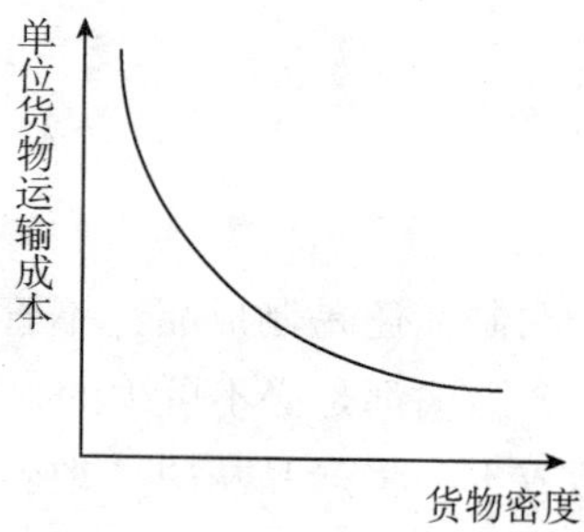

图 2-3　货物密度与运输成本的关系

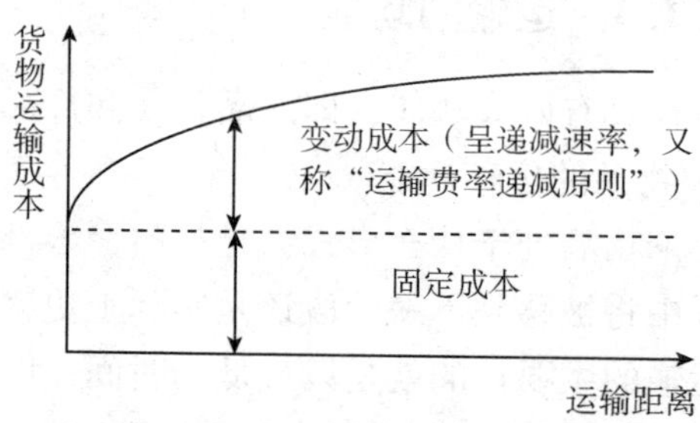

图 2-4　距离与运输成本的关系

2. 距离经济

运输距离经济是指每单位距离的运输成本随着距离的增加而减少。其合理性类似于批量经济。在评估各种运输决策方案时，这些原理是重点考虑的因素，其目的是要使装运的批量和距离最大化，同时满足客户的服务期望。

2.1.5　运输与物流各环节的关系

1. 运输与包装的关系

货物的包装材料、包装规格、包装方法等不同程度地影响着物流运输。运输和包装是物流系统中的两个重要组成部分，它们是物流活动得以顺利、高效实施的重要因素。在物流系统中，两者的关系也是相辅相成、互相影响的。

（1）运输与包装的效益背反

运输包装的基本要求，是在满足物流要求的基础上使包装费用越低越好。为此，必须在包装费用和物流损失两者之间寻找均衡点。如果降低包装费，包装的防护性也往往随之降低，商品的流通损失就很可能增加，这样必然会降低整个物流的经济效果。

相反，如果加强包装，商品在流通过程中的损失就会降低，但包装费用就必然增加。如果要求在流通过程不允许存在商品的任何损失，就必然要对商品进行“过剩包装”，物流及包装费用必然会大大增加，由此带来的支出的增加将可能会大于不存在过剩包装时必然的损失。这就是运输与包装的效益背反。因此，对于普通商品，包装程度应当适中才会有最优的经济效果。

（2）包装对运输的影响

包装对运输的影响是整体上的。运输方式的选择就是根据货物本身的特点以及包装的特点进行的。因而，货物包装对运输方式的选择、操作流程、配载、装车、运输物资的在途管理都有很大的影响。可以说，包装影响整个运输过程的组织与实施，包装技术的不断发展也深刻影响着运输行业的发展趋势。

- 包装状况影响运输成本

包装的外廓尺寸与承运车辆的内部尺寸构成可约倍数时，车辆的容积才可以得到最充分的利用，也就相应地降低了营运成本，节约了物流成本。所以，商品的包装材料、包装规格、包装方法是否与运输工具相适应，就不同程度地影响了运输成本。

- 包装状况影响运输组织

对于包装简单的货物需要选择相对平稳、快速的运输方式；对于包装良好的货物运输组织相对就宽松一些，可以有很多种选择。

另外，货物的包装也对货物在途管理影响很大，如商品包装的抗震性不好则要求在车体内部放入一些缓冲材料，以防止货物与车厢侧壁碰撞而导致货物受损。如果货物包装的稳定性不好，在运输过程中应对其在车体内进行牢固等。所以，货物运输组织以及货物的在途管理必须根据包装特点进行相应的调整。

- 包装状况影响运输发展

近几年来，在矿产品、化工产品等出口中，柔性集装箱的使用量越来越大，其他中型散装容器及可移动槽罐的使用得到了进一步推广。随着储运机械化程度的提高，出口商品运输包装逐步向大型化方向发展。

运输包装的大型化既有利于降低运输包装的成本，又有利于提高装卸出口货物的效率。相应地，运输方式也要向此方向不断发展。

2. 运输与装卸的关系

运输活动必然伴随着装卸活动。装卸质量的好坏直接关系着运输活动的顺利完成与否，同时装卸又是各种运输方式的衔接环节。

3. 运输与储存的关系

储存保管是货物暂时停滞的状态，是货物投入消费前的准备。货物的储存量虽然直接决定于需要量，但货物的运输也会给储存带来重大影响。

4. 运输与配送的关系

将货物大批量地从生产工厂直接送达客户或配送中心称为运输；货物再从配送中心就近发送到地区内各客户手中称为配送。两者的区别可以概括成以下几个方面（见表 2-2）：

表 2-2　物流运输与配送的区别

运　输	配　送
长距离大量货物的移动	短距离少量货物的移动
物流据点间的移动	企业送交客户
地区间货物的移动	地区内部货物的移动
一次向一地单独运送	一次向多处运送，每处只获得少量货物

2.1.6　电子商务物流中运输构成

1. 物流中运输的参与者

运输交易受到五方面影响：托运人（起始地）、收货人（目的地）、承运人、政府和公众。考察这五方面的作用和影响有助于理解运输环境的复杂性和运输决策机制的复杂性。

2. 运输服务的提供者

运输服务是由各种提供者结合提供的，主要包括以下几个方面：

（1）单一方式经营人。

（2）专业承运人。

（3）联运经营人。

（4）中间商。运输服务中间商主要有货运代理人、经纪人以及托运人协会。

2.1.7　运输结构对于社会经济发展重要意义

运输结构就是综合运输系统中，各种运输方式的地位、布局及相互发展的比例关系，大体上可分为宏观、中观和微观三个层次。

宏观层次的运输结构是从国民经济整体考察运输业的运输能力与运输需求的适应程度以及为了建立适应性运输业而应有的生产要素投入比例和运输业产出比例；中观层次的运输结构是从运输行业内部考察各种运输方式的构成以及为了实现合理分工协作所需的比例关系，如各种运输方式的线网规模与地区分布、运输能力比例等等；微观层次的运输结构，是从每种运输方式内部的各个环节考察其构成比例，如运输线路同运载工具的比例，点（站、港、场）与线的能力协调，资金、劳力投入要素的比例，技术装备构成以及运输企业组织结构等。

1. 运输结构处于不断变化过程中

通过分析综合运输体系的功能、特性，可以了解一个国家或区域内综合运输体系的特点和问题。综合运输体系内部的结构，体系内各个组成部分及各个组成部分之间的相互关系是运输结构研究的重点。

2. 运输结构的演变有着一定的规律性

从粗放型向集约型转变是经济发展的共同规律。经济决定交通，交通运输应该服务于经济发展的需要。随着经济的向前发展，运输结构也应发生相应的变化。根据经济发展的一般规律，我们可以预测运输结构演变的趋势，并对具体运输结构及时进行方向及发展途径的调整。

3. 运输具有不同的结构特征

在工业化初期，原材料和粗加工产品所占的比重比较大，运输中水运和铁路运输在整个运输网中占有十分重要的地位。在工业化时期，精加工产品所占的比重逐渐上升，运输中对运输的质量和时间的要求较高，公路运输和航空运输所完成的运输周转量逐渐增加。

2.1.8 运输管理的定义、内容和作用

1. 运输管理的定义

运输管理是指产品从生产者手中到中间商手中再至消费者手中的运送过程的管理。它包括运输方式选择、时间与路线的确定及费用的节约，其实质是对铁路、公路、水运、空运、管道等 5 种运输方式的运行、发展和变化，进行有目的、有意识的控制与协调，实现运输目标的过程。运输管理应按照运输的规律和规则，对整个运输过程所涉及的运输市场、物品发送、物品接运甚至物品中转，对人力、运力、财力和运输设备进行合理组织和平衡调整，监督实施，达到提高效率、降低成本的目的。

2. 运输管理的内容

运输管理是对整个运输过程的各个部门、各个环节以及运输计划、发运、接运、中转等活动中的人力、物力、财力和运输设备进行合理组织，统一管理，实时监控，监督执行，以求用最少的劳动消耗创造更多的运输价值。

运输管理的内容包括宏观层面的管理和微观层面的管理。宏观层面的管理——运输市场的管理，指政府主管部门对运输行业的管理、市场准入的管理、“游戏规则”的管理等，以达到建立一个公开、公平、公正竞争的市场制度的目的。微观层面的管理——运输过程的管理，指发送管理、中转管理、接运管理、安全管理等方面。

（1）运输市场的管理

一个完整的运输市场，除了可以细分为各类市场外，其系统结构必须呈现出多维的复合性状。具体来说，运输市场是由运输市场主体、运输市场客体和运输市场规则复合而成的。

1）运输市场特征

①运输商品生产、消费的同步性。运输商品的生产过程、消费过程是融合在一起的。在运输生产过程中，货物是和运输工具一起运行的，并且随着交通工具的场所变动而改变所在位置。由于运输所创造的产品在生产过程中同时被消费掉，因此不存在任何可以存储、转移或调拨的运输“产成品”。同时运输产品又具有矢量的特征，不同的到站和发站之间的运输形成不同的运输产品，它们之间不能相互替代。因此运输劳务的供给只能表现在特定时空的运输能力之中，不能靠储存或调拨运输产品的方式调节市场供求关系。

②运输市场的非固定性。运输市场所提供的运输产品具有运输服务特性，它不像其他

工农业产品市场那样有固定的场所和区域来生产、销售商品。运输活动在开始提供时只是一种“承诺”，即以货票、运输合同等作为契约保证，随着运输生产过程的开始进行，通过一定时间和空间的延伸，在运输生产结束时，才将货物位移的实现所形成的运输劳务全部提供给运输需求者。整个市场交换行为并不局限于一时一地，而是具有较强的广泛性、连续性和区域性。

③运输需求的多样性及波动性。运输企业以运输劳务的形式服务于社会，服务于运输需求的各个组织或个人。由于运输需求者的经济条件、需求习惯、需求意向等存在比较大的差异，必然会对运输劳务或运输活动过程提出各种不同的要求，从而使运输需求呈现出多样性的特点。另外由于工农业生产有季节性的特点，因此货物运输需求也有季节性的波动，特别是水果、蔬菜等农产品的运输需求季节性十分明显。而且由于运输产品无法储存，运输市场供需平衡较难实现。

④运输市场垄断性。一方面，运输业的一定发展阶段，某种运输方式往往会在运输市场上形成较强的垄断势力，这主要是因为自然条件和一定生产力水平下某一运输方式具有成本或技术上的明显优势等原因造成的；另一方面是指运输业具有自然垄断的特性，这使得运输市场容易形成垄断。运输市场上出现的市场垄断力量使运输市场偏离完全竞争市场的要求，因此各国政府都对运输市场加强了监管。

2）运输市场分类

运输市场按照不同的标准，可以有不同的类别：

①按运输市场涉及的运输方式，运输市场可分为包括两种或两种以上运输方式的不同方式间运输市场和某一种方式内的运输市场（如铁路运输市场、公路运输市场、航空运输市场、水运运输市场等）。

②按照运输距离的远近，运输市场可分为短途、中途和长途运输市场等；也可按运输市场的空间范围，分为地方运输市场、跨区运输市场和国际运输市场等。国际运输市场又包括定期航班市场和包机、船市场等。

③按运输市场与城乡的关系，运输市场可分为市内运输市场、城市间运输市场、农村运输市场和城乡运输市场等。

④按运输市场的客体结构，运输市场可分为基本市场和相关市场。基本市场分为客运市场、货运市场；相关市场分为运输设备租赁市场、运输设备修造市场、运输设备拆卸市场等。其中货运市场也可以按照运输条件分为一般货物运输市场和特种货物运输市场。一般货物运输市场可分为干货运输市场、散货运输市场、杂货运输市场、集装箱运输市场。散货运输市场再细分为煤炭运输市场、粮食运输市场、钢铁运输市场、油品运输市场等等。特种货物运输市场可分为大件运输市场、危禁货物运输市场、冷藏运输市场、搬家运输市场等。客运市场也可以细分，如一般客运市场和特种客运市场，后者如旅游客运市场、包机（车、船）市场等。

⑤按运输市场的竞争性，可以分为垄断运输市场、竞争运输市场和垄断竞争运输市场以及寡头垄断市场等。这种分类是针对特定时间、地点等条件而言的，比如有的运输企业

在一些地区是垄断的，在另外一些地区则可能是竞争的。

⑥按时间要求可分为定期运输市场、不定期运输市场、快捷运输市场等。

上述分类往往还可以交叉进行，如长途客运市场，短途客运市场；水运长途客运市场，水运短途客运市场；水运长途货运市场，公路长途客运市场；定期船市场，不定期船市场等等。

（2）运输过程的管理

运输过程的管理是整个运输管理的核心部分，包括对发运、接运、中转和运输安全的管理以及随商品流动而进行的人员流动、资金流动的管理。

1）发运管理

①组织配货。就是根据货源、运力的情况，按照货物包装、性能、重量、体积、运价及车船的特点，把货物组织配载在一节铁路货车、一个集装箱或一艘船、一辆汽车内。它是货物运输过程技术性很强的环节，对车船的利用程度、运费的高低、货物的安全等有着重要影响。

组织配货的方法主要有见单组配、见货组配、按运输计划组配三种。在组配时应注意以下几点：

- 根据合理运输的原则，一般掌握能直达的不中转，能联运的不分运，能合装整车不发零担。
- 要确保货物安全，应按照货物性能和铁路、交通部门的货运规章，把适合一起装载的货物组配成一批发运。
- 要分清轻重缓急，注意以快为主，快中求好，快中求省，快商结合。
- 要根据铁路、交通部门的货物运价规则，精心计算、比较，实行轻重合理组配，提高车、船装载量。

②办理托运手续。这是指发货单位根据货物流转和运力情况，向铁路、交通部门要车、船批票等，包括填制各种运输单证和办理具体托运手续两方面。

③送货到站。由于送货工作中环节多、手续杂，因此，各环节必须严格交接，点验货物，划清责任，保证货物发运工作质量。

④组织装运。在办完商品发运交接手续之后，就要组织装运。它是实现组配、提高运输工具装载量、保障货物运输安全的重要环节。

特别应该强调发运时间、备货和调车要衔接一致，保证按时发车、按时装车、按时发运。有些物流企业和运输部门，采用“网络分析法”严密计算发运业务各项工序的时间，按简繁不同、先后次序组织作业，从而确定最佳的发运时间。

托运人应该做好发送前的落实货源、组织配装、检查包装标志、办理托运手续等一切准备工作；承运人应该做好及时安排运输工具等工作，最终保证衔接工作顺利进行，并按时完成发送任务。根据业务计划实际情况，组织合理安排长途运输计划和计划实施，确保运输计划顺利完成。

2）安全管理

保证货物在运输过程中的安全是贯穿运输管理全过程的一项重要工作。在货物运输过程中，常见的货物运输事故，一般有以下类型：

①属于货物本身性能特点和操作不当引起的事故。例如，一部分属于鲜活、易腐、易碎、易燃、易爆和有毒的货物，如果包装不注意，装卸不小心，在运输中很容易发生事故、损失或酿成灾难。

②属于货物在装卸环节和运输途中造成的差错事故。例如，在运输作业和装卸作业中，由于装车、卸车、行车操作不当，车辆震动过大而损坏商品，造成事故；或由于装车时篷布拴盖不严，使货物受到雨水浸湿；在装货前，由于车厢清扫不净，造成货物污染等。这些都属于此种差错事故。

③属于发货单位填错货票、唛头而发生的事故。由于填错了货物名称、规格、数量、等级、收货人、到站等而错发了商品，由于没有单、货同行，给收货方造成验收困难，而造成错收、错转等都属于此种差错事故。

④属于在运输中或装车前、卸车后的车站、港口发生货物丢失、被盗等事故。

⑤属于自然灾害造成货物在运输过程中的损失事故。例如，由于洪水、暴风、暴雨、塌方、断道而造成翻车、沉船等事故。

建立和健全各项运输安全制度，并严格执行，努力防止运输事故的发生；一旦发生运输事故，应立即采取措施，减少损失。管理者通过GPS和互联网技术可以更多地给予司机指导和帮助。GPS对车辆速度的纪录（还可以设置超速报警）使管理者不用跟车就能够掌握每辆车每个司机的驾驶习惯（主要是车速控制方面），依此作为对司机的考核指标以减少因超速行驶导致的安全事故；厢式货车车门安装电子门锁和摄像装置并连接到GPS车载终端，就能及时了解途中货物的状况，对非正常开门等异常情况及时作出反应；车载摄像头还可以提供货物被盗的照片给保险公司和公安机关，以便及时立案、顺利理赔。由于GPS对车辆行驶的线路和实时状态进行了完整记录，所以在事故处理时减少了推卸责任或责任不清的情况，事故责任划分更加容易，使事故处理更加合理、公正。

3）接运管理

接运业务是指物流企业或运输部门在接到到货通知后，认真做好接运准备工作，把到达的货物完整无损地接运到指定位置的业务活动。接运同样是很重要的作业环节，关系到运输时间、货物质量和能否及时入库与出售。接运要做好以下几方面的工作：

①接运单位必须与运输部门办理交接手续，根据有关货物运输凭证及数量和质量的要求，接收、清点货物，要手续清楚，责任分明。

②接卸货物，必须注意安全，保证质量，严禁野蛮装卸，损伤货物，以免造成不应有的损失。

③提货前准备仓位，货物接卸以后，应立即办理入库手续，进入在库保管环节。

④能组织直拨的货物，物流企业在接到到货通知后，可事先与用户单位联系，当货物

到达后，在就近车站、码头或专用线，直接把货物发出，不入库保管，可减少中间环节。

4）中转管理

凡是从起运地到收获地之间不能一次到达，须经过二次运输，转换两种以上运输工具的就属于中转运输。中转运输起着承前启后的作用，即一方面它要把发来的货物接运进来，另一方面又要把接运的货物发运出去。所以，加强中转管理，对提高运输作业质量是非常重要的。

首先，要衔接运输计划，发货单位必须按有关规定，提前将需要中转的运输计划通知中转单位。其次，要事先做好接运和中转准备。货物到达后，及时装卸，及时转出。再次，检查加固包装，对中转的货物包装要认真检查。凡是发现已经破损的，应该进行加固或更换，不能破来破转，造成货物损失。最后，物流企业在货物到达后，要及时理货，分批进行，以利中转，避免前后混淆，批次不清，造成混乱，延误中转时间。

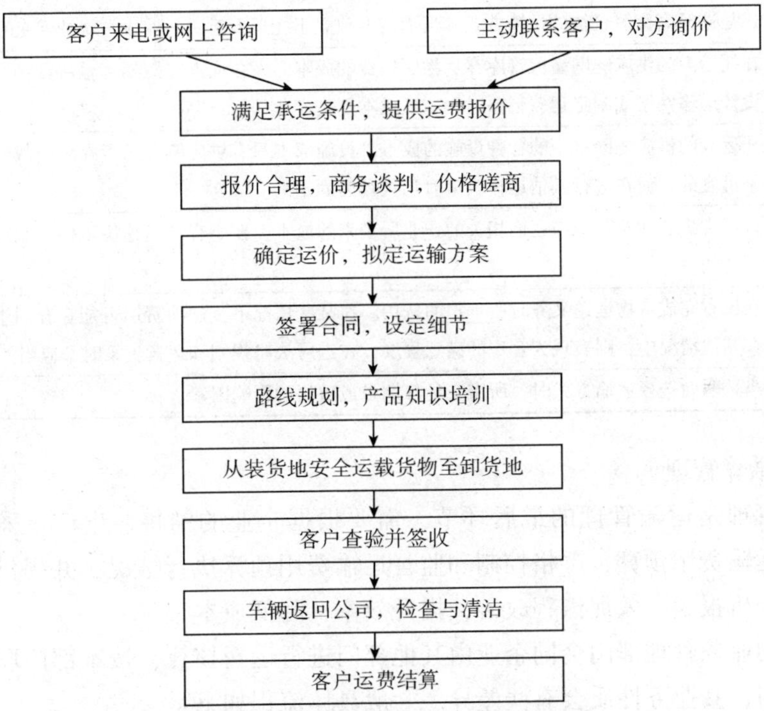

图 2–5 某运输企业的运输业务流程

（3）运输决策管理

运输决策是物流管理体系中的最基本决策，主要包含运输路线、配送频率、配载量等决策。运输决策的内容包括运输方式和运输路线的选择。

1）选择运输方式

主要的运输方式有管道、水路、铁路、公路和航空五种。企业根据送货速度、频率、可靠性、运载能力和成本的考虑及不同运输方式的可用性作出选择。例如，目的是低成本，那么水运和铁路就是主要的选择对象。选择运输方式时主要根据用户对运输成本、时间、可靠性、可用性和运输能力几方面的需要确定。

2）选择运输路线

选择合理的运输路线对于产品流通范围广、用户分散的企业具有重要意义，在区域内短途、多用户的频繁“配送”业务方面更是一项重要决策。选择运输路线的原则为：一是应保证把货物运抵顾客处的时间最短；二是应能减少总的运输里程；三是应首先保证重要用户得到较好的服务。具体确定运输路线时常常运用线性规划等数学方法。

高效优良的运输决策管理成为第三方物流公司的主要核心竞争力，在进行运算决策时还要考虑诸多影响因素。

表 2-3　运输决策影响因素

影响因素	描　述
运输成本	主要取决于不同的承运人的报价，以及托运人选择的运输方式，即选择廉价但较慢的运输方式，还是选择高价但较快的运输方式。当承运人独立于托运人时，运输成本就是可变的。
库存成本	在托运人的供应链网络保管库存货物所耗费的成本。库存成本在短期运输决策中是不变的，而在设计运输网络或制定运营策略时，这项成本则是变化的。
设施成本	托运人的供应链网络中的各种设施的成本。设施成本只有供应链管理者在作出战略规划决策时才是可变的，而在进行其他运输决策时均被视为固定的。
作业成本	进行货物装卸及其他与运输相关的作业所带来的成本。在所有的运输决策中，此项成本都被视为可变的。
服务水平成本	在没有完成货物运送义务时所承担的费用。在某些情况下，这项费用可能在合同中详细列明，而在其他情况中，则表现为客户的满意程度，在进行战略规划和运营决策时都应当考虑此项成本。
交货日期	当采购商选择运输方式时，所需交货日期是最重要的影响因素。

（4）运输结算管理

运输结算管理是运输管理的最后环节，需要根据企业的销售、生产、采购、年度计划，编制长途运输费用预算，严格控制和监督运输费用预算执行情况，并提供运输费用及运输达成定期分析报表，敦促流程改善，提升效率，降低成本。

运输项目的业务管理部门会同企业内其他部门进行运费核算，按本部门职责完成岗位任务，不同公司，其业务性质会有些差异。一般具体流程如下：

①公司各部门负责提出运输劳务需求申请，填写采购单。

②商务部负责联系运输劳务供应商，协商运输价格，完成运输劳务以及月末对账、结算等事宜。

③仓储部负责确认运输劳务的完成情况，在入库单上注明运输劳务供应商和送货车号。

④财务部负责审核运输结算单据，如发票、请购单或订单、合同（可选）、入库单（送货联即红联）、对账单完整性和准确性，及时入账和结算。

表 2-4 某企业运输管理流程

权责单位	作业流程	相关记录
销售运输部、运输户	运输车辆的确定及变更	上站车辆登记表 车辆变更登记表
销售运输部	预计出库信息传递	
销售运输部	运输计划	
销售运输部	车辆安排	
销售运输部、办公室	装车、出厂	产品出库发运单
运输户	运输途中	
运输户、客户	卸车及货物交接	产品出库发运单
运输户、销售运输部	运费联统计	产品出库发运单
运输户、销售运输部 计划财务部	运费结算	运费结算一览表

运输管理需要企业根据业务计划实际情况，合理安排长途运输计划和计划实施，确保运输计划顺利完成；根据总部相关运输质量要求和指引，制定运输车辆及运输防护标准，确保运输物资安全和运输质量达标；运输部门持续进行 ISO 和 TPM 改善，提高运输效率，提升服务水平；对运输部门工作进行定期检查和绩效回顾工作，确保运输业务的持续改善。

3. 运输管理的作用

运输是物流过程各项业务的中心活动。物流过程中的其他各项活动，如包装、装卸搬运、物流信息等，都是围绕着运输而进行的。运输管理对企业物流的作用体现在以下几个方面：

（1）保值作用

货物运输有保值作用。也就是说，任何产品从生产出来到最终消费，都必须经过一段时间、一段距离，在这段时间和距离过程中，都要经过运输、保管、包装、装卸搬运等多环节、多次数的货物运输活动。在这个过程中，产品可能会淋雨受潮、水浸、生锈、破损、丢失等。货物运输的使命就是防止上述现象的发生，保证产品从生产者到消费者移动过程中的质量和数量，起到产品的保值作用，即保护产品的存在价值，使该产品在到达消费者时使用价值不变。

（2）节约成本

搞好运输，能够节约自然资源、人力资源和能源，同时也能够节约费用。比如，集装箱化运输，可以简化商品包装，节省大量包装用纸和木材；实现机械化装卸作业，仓库保管自动化，能节省大量作业人员，大幅度降低人员开支。

（3）增强企业竞争力

电子商务企业降价竞争的后盾是企业总成本的降低，即功能、质量、款式和售后服务以外的成本降低，而运输成本是电商企业总成本的重要组成部分，降低运输成本是增强电子商务企业竞争力的重要途径。

任务实施

第一步：将全班学生分成若干组，每组3~5人。

第二步：每组同学选出一位组长，负责协调本小组同学的工作。

第三步：小组同学根据所学的知识，查阅资料并实施以下任务：

（1）熟悉物流运输的参与者和运输服务的提供者。

（2）运输与物流各环节的关系。

（3）明确运输的功能和定位。

每一组调查所在地区物流运输企业，具体调研某个物流运输企业的业务范围、运输速度、服务水平、公司优势四个方面的情况，找出存在的问题，给出改进的建议和意见，撰写调查报告。将上述任务所学知识和调研情况做成PPT，进行小组汇报。

收集资料时，可以查阅物流运输业务管理、运输与配送管理、物流管理与实务等方面的书籍。

任务成果

现有某商贸公司有一批货物需要选择一家物流运输企业进行货物运输。该商贸公司选择物流运输公司的要求和标准及评分原则：

项目	要求和标准	评分占比
业务范围	公司规模大，运输业务主要范围为家电物流、零售业物流	30%
运输速度及成本	公司运输货物方便快捷，安全可靠，运输成本要低	30%
服务水平	公司服务水平要好，服务质量要高	20%
公司优势	公司要有绝对优势	20%

根据上述要求，各小组分别从业务范围、运输速度、服务水平、公司优势四个方面进行调研，要求至少调研5家以上的物流运输企业，撰写调研报告，然后根据对调研企业的数据进行评分并填写表格：

项目企业	企业1	企业2	企业3	企业4	企业5
业务范围（30）					
运输速度及成本（30）					
服务水平（20）					
公司优势（20）					
得分					

任务考核

序号	考核项目	考核标准	分值
1	小组分工任务安排明细	分组职责明确，团队协作呈现模式多样	30
2	调研物流运输企业要求和标准	业务范围、运输速度、服务水平、公司优势，调研报告内容全面性和合理性	30
3	调研物流运输企业数量	资料的查阅范围要广泛，调研企业要真实，数据完整	20
4	汇报情况，运输方式选择因素考量	汇报内容详细，理由充分，引用知识点恰当，回答问题准确，表达自然流畅	20

任务小结

从总体上看，运输需求缺乏价格弹性，但是对某种运输方式和具体的运输服务商而言，则富有弹性。运输需求取决于运输需求者而非运输行为者。而且，站在单一角度看，运输方式、运输者、特定的路线、费率或提供的服务水平等都能影响产品的需求和运输产品的需求。

任务 2.2　运输方式的选择与优化

任务描述

交通运输是国民经济良性循环的物质基础，合理选择各种运输方式，是企业经济效益迅速发展的关键。根据技术经济特点、资源状况、地理特点、生产水平以及国民经济总体规划及区域规划，有计划、有目的地综合选择各种运输方式并进行优化十分重要。

任务知识

2.2.1　运输的分类

1. 按运输设备及运输工具不同分类

(1) 铁路运输

铁路运输是指利用机车、车辆等技术设备沿途铺设轨道，采用铁路列车运输货物的运输方式。主要用于长距离、大批量的货运。优点是运量大、单位能耗少、速度快、安全程度高、距离长、运费低、污染轻、受气候影响小。缺点是建设投资大、周期长、灵活性差，只能在固定线路上实现运输，需其他运输手段的衔接。

（2）水路运输

水路运输是指以船舶为主要运输工具，以港口或港站为运输基地，以水域（海洋、河流、湖泊）为运输活动范围的一种货物运输形式。主要用于运费负担能力较小的大量货物的运输。有运量大、能耗少、运费低、续航能力强的优点，也有航速慢、受河道港口限制和受季节和气候影响较大、可及性差的缺点。

（3）公路运输

公路运输的概念分为广义和狭义两种。广义的概念，是指货物借助一定的运载工具，沿着公路进行有目的的移动过程。目前世界各国大都采用汽车作为运输工具，因此狭义的公路运输即指汽车运输，主要承担近距离、小批量的货运。公路运输的优点是：机动灵活，速度快，换装环节少，能实现“门到门”的运输；中短途运输速度快，原始投资少，资金周转快。缺点是运量小，效率低，单位运输成本高，能耗大，污染环境，安全性差。

（4）航空运输

航空运输是指使用航空器运送人员、行李、货物和邮件的一种运输方式。可以用于运输的航空器有气球、飞艇、运输机、直升机等，现代航空运输的主要航空器是运输机和直升机。主要用于价值高、运费承担能力强的货物和紧急需要的货物。航空运输相比其他运输方式主要优点是速度最快，时间短，不受地形限制，舒适安全，对货物包装要求低，适用范围广，基建周期短，基建投资省，占地少，收效快。缺点是载运量小，运输成本高，受天气影响大。

图 2-6　航空运输

（5）管道运输

管道运输是指利用管道输送气体、液体和粉状固体的一种运输方式。该运输形式是靠物体在管道内顺着压力方向循序移动实现的，和其他运输方式的重要区别是：管道及辅助设施是静止不动的，只适用于定点、量大、单向的流体运输。管道运输优点是运量大，连续性强，损耗少，运输安全，建设投资省，占地面积少，能耗少，便于管理，可长期稳定运行，运输费用低，无需包装装卸，无回空，无噪声，污染少。缺点是品种单一，流向固定，没有灵活性，货源减少时不能改变路线。

2. 按运输的范围分类

（1）干线运输

利用铁路、公路的干线及大型船舶的固定航线进行长距离、大批量的运输，是进行远距离空间位置转移的总要运输形式。

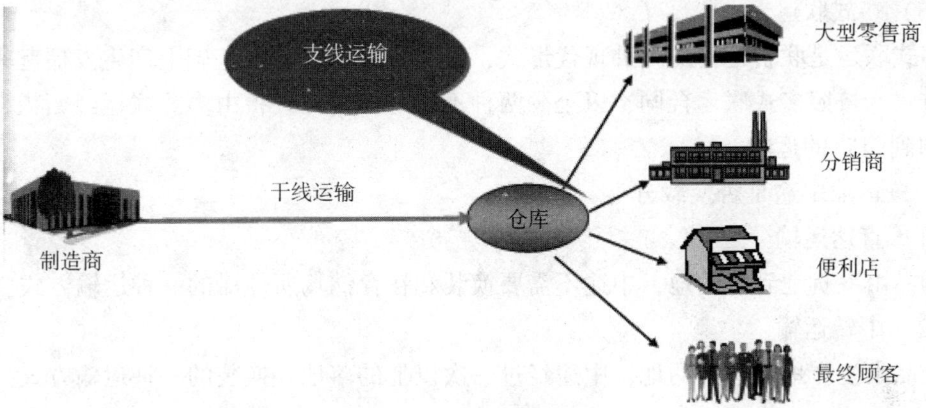

图 2–7 干线和支线运输

（2）支线运输

与干线相接的分支线路上的运输，是干线运输与收、发货地点之间的补充性运输形式，路程较短，运输量相对较小，支线的建设水平往往低于干线，运输工具也往往低于干线，此速度较慢。

（3）二次运输

干线、支线运输到站后，站与用户仓库或指定接货地点之间的运输，路程较短，也是一种补充性的运输方式。

（4）厂内运输

厂内运输是指在工业企业厂区内，直接为生产过程服务的运输，一般在车间与车间、车间与仓库之间进行。

3. 按运输的作用区分的运输方式

（1）集货运输

集货运输是指将分散的货物进行汇集的集中运输形式，一般是短距离、小批量运输，货物集中后才能利用干线运输形式进行远距离及大批量运输。

（2）配送运输

配送点将用户要求配好的货分送给各个目标客户的运输形式，属于运输中的末端运输、支线运输。它和一般运输形态的区别是距离较短、规模较小，一般使用汽车做运输工具。

4. 按运输的协作程度区分的运输方式

（1）一般运输

孤立地采用不同运输工具或同类运输工具，并在运输工程中形成有机协作关系的运输，如铁路运输、汽车运输。

（2）联合运输

各种运输方式或同一种运输工具之间由几个运输企业联合在一起，实行一次托运、一票到底的货物或旅客运输。

（3）多式联运

多式联运是联合运输的一种现代形式，是在集装箱运输的基础上产生发展起来的现代运输方式，按照多式联运合同，以至少两种不同的运输方式，由多式联运经营人对货物进行“门到门”的运输。

5. 按运输中途是否换载分类

（1）直达运输

物品由发货地到目的地，中途不需要换装和在存储场所停滞的一种运输方式。

（2）中转运输

物品由生产地运达目的地，中途经过一次以上的落地并换装的一种运输方式。

2.2.2 各种运输方式的优缺点及适用运输对象

对于五种不同的运输方式的技术经济特征及适运对象，要从运输速度、运输成本、运输能力、运输灵活性和经济性进行考察。

表 2-4 各种运输方式技术经济特点及适用运输对象

运输方式	技术经济特点	适运运输对象
公路运输	固定成本低、变动成本相对高，占用土地多，机动灵活、适应性强，短途运输速度快，空气污染严重	短途、零担运输，其他运输方式的集散运输
铁路运输	初始投资大，运输容量大，成本低廉，占用土地多，连续性强，可靠性好	大宗货物、散件杂货等的长途运输
水路运输	运输能力大，成本低廉，速度慢，连续性差，能源消耗及土地占用较少，灵活性不强	中长途大宗货物运输，国际海上货物运输
航空运输	速度快，成本高，空气和噪声污染重	中长途、贵重货物、保鲜货物运输
管道运输	占用土地少，运输能力大，成本低廉，能不间断连续运输，灵活性差	长期稳定的流体、气体、固体浆化物的运输

2.2.3 影响运输方式选择的因素

对于运输方式的选择是基于多方面因素的，综合考虑运输距离以及货物的种类等，可以选择单一运输方式，也可能几种运输方式联合运输以达到最佳运输效果。根据不同货物不同的运输需求，参考不同运输方式的不同营运特征，运输方式选择要考虑到所运货物的种类、运输的紧迫性、运输量的大小等等因素。即使是同一批货物，运输的各方参与人的考虑也是不同的。对于货主来说，他们追求的是运输的快捷性和安全性，希望能够付尽可能少的费用将货物以最快的速度安全运达目的地。而对于多式联运货物的承运人来说，他们当然希望在交易中获得最大的利润，这是主要目标。为了实现利润最大化，承运人可能会选择更加廉价的运输方式，这样就可能会是运输时间变长、运输质量变差。那么对于多式联运经营人，他要站在全社会的角度，考虑环境污染因素、交通拥堵等，同时兼顾货主和承运人两方的需求来决定运输方案。

决定运输方式，可以在考虑具体条件的基础上，对下述五个具体项目认真研究考虑：

1. 货物品种

关于货物品种及性质、形状，应在包装项目中加以说明，选择适合这些货物特性和形状的运输方式，货物对运费的负担能力也要认真考虑。

2. 运输期限

运输期限必须与交货日期相联系，为了保证运输时限，必须调查各种运输工具所需要的运输时间，根据运输时间来选择运输工具。运输时间的快慢顺序一般情况下依次为航空运输、汽车运输、铁路运输、船舶运输。各运输工具可以按照它的速度编组来安排日程，加上它的两端及中转的作业时间，就可以算出所需的运输时间。

3. 运输成本

运输成本因货物的种类、重量、容积、运距不同而不同。而且，运输工具不同，运输成本也会发生变化。运输成本管理必须注意运费与其他物流子系统之间存在着互为利弊的关系，不能只考虑运输费用来决定运输方式，要由物流总成本来决定。

4. 运输距离

从运输距离看，一般情况下可以依照以下原则：300 公里以内，用汽车运输；300～500 公里的区间，用铁路运输；500 公里以上，用船舶运输。一般采取这样的选择是比较经济合理的。

5. 运输批量

运输批量影响运输成本，因为大批量运输成本低，应尽可能使商品集中到最终消费者附近，选择合适的运输工具进行运输以降低成本。一般来说，15～20 吨以下的商品用汽车运输；15～20 吨以上的商品用铁路运输；数百吨以上的原材料之类的商品，应选择船舶运输。

2.2.4 运输方式的技术经济指标

按照各种运输方式的技术经济特征建立合理的运输结构，扬其所长，避其所短，以最大限度地提高合理化运输水平，提高运输效率和经济效益。

表 2-5 四种运输方式的运营性能比较

排名	运载能力（高→低）	成本（高→低）	速度（高→低）	灵活性（高→低）	可用性（高→低）	可靠性（高→低）
1	水路	水路	航空	公路	公路	公路
2	铁路	铁路	公路	航空	铁路	铁路
3	公路	公路	铁路	铁路	水路	水路
4	航空	航空	水路	水路	航空	航空

表 2-6 四种运输方式的技术经济比较

运输方式	铁路运输	公路运输	水路运输		航空运输
			内河	海运	
线路基建投资	6	4	3	1	2
运输工具基建投资	2	5	4	3	6
运输能力	3	5	2	1	6
最高速度	2	3	5	4	1
通用性	2	1	3	3	4
机动性	3	1	4	5	2
运输成本	4	5	2	1	6
固定资产效率	4	5	2	1	6
劳动生产率	4	5	2	1	6
安全性	3	6	4	5	2

注：表中数字从小到大表示从优到劣。

从表 2-4 和表 2-5 中可以看出，四种主要运输方式各有所长。航空运输速度最快，但是运载能力和可靠性却很差，且成本很高。水路的运输能力高，成本低，但是速度慢。相比之下，公路运输和铁路运输的运营指标居中，公路运输的整体服务性能优于铁路运输。而且随着社会经济的发展，目前公路运输基本上不存在运能不足的状况，相较而言，铁路运输仍存在季节性的运力紧张问题。

各种运输方式各有其优缺点，实际运用中，由于现代社会的高速发展，使得现在的运输问题日益复杂化。企业由于所处的行业、地理位置、产品种类和客户要求等因素各不相同，所以不能简单地判断哪种运输方式或哪几种运输方式的组合是最合适本企业的，必须基于企业实际，充分考虑，因地制宜，才能合理决策，选择出最适合本企业特点的运输工具和运输方式。

2.2.5 运输方式的合理选择

1. 单一运输方式的选择

在决定运输方式时，应以运输机具的特性为基准，其十大影响因素是运费、运输时间、频度、运输能力、货物的安全性、时间的准确性、适用性、伸缩性、网络性、信息等。

2. 多式联运的选择

多式联运就是选择使用两种以上的运输方式联合起来提供运输服务。

3. 运输中间商的选择

运输中间商有运输承包公司和运输代理人。运输承包公司是不具有运输工具或只具有少量短途运输工具，而以办理货运业务为主的专业运输业务企业。运输代理人在国际货物运输业务中发挥着重要作用。运输代理人接受委托人的委托，代办各种运输业务并按劳务收取报酬，即代理费、佣金或手续费。

4. 自用运输的选择

所谓自用运输，即使用自有的运输设备，运输自有的、承租的或受托的货物的活动。

5. 运输方式路线优化问题

第三方物流运输路线和方式的选择影响到运输设备和人员的利用，正确地确定合理的运输路线可以降低运输成本，因此运输路线和方式的确定是运输决策的一个重要领域。尽管运输路线和方式选择问题种类繁多，但主要包括以下几种：

（1）起讫点不同的单一问题

对分离的、单个始发点和终点的网络运输路线和方式的选择问题，最简单和直观的方法是最短路线法与成本节约法相综合的决策方法，但可以将其化为一个问题，那就是要使整个运输网络的运输成本最低。网络由节点和线组成。点与点之间由线连接，线代表点与点之间运行的成本距离、时间或时间和距离加权的组合。由于在运输的过程中，除了要选择合适的运输路线，还要选择最低运输成本的运输方式，故这是一个多目标决策的问题，所以运输网络中的线条应用点与点之间的成本距离和时间的加权的组合来描述。除始发点外，所有节点都被认为是未解的，即均未确定是否在选定的运输路线上。始发点作为已解的点，计算从原点开始。

（2）多起讫点问题

如果有多个货源地可以服务于多个目的地时，那么我们要指定为各目的地服务的供货地，同时要找到供货地、目的地之间的最佳路径和最佳运输方式或多式联运方式。该问题经常发生在多个供应商、工厂或仓库服务于多个客户的情况下。如果各供货地能够满足需求的数据量有限，则问题会变得更复杂。解决这类问题常常可以运用一类特殊的线性规划方法计算，即用运输方法问题求解。

（3）起讫点重合的问题

如果运输工具是同一部门所有的情况下，通常会发生始发点就是终点的路线选择类的问题。这类问题求解的目标是寻求访问各点的次序，以求运行时间和成本或距离和成本最小化。始发点和终点相合的路线选择问题通常被称为“旅行推销员”问题，对这类问题应用经验探试法比较有效。

2.2.6 运输方式的定量分析

定量分析，就是对所选择的运输方式的各种指标进行量化，对其绩效进行评分，给出衡量值，然后根据各项指标的重要程度给出不同的权重，用权重乘以运输方式的绩效衡量值得到运输方式在该评估因素中的等级，将个别因素等级积累起来就得到这种运输方式的总等级。绩效的衡量值和权重分值越低，表示越好，指标越重要，总等级分值较低的运输方式较好。

表 2-7　选择承运人评估标准

评估因素	相对重要性	承运人绩效	承运人等级
成本	1	1	1
中转时间	3	3	9
中转时间可靠性	1	2	2
能力	2	2	4
可达性	2	2	4
安全性	2	3	6
承运人等级	26		

任务实施

按照五种运输方式进行分组，分别是公路运输组、铁路运输组、水路运输组、航空运输组和管道运输组，各自分组对当地相关物流运输企业进行调研，收集该企业的运输年度、季度和月度计划，展开相关企业的运输选择的调研分析报告。结合企业实际，对企业的运输方式选择提出合理化建议和改进措施。

任务成果

完成物流运输企业运输方式选择的调研报告，结合调研获得结论，完成下面表格运输方式的选择，请为货物安排合适的车型进行运输，并阐述理由（货物可分开亦可合并运输）。

货品编号	货品名称	规格型号	重量（kg/箱）	单位	价格（元/箱）	数量	体积（m^3）
D001	康师傅矿泉水	550ml×24	13	扎	17	200	0.017
D002	康师傅桶面	119g×12	1.4	箱	35	240	0.023
D001	汉斯小木屋果啤	620ml×9	9	扎	25	50	0.018
D003	美汁源果粒橙	1.25L×12	15	箱	27	200	0.031
D004	康师傅红茶	500ml×15	8	箱	31	200	0.015

车辆类型	类型	内部尺寸规格	承重
东风货车 A 型	普通封闭式厢车	2.5×1.8×1.6	<3.0 吨
东风货车 B 型	普通敞口式货车	3.9×2.0×1.8	<8.0 吨
东风货车 C 型	普通封闭式厢车	2.5×1.8×1.6	<2.5 吨
东风货车 D 型	普通封闭式厢车	2.4×1.6×1.4	<3.0 吨

任务考核

<table>
<tr><th colspan="4">撰写调研报告</th></tr>
<tr><th>考核项目</th><th>考核内容</th><th>评价等级</th><th>提交成果</th></tr>
<tr><td>运输方式的选择</td><td>掌握五种运输方式的特点、运输方式选择的原则</td><td rowspan="3">优秀、良好、中等、及格、不及格</td><td>1. 用公路地图册或地图工具查询我国主要的公路干线及运输里程
2. 总结我国的铁路主干网和重要枢纽
3. 熟悉世界主要航线和港口，熟悉国内的主要航空港</td></tr>
<tr><td>调研报告内容</td><td>调研报告要素明确，内容完整，语言严谨</td><td>完成调研报告</td></tr>
<tr><td>汇报情况，回答教师提问</td><td>汇报内容详细，理由充分，引用知识点恰当，汇报声音洪亮，表达自然流畅。</td><td>小组成员合作情况，分组汇报，并进行小组内成员互评，小组间互评</td></tr>
</table>

任务小结

由于运输货物的自身特性和发到点的限制，运输种类、运输距离以及运量这三个因素就是既定的，对运输方式选择影响较小，而运输时间、运输成本及货物运输的安全性会由于选择不同的运输方式而有所差异，这样就产生了多种运输方式之间的竞争关系。在各种运输方式中，如何选择适当的运输方式是物流合理化的重要问题。一般来讲，应从物流系统要求的服务水平和允许的物流成本来决定，既可以使用一种运输方式，也可以使用联运方式。

任务2.3 运输合理化的方法

任务描述

运输合理化是指从物流系统的总体目标出发，按照货物流通规律，运用系统理论和系统工程原理和方法，选择合理的运输路线和运输工具，以最短的路径、最少的环节、最快的速度和最少的劳动消耗，组织好货物的运输与配送，以获取最大的经济效益。在遵循运输合理化原则前提下，我们不但要规避不合理化的表现形式，而且还要针对运输工具选择、运输路线规划、运输成本核算等一系列运输合理化因素进行优化，这是本任务的核心教学内容。

任务知识

2.3.1 运输合理化的含义

运输合理化就是用最少的运输成本，完成最多的货物运输，取得最佳的经济效益。具体是在保证货物运量、运距、流向和中转环节合理的前提下，在整个运输过程中确保运输质量，能以最适宜的运输工具、最少的运输环节、最佳的运输线路、最低的运输费用使物资运至目的地。

运输决策对于物流成本的控制、运输效率的高低都有重要的影响，有效的运输决策能够提高企业效益，也能在最短时间内完成客户的服务。运输合理化对于“开源”与“节流”具有同样的意义，最直接效果就是节省运力、减少运费。另外还可以促进生产部门与中转结构布局进一步合理化，对于提高运输效率和运力应用效率、降低运输成本、减少能源消耗、提高企业经济和社会效益具有十分重要的作用。

2.3.2 运输合理化的作用

物流过程的合理运输，就是从物流系统的总体目标出发，按照货物流通规律，运用系统理论和系统工程原理和方法，合理利用各种运输方式，选择合理的运输路线和运输工具，以最短的路径、最少的环节、最快的速度和最少的劳动消耗，组织好货物的运输与配送。运输合理化的重要作用可归结如下：

1. 合理组织货物运输，有利于加速社会再生产的进程

按照市场经济的基本要求，组织货物的合理运输，可以使物质产品迅速地从生产地向消费地转移，加速资金的周转，促进社会再生产过程的顺利进行，促进国民经济持续、稳定、协调地发展。

2. 货物的合理运输，能节约运输费用，降低物流成本

运输费用是构成物流费用（成本）的主要部分。物流过程的合理运输，就是通过运输方式、运输工具和运输路线的选择，进行运输方案的优化，实现运输合理化。运输合理化可以缩短运输里程，提高运输工具的运用效率，从而达到节约运输费用、降低物流成本的目的。

3. 合理的运输，缩短了运输时间，加快了物流速度

运输时间的长短决定着物流速度的快慢，所以货物运输时间是决定物流速度的重要因素。合理组织运输活动，可使被运输的货物在途时间尽可能缩短，实现到货及时的目的，因而可以降低库存商品的数量，实现加快物流速度的目标。因此，从宏观角度讲，物流速度加快，减少了商品的库存量，节约了资金占用，相应地提高了社会物质产品的使用效率，同时也利于促进社会化再生产过程。

4. 运输合理化，可以节约运力，缓解运力紧张的状况，还能节约能源

运输合理化克服了许多不合理的运输现象，从而节约了运力，提高了货物的通过能力，起到合理利用运输能力的作用。同时，由于货物运输的合理性，降低了运输中的能源消耗，提高能源利用率。这些对于缓解我国目前运输和能源紧张情况具有重要作用。

2.3.3 运输合理化的原则

1. 及时

及时，就是按照商品的生产和销售规律，用最短的里程、最快的速度、最短的时间，迅速把商品从产地运到销售地，及时满足市场和消费者需要。

商品送达速度的快慢，是评价商品运输合理与否的标准之一。运输及时可以缩短商品的流通时间，从而缩短再生产时间，加快社会再生产的进程，同时完成从生产领域到消费领域的转移，满足市场需要，而且能让商品快速地投入到生产和日常消费中。

2. 准确

准确，就是要求商品在运输过程中，做到货物不短缺、不溢余、不串货，切实防止各种差错，准确无误地完成商品运输。如果出现了差错，既浪费了人力财力，又影响物流运输企业的声誉。对运输工作进行科学管理和监督监控，提高从业人员的责任心，是实现准确运输和提高运输服务质量的前提。

3. 安全

安全，要求在商品运输过程中不发生霉烂、残损、丢失、爆炸、燃烧和中毒等事故，切实保证人身、设备、货物和运输工具的安全。

4. 经济

经济，指在商品运输过程中尽可能地节约运费，有效地利用运力，节约人力、物力和财力，降低商品的运杂费用，合理选择运输路线，减少不必要运输环节，充分使用运输工具，提高商品运输的经济效益，这也是评价商品运输合理性的指标之一。

2.3.4 影响合理化运输的要素

运输合理化就是按照货物流通规律组织货物运输，力求用最少的劳动消耗，得到最高的经济效益。运输合理化的影响因素很多，起决定性作用的有五方面的因素，称作合理运输的“五要素”。

1. 运输距离

运输过程中，运输时间、运输费用等若干技术经济指标都与运输距离有一定的关系，运距的长短是运输是否合理的一个最基本的因素。

2. 运输环节

每增加一个运输环节，势必要增加运输的附属活动，如装卸、包装等，各项技术经济指标也会因此发生变化，减少运输环节对提高运输合理化有一定的促进作用。

3. 运输工具

各种运输工具都有其优势领域，对运输工具进行优化选择，最大限度地发挥运输工具的特点和作用，是运输合理化的重要一环。

4. 运输时间

在全部物流时间中运输时间占绝大部分，尤其是远距离运输，因此，运输时间的缩短对整个流通时间的缩短起决定性的作用。此外，运输时间缩短，还可以加速运输工具的周转，充分发挥运力效能，提高运输线路通行能力，不同程度地改善不合理运输。

5. 运输费用

运费在全部物流费用中占很大的比例，运费高低在很大程度上决定整个物流系统的竞争能力。实际上，运费的高低，无论对货主还是对物流企业都是运输合理化的一个重要的标志，也是各种合理化措施是否行之有效的最终判断依据之一。

2.3.5 不合理运输的表现

不合理运输是指在组织货物运输过程中，违反货物流通规律，不按经济区域和货物自然流向组织货物调运，忽视运输工具的充分利用和合理分工，装载量低，流转环节多，从而浪费运力和增加运输费用的现象。不合理运输是在现有条件下可以达到的运输水平而未达到，从而造成了运力浪费、运输时间增加、运费超支等问题的运输形式。目前，我国存在主要不合理运输形式有八种。

1. 与运输方向有关的不合理运输

（1）对流运输

对流运输亦称“相向运输”“交错运输”，指同一种货物彼此间可以互相代用而又不影响管理、技术及效益的货物，在同一线路上或平行线路上作相对方向的运送，而与对方运程的全部或一部分发生重叠交错的运输。已经制定了合理流向图的产品，一般必须按合理流向的方向运输，如果与合理流向图指定的方向相反，也属对流运输。

在判断对流运输时需注意的是，有的对流运输是不很明显的隐蔽对流，例如不同时间的相向运输，从发生运输的那个时间看，并无出现对流，可能作出错误的判断，所以要注意隐蔽的对流运输。

（2）倒流运输

倒流运输是指货物从销地或中转地向产地或起运地回流的一种运输现象。其不合理程度要甚于对流运输，其原因在于往返两程的运输都是不必要的，形成了双程的浪费。倒流运输也可以看成是隐蔽对流的一种特殊形式。

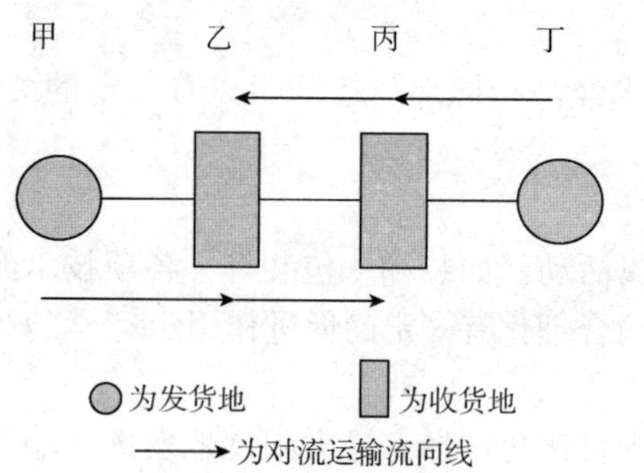

图 2-8　对流运输

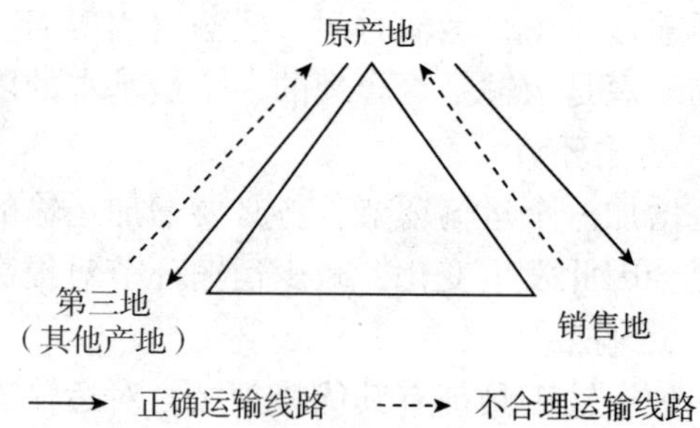

图 2-9　倒流运输

2. 与运输距离有关的不合理运输

（1）迂回运输

迂回运输是舍近求远的一种运输，可以选取短距离进行运输而不办，却选择路程较长路线进行运输。迂回运输有一定复杂性，不能简单处之。凡不经过最短路径的绕道运输，称为迂回运输。只有当计划不周、地理不熟、组织不当而发生的迂回，才属于不合理运输；如果最短距离有交通阻塞、道路情况不好或有对噪音、排气等特殊限制而不能使用时发生的迂回，不能称不合理运输。

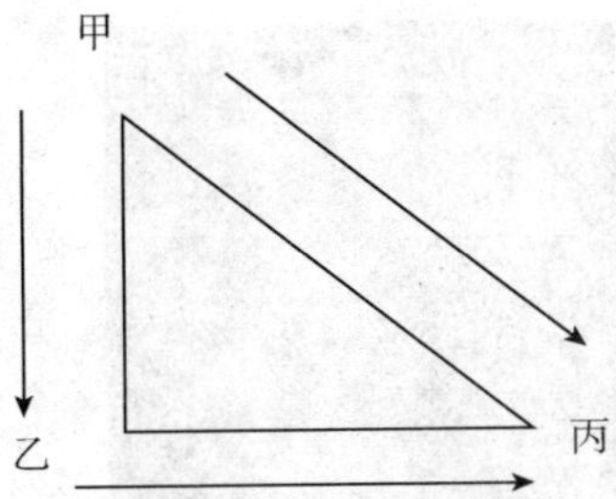

图 2-10 迂回运输

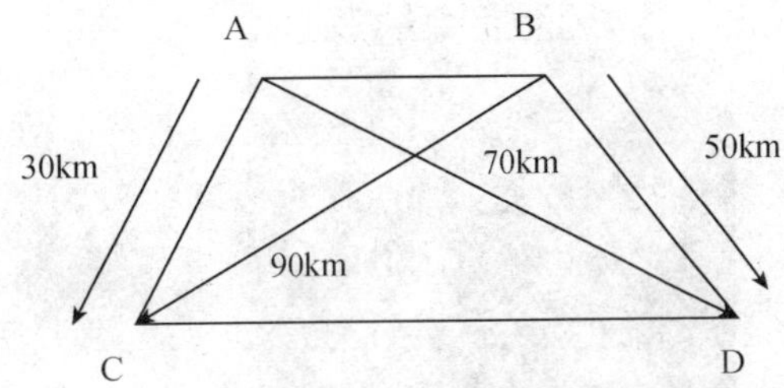

图 2-11 过远运输

（2）过远运输

过远运输是指调运物资舍近求远，近处有资源不调而从远处调，这就造成可采取近程运输而未采取，拉长了货物运距的浪费现象。过远运输占用运力时间长、运输工具周转慢、物资占压资金时间长。远距离自然条件相差大，又易出现货损，增加了费用支出。

3. 与运量有关的不合理运输

（1）返程或起程空驶

空车无货载行驶，可以说是不合理运输的最严重形式。在实际运输组织中，有时候必须调运空车，从管理上不能将其看成不合理运输。但是，因调运不当、货源计划不周，不采用运输社会化而形成的空驶，是不合理运输的表现。造成空驶的不合理运输主要有以下几种原因：

①能利用社会化的运输体系而不利用，却依靠自备车送货提货，这往往出现单程行车、单程空驶的不合理运输。

②由于工作失误或计划不周，造成货源不实，车辆空去空回，形成双程空驶。

③由于车辆过分专用，无法搭运回程货，只能单程行车、单程回空周转。

（2）重复运输

本来可以直接将货物运到目的地，但是在未达目的地之处，或目的地之外的其他场所将货卸下，再重复装运送达目的地，这是重复运输的一种形式。另一种形式是，同品种货物在同一地点一面运进，同时又向外运出。重复运输的最大毛病是增加了非必要的中间环节，这就延缓了流通速度，增加了费用，增大了货损。

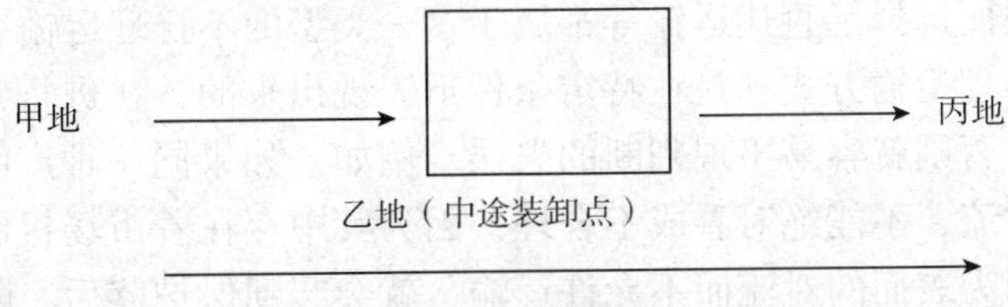

图 2-12 重复运输

（3）无效运输

无效运输是指被运输的货物杂质较多，使运输能力浪费于不必要的物资运输。例如，假如原木的成材率为 70%，那么原木运输有 30% 的废料就是无效运输。

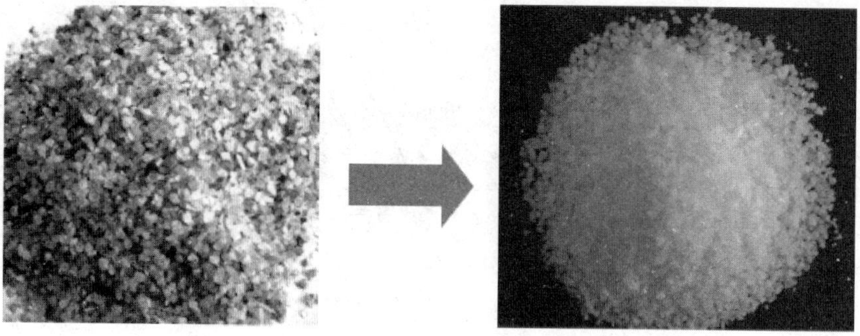

图 2-13　无效运输（石英砂除杂）

4. 与运力有关的不合理运输

与运力有关的不合理运输是指发挥各种运输工具优势而不正确地利用运输工具造成的不合理现象，常见有以下几种：

（1）弃水走陆

在同时可以利用水运及陆运时，不利用成本较低的水运或水陆联运，而选择成本较高的铁路运输或汽车运输，使水运优势不能发挥。

（2）铁路、大型船舶的过近运输

不是铁路及大型船舶的运行里程却利用这些运力进行运输的不合理做法。主要不合理之处在于火车及大型船舶起运及到达目的地的准备、装卸时间长，且机动灵活性不足，在过近距离中利用，发挥不了运速快的优势；相反，由于装卸时间长，反而会延长运输时间。另外，和小型运输设备比较，火车及大型船舶装卸难度大、费用也较高。

（3）运输工具承载能力选择不当

不根据承运货物数量及重量选择，而盲目决定运输工具，造成过分超载、损坏车辆及货物不满载、浪费运力的现象，尤其是"大马拉小车"现象发生较多。由于装货量小，单位货物运输成本必然增加。

（4）托运方式选择不当

对于货主而言，在可以选择最好托运方式而未选择，造成运力浪费及费用支出加大的一种不合理运输。例如，应选择整车未选择，反而采取零担托运，应当直达而选择了中转运输，应当中转运输而选择了直达运输等都属于这一类型的不合理运输。

上述的各种不合理运输方式都是在特定条件下表现出来的，在进行判断时必须注意其不合理的前提条件，否则就容易出现判断的失误。例如，如果同一种产品，商标不同，价格不同，所发生的对流，不能绝对看成不合理，因为其中存在着市场机制引导的竞争，优胜劣汰；如果强调因为表面的对流而不允许运输，就会起到保护落后、阻碍竞争甚至助长地区封锁的作用。以上对不合理运输的描述，主要就形式本身而言，是主要从微观观察得出的结论。在实践中，必须将其放在物流系统中作综合判断，在不作系统分析和综合判断时，很可能出现"效益背反"现象。单从一种情况来看，避免了不合理，做到了合理，但它的合理却使其他部分出现不合理。只有从系统角度，综合进行判断才能有效避免"效益背反"现象，从而优化全系统。

补充阅读

港口供应链的构建

港口供应链的构建并不是一成不变的形式，港口可以与不同的利益主体达成联盟，构建不同的港口供应链，具体可以采取以下几种联合形式。

1. 港货联合

港货联合即港口与货主（货源）的联合。随着港口之间日益激烈的竞争，各港口均注重提升自身服务水平，拓展功能，但这仅是从自身角度被动接受挑战，还应该改变策略，主动出击，实施走出去的战略。可以采用通过联合控股成立共同公司的手段与货主达成联盟。与货主的联合一方面是作为港口综合物流的服务宗旨，另一方面可以加强对港口经济腹地货源的控制。而且从长远发展看，港口的综合物流服务的领域还将进一步扩展，甚至成为客户销售体系的一部分。它的生存与发展必将与客户企业的命运紧密地联系在一起，因此港口应加强与货主的联合，建立与腹地货源的广阔联系，积极参与腹地物流体系的建设，实现港口经营的腹地空间网络化，确保港口拥有稳定、充足的货源。

2. 港航联合

港航联合即港口与航运企业、船公司等的合作。船公司和港口的服务对象都是货主。在这一过程中，船公司和港口共同构成了四通八达的水路运输网络。远洋运输船舶的专业化和大型化已经成为趋势，这使得港口也必须朝着大型化的方向发展。港口可以和船公司联合投资码头建设，一方面减轻港口投资压力和风险，另一方面由于大型航运公司掌握众多货源，港口与之合作就等于掌握了较稳定的、大量的货源，因此这种合作与港口的根本利益也是一致的。除此之外，港口还可以考虑与船公司共同建立物流园区、仓库堆场等基本设施，使得港口和航运公司之间存在着共同利益，达到吸引船舶来港吞吐货物的目的。

3. 与其他运输方式的联合

各类运输商是连通港口与上下游节点的重要部分，港口与各类供应商的联合，不仅可以保障供应链的正常运行，而且还可以提高港口的竞争力。对港口来说，凝聚和辐射功能的实现依赖于其集疏运能力的大小，集疏运条件直接影响到港口功能的发挥，是港口保证供应链畅通的重要条件。港口在运营过程中，不仅要注重增强港口的基本功能，而且还要注重拓展港口的增值服务，立足于满足客户的个性化需求，为客户提供“一站式”“门到门”的服务，而港口供应链两端的陆上运输商的整合将恰好满足这个要求。因此，港口应加强与各种运输方式的合作，在陆地上建立以港口为端点、不同运输方式多式联运为运输通道的内陆运输网络体系。港口可以与铁路联合，把铁路线引入港口各物流中心，方便货物直接到港，为实现多式联运打下良好的基础；还可与公路交通主管部门密切沟通合作，在港口物流中心的邻近处建设便利、高速的公路货物运输网络，使得港口与腹地之间交通更通畅，货物运输更为便捷，从而进一步扩大港口吞吐量需求的潜力。

4. 与口岸单位的联合

货物进出港涉及的主要口岸单位包括海关、商检、动植物检、卫生检、港务、外贸、边检等单位，口岸通关效率的提高、“大通关”工程的实现，是贸易渠道和信息渠道顺畅的重要保证，也是港口运作效率的重要途径。因此，港口应该与海关等口岸单位通力合作，不断改善通关环境，提高效率，为保证整个供应链顺畅创造良好的环境。港口可与口岸单位联合大力推广“快速通关”的转关运输模式，加快口岸和内地转关运输速度；实现内地与口岸、海关与海关之间转关运输“一次申报、一次查验、一次放行”。同时实施“便捷通关”措施，为大型高新技术企业出口开辟“绿色通道”，并进一步完善港口物流信息平台，推行“无纸通关”。

2.3.6 运输合理化的方法

1. 分区产销平衡合理运输

分区产销平衡就是在组织物流活动时，对某些产品使其在一定的生产区域同定于一定的消费区，实行这一办法对于加强产、供、运、销的计划性，消除过远运输、迂回运输等不合理运输，充分用地方资源，以促进生产合理布局，节约运力，降低物流成本。

2. 尽量发展直达运输

在组织运输过程中，跨过商业、物资仓库或其他中间环节，把货物从运地直接一步到位运到销地或用户手中，减少中间环节。随着市场经济的发展，企业为了降低流通费用，采用直达运输的比例在迅速提高，这为减少物流中间环节、提高物流效益和生产经营效益都有重要作用。

3. 提高“装载量”

这种办法可以最大限度地利用运载工具的装载吨位和装载容积，提高运输能力和车辆的运量。主要方法有以下几种：

（1）实行解体运输；

（2）组织轻重配装；

（3）提高堆码技术；

（4）合装整车，也叫拼装整车中转分运。

4. “四就”直拨运输

就厂直拨，就车站、码头直拨，就库直拨，就车、船过载等，简称为“四就”直拨。

5. 推进综合运输

精心规划，统筹兼顾，大力发展综合运输体系，推进联合运输方式，可以增强运输生产能力，缓解交通运输紧张。多年来，我国交通运输出现的不平衡情况是：有的线路运输压力过大，有些线路运力发挥不够，有的运输方式严重超负荷。而实现综合运输体系将改变这一不协调、不平衡的状况，会大幅度提高运输能力。

按照各种运输方式的技术经济特征建立合理的运输结构，使其扬长避短，以最大限度地提高合理化运输水平，提高运输效率和经济效益。

任务实施

第一步：将全班学生分成若干组，每组3~5人。

第二步：每组同学选出一位组长，负责协调本小组同学的工作。

第三步：小组同学根据所学的知识，查阅资料并实施以下任务：

（1）不合理运输的概念及表现形式。

(2) 运输合理化的概念。

(3) 影响运输合理化的因素。

(4) 实现运输合理化的途径。

每一组调查所在地区不合理运输的表现形式，具体思考改变哪些宏观条件，可以使运输更合理？具体调研某个物流运输企业，调研该企业的主要运输方式和存在的问题，给出改进的建议和意见，撰写调查报告。将上述任务所学知识和调研情况做成 PPT，进行小组汇报。

任务成果

完成物流运输企业运输方式合理化的调研报告，小组汇报 PPT。

任务考核

序号	考核项目	考核标准	分值
1	小组分工任务安排明细	分组职责明确，团队协作呈现模式多样	30
2	调研工作任务的阶段安排和进度调整	调研报告内容全面、分析合理，能正确运用所学知识解决问题，排版工整美观	30
3	小组成员合作情况，查询资料的广度和深度	资料的查阅范围要广泛，内容要全面	20
4	汇报情况	汇报内容详细、逻辑清晰，语速恰当、声音洪亮、表达自然流畅	20

任务小结

合理的运输从货物的流通来说，就是用最小的运输消耗，安全、迅速地将货物从供应点运到消费点，避免重复、对流和迂回运输。运输企业是为货主或托运人服务的，什么地方的货物运到什么地方，运量多少都是由托运人确定的；而运输货物的车辆则是由运输部门调度和安排。运输部门要以最小的运力去完成最多的已经确定货物流量、流向和流时的运输任务。组织合理运输的措施要由生产、交通运输和流通等各个部门共同协作组织实施。本任务主要讲解了运输合理化的概念和作用、运输合理化的影响因素和运输合理化的方法及措施，通过本任务的学习能掌握合理化运输的组织方法，掌握降低运输成本的措施、运输路线选择的方法，用所学知识分析和解决合理化运输相关决策问题。

项目能力测试

一、填空题

1. 运输的基本原理分别是________和________。
2. 按运输的范围分类，运输的分类可分为________、________、________、________。
3. 运输的两大功能是________和________。

二、单项选择题

1. (　　) 运输适用于体轻、贵重、易损、鲜活或急需的商品。

A. 铁路运输　　B. 管道运输　　C. 公路运输　　D. 航空运输

2. 运输线路成本最低的是（　　）。

A. 公路运输　　B. 水路运输　　C. 铁路运输　　D. 航空运输

3. 具有运量大、速度快、全天候、成本低等优势的运输方式是（　　）。

A. 公路运输　　B. 水路运输　　C. 铁路运输　　D. 航空运输

4. 有一批机器要从南京运往长江三峡，最经济和便利的运输方式是（　　）

A. 铁路运输　　B. 水路运输　　C. 航空运输　　D. 公路运输

5. 能承担“微血管”和“大动脉”双重作用的运输方式是（　　）。

A. 公路运输　　B. 水路运输　　C. 铁路运输　　D. 航空运输

6. 能承担“微血管”和“大动脉”双重作用的运输方式是（　　）。

A. 公路运输　　B. 水路运输　　C. 铁路运输　　D. 航空运输

三、简答题

1. 简述运输的概念和基本特点。
2. 简述运输与配送的区别。
3. 简述运输与物流各环节间的关系。
4. 简述选择承运人评估因素。
5. 简述影响运输方式选择的因素。
6. 简述运输方式的合理选择。

项目 3　电子商务中的仓储管理

项目描述

仓储设施设备是仓储作业的基本工具和基础条件，对于提高仓储作业效率、减轻作业人员劳动强度、降低仓储作业成本都有至关重要的影响。仓储企业应该结合企业自身特点、存储对象、业务规模、行业现状和企业发展战略等综合要求，合理配置仓储设施设备，以提高仓储作业的效率，实现企业的经营目标。

项目要求

通过本项目的学习，掌握仓储的概念及性质，熟悉仓储的功能及作用，掌握仓储的类型及其在物流中的作用；掌握仓储管理的概念及原则，熟悉仓储管理的内容；掌握仓储设备的认知和作用，熟悉仓储设备的特点和保养注意事项；掌握仓储合理化的内容及方法。

项目目标

【技能目标】

1. 负责一般性物料的仓储。
2. 能够完成仓储合理化市场调研报告。
3. 能分析判断仓储类型和功能。

【知识目标】

1. 掌握仓储基本概念，仓储性质、特点和作用。
2. 理解仓储管理的内容和任务。
3. 熟悉仓储设施设备的操作和选用方法。

【职业能力目标】

1. 熟悉企业不同仓储岗位的工作职责。
2. 明确仓储管理管理目标。
3. 能够按仓储基本工作流程完成日常管理工作。

引导案例

探访京东亚洲一号：你的包裹从这里发出，京东仓储全国布局

一、京东亚洲一号

对于京东集团而言，位于上海嘉定区的“亚洲一号”有着非凡的意义。它不仅仅是当时国内最大的单体物流中心，同时也是京东物流建设的一个里程碑。京东“亚洲一号”于2014年10月份投入使用，在“服役”即将满三年之际，首次面向媒体进行了开放。亚洲一号建筑面积接近10万平方米，仓储高度达24米。京东按照快件的大小，将仓库也分为大件库、中间库和小件库。在亚洲一号内，商品在整个立体化存储、拣选、包装、输送、分拣等环节均大规模应用自动化设备、机器人、智能管理系统等，使得自动化程度可达90%。其中，自动化立体仓库系统是亚洲一号的镇仓之宝。其有32个巷道，6.5万个托盘，存储效率是普通存储的5倍。该系统囊括了货到人系统、巷道堆垛机、输送系统、自动控制系统和库存信息管理系统。商品到库时，工人只需将货物放到机器托盘上，机器就会自动将货物摆放到仓储区指定位置。仓储区分为12层，每层都有一名工作人员。当收到订单时，工作人员会根据指示将指定的商品从货架取下，扫码后放到传送带上。

图3-1　自动化立体仓库

图3-2　传送带运输

接下来，商品会通过传送带来到打包区，并自动分配到空闲的工位。工作人员扫描包裹，然后机器打印出物流信息及发票，打包就完成了。打包好的商品会重新回到传送带上，被送至分拣系统。系统通过扫描识别包裹上的配送地点，将包裹传送至相对应的货道，然后由工作人员运走进行发货。

图3-3　分拣系统

京东的亚洲一号已经从上海的1座扩展到上海、广州、武汉等八大城市共9座，并且已在2017年的“6·18”期间投入使用。目前，上海亚洲一号的单台分拣机的分拣效率最高可达27000件/小时，而昆山亚洲一号自动分拣系统的分拣能力超过4万件/小时，整个分拣中心日分拣能力超过100万件。接下来，京东会在仓库中不断加大机器人的使用，从而提高整个运营效率。在江苏昆山，京东物流已经投入使用了全球首个最大、最完整的全流程无人分拣中心，其场内自动化设备覆盖率达到100%，分拣能力也已达到9000件/小时。

二、京东全国仓储布局

2018年4月30日，京东物流与海淀区人民法院签署战略合作协议，根据约定，京东物流将与海淀区人民法院共同打造北京市首个法企共建的“智慧化物流中心”。目前，京东仓储位于北京、上海、广州、沈阳、武汉、西安、成都、德州。其中北京物流中心覆盖北京、天津、河北、山西、内蒙古、山东地区，上海物流中心覆盖江苏、浙江、上海、安徽、钓鱼岛地区，广州物流中心覆盖广东、广西、福建、海南地区；成都物流中心覆盖四川、重庆、贵州、云南、西藏地区，武汉物流中心覆盖湖北、湖南、江西、河南地区，沈阳物流中心覆盖辽宁、吉林、黑龙江地区，西安物流中心覆盖陕西、甘肃、青海、宁夏、新疆地区。

同时，京东还加大了对绿色物流的投入力度，启动了对体系内的几十万辆新能源车的替换计划，打造电商物流行业最大规模的绿色运输车队，首批10万个可循环使用的“绿盒子”青流箱投放使用，并成立京东物流绿色基金，用于供应链环保技术改造、创新研发、绿色消费社会的倡导和推动。而除了物流基础设施，京东在物流技术上也有突破。2017年6月起，京东无人机在江苏宿迁、陕西省多个地区都实现了常态化配送运营。其间，全球首个全流程智慧化的无人机智能机场在江苏宿迁投入使用，全球首个无人配送站在陕西西安落成并投入使用，投资100亿元的无人车智能产业基地项目落地长沙。

（白杨：《探访京东亚洲一号：你的包裹从这里发出》，2017年9月22日，http：//tech. ifeng. com/a/20170922/44694546_ 0. shtml）

任务3.1 仓储管理的基本知识

任务描述

随着经济的发展，仓储物流企业也正在朝着新的方向发展，物流企业能够安全稳定地发展的基本保障之一就是仓储物流的科学管理。随着企业发展规模逐渐扩大，其对仓储合理化和安全管理逐渐加以重视，认识到仓储在整个物流运输过程中地位十分重要。那么当前，如何应用仓储相关知识帮助仓储管理人员以最低成本为仓储物品提供最好的服务，如何加强仓储科学化管理已经成为各个物流企业关注的焦点。

任务知识

3.1.1 仓储认知

1. 仓储的含义、性质和作用

（1）仓储的含义

“仓”即仓库，为存放、保管、储存物品的建筑物和场地的总称，可以是房屋建筑、洞穴、大型容器或特定的场地等，具有存放和保护物品的功能。“储”即储存、储备，表示收存以备使用，具有收存、保管、交付使用的意思。

仓储是一种物流活动，或者说物流活动是仓储的本质属性。仓储不是生产、不是交易，而是为生产与交易服务的物流活动中的一项，应该与其他物流活动相联系、相配合。这一点与过去的“仓库管理”是有重大区别的。

在仓储管理中经常涉及库存、储备和储存的概念，三者虽有共同之处但仍有区别，具体见表 3-1。

表 3-1　库存、储备及储存的区别

项目	概念的区别
库存	首先，库存的位置必须是仓库；其次，库存的状态是暂时的；最后，库存明确了停滞的位置，有可能不是有目的的，可能是完全盲目的，如超储、积压等。
储备	储备导致的停滞所处的地理位置远比库存广泛得多，可能在生产及流通中的任何节点上，也可能是仓库中的储备，也可能是其他形式的储备；储备是有目的的、能动的、主动的行动；储备是保证社会再生产以连续不断地、有效地进行的行为目的，尤其是指在生产与再生产、生产与消费者之间的暂时停滞。
储存	首先，储存是包含库存和储备在内的一种广泛的概念，是一切社会形态都存在的经济现象。在任何社会形态中，对于不论什么原因形成停滞的物资，也不论是什么种类的物资在没有进入生产加工、消费、运输等活动之前或在这些活动结束之后，总是要存放起来，这就是储存。其次，这种储存不一定就是在仓库中也不一定是有储备的要素，而是在任何位置，也有可能永远进入不了再生产和消费领域。储存一般包括储存管理和储存技术两个方面的内容。

（2）仓储的性质

1）仓储具有再生性

仓储在生产领域和流通流域都具有生产性，主要体现在以下几个方面：

①仓储活动是社会再生产中不可或缺的一环。产品从脱离生产到进入消费，一般都需要仓储来调节供需在时间上的差异，所以认为仓储是社会再生产过程中的中间环节。

②仓储活动具有生产三要素。仓储活动的劳动者是仓库作业人员，劳动资料是各种仓库设施设备，劳动对象是储存保管的物品。

③仓储活动中的某些环节，实际已成为生产过程的一个组成部分。在储存过程中的流通加工，如钢材切割、零件配套、设备组装等都具有明显的生产性。

2）仓储具有非生产性

仓储活动与一般物质活动相比，又具有非生产性，主要体现在以下几个方面：

①仓储活动并不改变物品的性能、性质和使用价值，而是保持和延续仓储物品的使用价值，在仓储过程中消耗的一切劳动和物化劳动都将导致商品价值的增加。

②仓储活动具有服务性，生产和消费同时进行，既不能储存也不能积累。

③仓储活动具有不均衡性和不连续性。仓储活动服务于生产和消费，是根据用户需要进行的相关业务活动，需求的变动导致仓储活动不均衡和不延续。

（3）仓储的作用

仓储在经济建设、物流和企业经营等领域都起到了重要作用（见表 3-2）。

表 3-2 仓储的作用

领 域	作 用
国家经济建设	(1) 仓储是社会再生产顺利进行的必要条件 (2) 仓储是国家满足急需特需的保障 (3) 仓储是调节供给和需求差异、稳定市场物价的重要手段
物流	(1) 仓储能创造时间效用，是物流的重要环节 (2) 仓储是保持物品原有价值的重要手段 (3) 仓储是加快商品流通、节约流通费用的重要手段 (4) 仓储为生产提供方便，为商品进入市场做好准备 (5) 仓储为逆向物流提供场所
企业经营	(1) 仓储管理是企业 ISO9000 国际质量体系认证的主要内容之一 (2) 仓储是企业提供服务质量、增加收益的重要途径 (3) 仓储与其他部门的协作是影响企业经营管理水平的重要因素

2. 仓储的功能

仓储主要是对流通中的商品进行检验、保管、加工、集散和转换运输方式，并为解决供需方之间和不同运输方式之间的矛盾提供场所价值和时间效益，使得商品的所有权和服务价值得到保护，加速商品流转，提高流转效率和质量，促进社会效益的提高。仓储功能包括以下几个方面：

(1) 调节功能

仓储在物流中起着“蓄水池”的作用，一方面，仓储可以调节生产与消费的矛盾，使它们在时间和空间上达到相对平衡，保证社会再生产的顺利进行；另一方面，仓储还可以实现运输的调节。一般来说，很多商品在向销售地运输过程中需要在中途改变运输方式、运输线路、运输方法和运输工具以及协调运输时间和完成产品的装卸、转运、分装、集装等物流作业，这就需要在中途停留储存，即仓储。

(2) 检验功能

为了保障商品的数量和质量的准确无误，明确事故责任，维护各方的经济利益，在物流过程中，要求必须对商品及有关事项进行严格的检验，以满足生产、运输、销售以及用户的要求。物流过程中的检验一般安排在仓库进货、储存或出货环节，仓储活动为组织检验提供了场地和条件。

(3) 集散功能

物流仓储把各生产企业的产品汇集起来，形成规模，然后根据需要分散发送到各销售地去，通过一集一散、衔接产需、均衡运输，提高物流速度、物流效率和效益。

(4) 配送功能

仓储的配送功能是根据用户的要求，对商品进行分拣、组配、包装盒配送等作业，并将配好的商品快递送货上门。仓储的配送功能更是仓储保管功能的外延，提高了仓储的社会服务效能。

3. 仓储的类型

仓储的最基本功能是对商品的储存和保管，由于运营方、仓储对象、经营方式和仓储功能的不同，形成了不同特征的仓储活动，对其正确的划分，有助于对仓储任务的认识，从而更好地服务于仓储管理工作。

（1）按仓储经营主体划分

①企业自营仓储。企业自营仓储包括生产企业和流通企业的自营仓储。生产企业自营仓储是指生产企业自有的仓库设施，对生产使用的原料、半成品和最终产品实施储存保管的行为。流通企业的自营仓储是流通企业自身以其拥有的仓储设施对其经营的商品进行仓储保管的行为。

②营业仓储。营业仓储是仓库所有者以其拥有的仓储设施，向社会提供商业性仓储服务的仓储行为。通过订立仓储合同的方式，仓储经营者与存货人之间建立仓储关系，并依据合同约定提供服务和收取仓储费。营业仓储的服务内容包括提供货物仓储服务、提供场地服务、提供仓储信息服务。

③公共仓储。公共仓储是公共事业的配套服务设施，为车站、码头提供仓储配套服务；具有内部服务的性质，处于从属地位，主要完成对车站、码头的货物作业和运输流畅的支撑和保证。对于存货人而言，公共仓储也适用于营业仓储的关系，只是不独立订立仓储合同，而是将仓储关系列在作业合同、运输合同中。

④战略储备仓储。战略储备仓储是国家根据国防安全、社会稳定的需要，对战略物资实行战略储备而形成的仓储；由国家政府进行控制，通过立法、行政命令的方式进行，并由执行战略物资储备的政府部门或机构进行运行。战略储备一般储备时间较长，注重物品的安全性，主要包括粮食、油料、能源、有色金属、淡水等。

（2）按仓储对象划分

①普通物品仓储。普通物品仓储是指不需要特殊保管条件的物品仓储。例如，一般的生产物质、普通日常用品、普通工具等物品，这些都无需特殊装备和设置特殊保管条件。

②特殊物品仓储。特殊物品仓储是指在保管中有特殊要求和特殊条件的物品仓储。例如，危险品仓储、冷库仓储、粮食仓储等。

（3）按仓储物品的处理方式划分

①保管式仓储。保管式仓储是以保管物品原样保持不变的方式所进行的仓储，即存货人将特定的物品交由保管人进行保管，到期保管人原物交还存货人。保管物除了发生自然损耗和自然减量外，其数量、质量不发生变化。

②加工式仓储。加工式仓储是保管人在仓储管理期间根据存货人的要求对保管物品进行一定的加工的仓储方式。一般来说，存货人根据消费者的需求，会要求保管人对仓储物品进行外观、形状、尺寸等进行加工，以便符合市场对该种物品的供给要求。

③消费式仓储。保管人在接受仓储物的同时也接受了其所有权，保管人在仓储期间有权对仓储物行使所有权，在仓储期满时保管人将相同种类、品种和数量的替代物交还委托

人的仓储方式。该方式具有一定的保值和增值功能，适用于保管期短、市场供应变化大的商品。

（4）按仓储的功能划分

①储存仓储。储存仓储为商品存放期较长的仓储。存储费用低廉和储存条件有特殊要求；储存仓储地点一般较为偏远，储存的商品较为单一，品种少，但是库存量大。

②物流中心仓储。物流中心仓储是以物流管理为目的的仓储活动，是对物流的过程、数量、方向进行控制的环节，一般在一个地区的经济中心，在交通较为便利、储存成本相对较低的地区进行。其仓储商品品种较少，批量较大，整批进分批发，整体上吞吐量大，自动化及信息化设备较为先进。

③运输转换仓储。运输转换仓储是为了保证不同运输方式的高效衔接，减少运输工作中的装卸和停留时间，在不同运输方式的相接处进行的仓储，如港口、车站和空港库场所进行的仓储，具有大进大出的特性，货物一般存期较短，注重货物的周转作业效率和周转率。

④配送仓储。配送仓储是商品在配送交付消费者之前所进行的短期仓储，是商品在销售或供生产使用前的最后储备，并在该环节进行销售或使用的前期处理。配送仓储一般发生在商品的消费经济区，其仓储对象品种繁多、批量少，需要一定量的进货、分批少量出库操作，而且还会有拆包、分拣、组配和贴标签等增值作业穿插进行。

⑤保税仓储。以契约保管形式存储，可避免交关税，或在货物出口后申请退税；在自由贸易区或自由港，可中转而不用交税。该方式是以商家延期交税、避免交税和出口退税为功能的仓储。

⑥守备仓储。货物储存在公共仓库后获得货物的收据，此收据可作为货款的担保，可转让；提供质押监管服务，存货人用物权凭证作为贷款的担保，有利于中小企业利用存货从银行融资。

4. 仓储业的发展趋势

（1）仓储社会化

彻底改变目前利用率不高、效率低、自身发展能力低的不良状况，真正成为市场资源，促进仓储业的发展。

（2）功能专业化

通过专业化的发展提供个性产品，将企业资源充分利用到有特长的项目上，提高效益，形成竞争的优势。

（3）仓储标准化

仓储标准化是指采用法律法规规定的仓储标准或者行业普遍实行的惯例；实现了仓储环节与其他环节的密切配合，同时提高了仓库内部作业效率，是充分利用仓储设施和设备的有效手段，是开展信息化、机械化、自动化仓储的前提条件。

主要有包装标准化、标志标准化、托盘标准化、容器标准化、计量标准化、条形码、作业工具标准化，仓储信息等技术标准化以及服务标准、单证报表、合同格式等。

（4）仓储自动化

仓储自动化是指对仓储作业进行计算机管理和控制。在仓储作业中，通过物流条码技术、射频通信、数据处理、仓储信息管理等技术指挥堆垛机、传送带、自动导向车、自动分拣等自动设备完成仓储作业，并同时完成报表、单证的制作和传送。对于危险品仓储、冷库、粮食等特殊仓储，采用温度、湿度自动控制技术和自动监控技术，确保仓储安全。

（5）仓储信息化

仓储信息化是指通过计算机和相关信息输入输出设备，对货物识别、理货、入库、保管、出库进行操作管理，进行账目处理、货位管理、存量控制，制作各种报表和提供实时的查询。物流中心和配送中心的存货品种繁多，存量差异巨大，出入库频率各不相同。要提高仓库利用率，保持高效率的货物周转，实施精确的存货控制，必须进行计算机的信息管理和处理。仓储信息化管理是提高仓储效率、降低仓储成本的必要途径。

（6）仓储管理科学化

仓储管理科学化是指在仓储管理中采用合理、高效、先进的管理模式和方法。仓储管理科学化包括管理体制、管理组织、管理方法几个方面。采用高效化的组织机构，实行规章化的责任制度，建立动态的奖励分配制度，实施有效和系统的职工教育培训制度。仓储管理科学化是实现高效率、高效益仓储的保障。

3.1.2 仓储管理的认知

1. 仓储管理的概念、内容和特点

（1）仓储管理的概念

仓储管理是对仓库和仓库中储存的物品进行管理，是仓储机构为充分利用仓储资源，提供高效的仓储服务进行的计划、组织、控制和协调的过程。具体包括仓储资源的获得、仓储管理、经营决策、商务管理、作业管理、仓储保管、安全管理、人力资源管理、财务管理等一系列计划、组织、指挥、控制与协调等工作。

（2）仓储管理的内容

仓储管理是现代物流管理的重要环节，优良的仓储管理能对商品实施有效的保管和维护，并进行准确的数量控制，降低仓储风险。其管理内容包括7个方面，见表3–3。

表3–3 仓储管理的内容

项目	具体内容
仓库选址和建设	考虑的因素主要有仓库的建筑面积与结构、库内平面布局和作业区域的划分等。
仓库机械作业的选择与配置	如何根据仓库作业特点和储存商品的种类及其特征，选择机械设备以及配套的数量；如何对仓库机械设备进行管理等。
仓库业务管理	是仓储管理的日常内容，包括物品的出入库、在库存储、分拣配送等各项业务。

续表

项目	具体内容
仓库库存管理	要求企业利用新技术、新方法来实现在保证供应的前提下库存成本的有效降低，既不因为储存过少引起生产或销售中断，又不因为储存过多占用流动资金，进而实现物流总成本最低。
仓库组织管理	合理的组织管理是仓储管理目标得以实现的基础，包括仓储成本核算、仓储经济效益分析、申请保税仓库的一般程序等。
仓库信息技术	包括仓库管理中信息化的应用以及仓储管理信息系统的建立和维护等内容。
仓储管理技术的应用	选择合适的编码系统，安装仓储管理系统（WMS），实行 JIT 管理等先进的管理方法。进一步完善商品流通过程中的识别和信息传递与处理过程，实现商品仓储信息的准确、快捷到达，有效降低成本。

（3）仓储管理的特点

仓储管理的内容决定了仓储管理的特点，随着科技的进步、先进管理模式的普及，大数据和人工智能应用到仓储管理中，仓储管理具有经济性、技术性和综合性的特点（见表 3–4）。

表 3–4　仓储管理的特点

特点	解释说明
经济性	仓储活动具有生产性，是社会化大生产的重要组成部分，所以具有经济性。随着仓储活动内容业务的增加，商品价值和相关服务附加值也会随之扩大。
技术性	随着科学技术的进步，仓储管理的科学化、信息化、智能化等科技含量得到进一步提高，这也带动了仓储管理中新技术、新方法的广泛研发和推广应用。
综合性	仓储管理本身涵盖经济管理理论、新一代信息技术、新设备等跨学科、跨领域的专业知识及行业知识，因此必须综合考虑众多要求和因素，故具有综合性特点。

2. 仓储管理的目标、任务和原则

（1）仓储管理的目标

仓储管理的目标是快进、快出、多储存、保管好和费用省。为了使得仓储功能得以最经济的方式实现，需要进行仓储管理的量化指标进行标准化，即实现仓储合理化。

表 3–5　仓储合理化标志

标志类型	仓储合理化内容
质量标志	通过质量控制保证仓储质量，科学地保管保养存储物品，保证物品具有使用价值，这是仓储合理化的基本要求。
数量标志	物品数量控制体现了整个仓储管理的科学化和合理化程度，合理的仓储数量应达到满足需求和成本最低的要求。
时间标志	仓储物应处于动态的、不断周转的状态，时间标志反映了仓储的动态管理程度。要求在保证仓储功能实现的基础上，寻求一个合理的存储时间。
结构标志	储存物品种、规格、花色的比例关系。
费用标志	仓储费、维护费、保管费、损失费和资金占比利息等实际费用的大小和比例。
分布标志	不同地区仓储数量的比例关系，反映了需求的满足程度和对整个物流的影响。

（2）仓储管理的任务

仓储管理的任务就是满足客户需求，科学、合理、高效地完成物品入库、出库和保管保养等工作，为客户提供优质服务，为企业自身创造利润。具体来说，仓储管理的任务包括以下内容：

①利用市场经济手段获得最大的仓储资源的配置。仓储管理需要营造仓储机构的局部效益空间，吸引资源的进入。其具体任务包括五个方面：

- 根据市场供求关系确定仓储的建设规模；
- 依据竞争优势选择仓储的地址；
- 以产品差别决定仓储专业分工和确定仓储功能；
- 以所确定的功能决定仓储布局；
- 根据设备利用率决定设备配置等。

②以高效率为原则组织管理机构。仓储组织机构的确定需要围绕仓储经营目标，以实现仓储经营目标为原则，依据管理幅度、因事设岗、责权对等的原则，建立结构简单、分工明确、互相合作和促进的管理机构和管理队伍。

③以不断满足社会需要为原则开展商务活动。仓储商务是物流企业经营收入和储存资源得到充分利用的保证，仓储管理者要从包括市场定位、市场营销、交易和合同关系、客户服务等商务活动中不断开发出适合市场发展变化和经济发展的仓储产品。

④以高效率、低成本为原则组织仓储生产。仓储生产的组织应遵循高效、低耗的原则，充分利用现有机械设备、先进的保管技术、有效的管理手段，实现仓储的快进、快出，提高仓储利用率，降低或避免差、损、错事故的发生，保持稳定连续的企业经营生产。建立科学的生产作业制度和操作规范，实行严格的监督管控，采取有效的激励机制，是除了使用先进生产技术和手段外，最重要的生产管理核心。

（3）仓储管理的原则

仓储管理的基本原则主要表现在以下五个方面：

①效率原则。仓储管理的核心就是效率管理，是以最少的劳动量的投入获得最大的产品产出的管理。效率是仓储管理的基础，高效率的实现是管理艺术的体现。仓储管理要通过准确地核算、科学组织、妥善安排场所和空间，实现设备与人员、人员间、设备间、部门间的合理配置和默契配合，使得生产作业过程有条不紊地进行。高效率需要有效管理作保证，包括现场的组织调度、标准化、制度化的操作管理，严格的质量责任制的约束。

②服务原则。仓储的服务水平与仓储经营成本有着密切的相关性，两者互相对立。服务好，成本高，收费也就高，反之亦然。仓储的定位、仓储的具体操作、对储存货物的控制等，都要围绕着服务展开。仓储服务管理包括直接的服务管理和以服务为原则的生产管理。

③安全原则。仓储活动中的不安全因素非常多，既有人的因素，也有物的原因。例如，特殊危险品的保管，装卸搬运过程中的操作不合规范，最要预防的就是人为的破坏和

职责的懈怠。所以，在仓储管理中要始终贯彻执行“安全第一，预防为主”的安全生产方针，提高安全意识，加强安全教育，制定安全制度等日常管理工作更是重中之重。

④质量原则。仓储管理的各项作业活动都要严格按照质量标准执行，仓储管理企业的资质也需要具备ISO9002质量标准认证，才能融入电子商务经济市场中去。没有质量的数量是无效的，更是有害的，无论对企业自身还是对服务客户。

⑤效益统一原则。作为市场经营活动的仓储业，应该围绕着最大的经济效益的目的进行组织和经营。同时，仓储业也要承担一定的社会责任，履行环境保护与生态文明建设、维护社会安定的义务，实现生产经营的综合效益最大化，实现仓储企业与国民经济、行业经济、地区经济同步可持续发展，真正实现经济效益、社会效益和生态效益的相统一。

3. 仓储管理的发展阶段

仓储管理工作是随着储存物品种多样化和仓库结构、技术设备的科学化而不断发展变化的。主要经历了以下三个阶段：

(1) 简单仓储管理

在第三方物流仓库出现的初期以及后来相当长的时间内，由于生产力水平低下和发展缓慢，库存数量和品种都很少，仓库结构简单，设备粗陋，因此仓库管理工作也就比较简单，主要负责产品出入库的计量及看管好库存物资使之不受损失。这种情况下的仓储活动，称之为简单仓储管理。

(2) 复杂仓储管理

随着生产力水平的提高，特别是机器生产代替手工生产之后，社会储存产品数量增多，品种复杂，产品性质各异，对储存条件提出了各自不同的要求；同时，由于社会分工越来越细，许多生产性活动也逐渐转移到流通领域，使得仓库的职能发生了变化。仓库不仅仅是单纯地进行储存和保管物资的场所，而且还增添了产品的分类、挑 选、整理、加工、包装等活动，从而增加了产品的价值。由于储存商品的复杂化和仓储职能的多样化，必然引起仓储建筑结构的变化以及技术设备的变化。机械进入仓库，使得机械作业代替了手工作业，使得仓储活动向复杂化方向发展，可称之为复杂仓储管理。

(3) 现代化仓储管理

近代社会，仓储物流行业可谓“改头换面”，那是因为科学技术的进步给行业带来了更多的可能性。目前，许多先进的国际的仓储活动，已经不是原来意义上的仓储了，而变成了一个经济范围巨大的商品配送服务中心，并发展成为现代化的仓储管理。

4. 现代仓储管理的类型及要求

(1) 生产企业的仓储管理及要求

生产企业的仓储管理的要求广泛，其中最重要的一条就是要确保仓储物资的价值和使用价值不受损失，为用户提供良好的仓储服务，即在物流过程中，对货物的收、管、发、运做到及时、准确、安全、节约。

（2）流通企业的仓储管理及要求

流通企业的仓储管理要根据市场的需求来确定商品的品种、数量、规格等，要加强对市场需求的调查，了解上游生产的生产能力，积极组织货源以及满足市场需求。主要完成以下工作：

①积极开展市场调研，了解市场需求和社会生产能力，拟定进货计划。

②积极组织货源，调节货物，以保证市场供给。

③及时进行货物盘点，及时处理积压货物。

④认真做好货物保管工作，确保货物的质量。

（3）第三方物流企业的仓储管理及要求

①保证存储货物的安全。第三方物流企业能够顺利开展生产和经营活动的保证就是客户的各种货物，确保它们在经营过程中的安全是保管工作的首要要求。

②符合作业规范要求。在仓储保管作业中，物流项目经理要根据行业操守，制定相应的作业规范，提高作业绩效，方便对人和设备的规范管理，实现合理库存，改善保管环境。

③节约开支，降低储存成本。物流企业在保管货物的过程中必然产生保管费用，其中也是企业经营成本的组成部分，所以最大限度地降低储存成本是仓储管理的另一重要任务。

④信息服务贯穿仓储管理各环节。企业内部控制依赖于各种信息的传递，第三方物流企业的仓储货物信息是否能实时同步在各部门间进行共享是非常重要的，也是企业组织生产计划、进行各部门业务安排、实施经济核算的重要依据。

任务实施

第一步：将全班学生分成若干组，每组3~5人。

第二步：每组同学选出一位组长，负责协调本小组同学的工作。

第三步：教师带领学生到当地有代表性的物流仓储企业进行参观体验，并在企业技术人员的指导和保障安全的前提下，让学生进入仓库内部进行现场体验，并实施以下任务：

（1）仓库面积调查。

（2）绘制各仓储区。

（3）储存产品调查。

（4）绘制仓库现有平面布置图。

（5）对现在平面布置进行分析，找出不合理处，并提出改进意见。

（6）识别仓库平面布局，理解各区的主要功能。

（7）识别货架，根据任务单选择货物的存放货位。

要求：适当选择一个小型仓库作为研究对象，该仓库的储存类型最好属于多品种、中小批量产品，其产品品种在5~10种。以组为单位，每组成员共同完成。撰写调查报告，将上述任务所学知识和调研情况做成PPT，进行小组汇报。

任务成果

完成调研报告，小组汇报 PPT。

任务考核

序号	考核项目	分值
1	说出作业区名称	20
2	说出指定货位的货位号及号码含义	30
3	说出指定位置的货架名称、构造特点及货物存放要求	50
总 分		100

任务小结

本任务主要讲解了仓储管理的基本知识，包括仓储的认知和仓储管理的概念和内容，仓储管理的目标、任务和原则，希望通过本任务的学习能了解仓储的含义和作用，熟悉仓储部门的岗位设置，能识别不同的仓储类型和设施，熟悉仓储发展的趋势。

任务3.2 仓储管理的设备与方法

任务描述

A公司是我国著名的洁具产品制造企业，创建于1989年，位于中国水暖之乡一福建省南安市仑苍镇九牧工业园，是建设部、建材局定点管理专业生产卫浴洁具的集团企业。公司主要生产水龙头、花洒、阀门和感应洁具等水暖产品，现拥有7家下属子公司，具有从模具、铸造、压铸、机加工、抛光、电镀、装配到实验检测和污水处理等一系列先进制造流程的生产体系。公司在国内各大中城市设有2000多个营销网点，营销网络遍布国内外，产品远销北美、欧洲、东南亚等十几个国家和地区。随着市场需求的不断增大，A公司原材料和零部件的采购量、产品的品种和生产量以及销售量都急剧增加，原先的产成品仓库已不能满足迅速增长的物流仓储需要。为了实现对企业物流更加高效、快捷、安全和低成本的管理，满足企业发展对物流的迫切需求，该公司又重新建设了一个新的大型仓库，现在需要购置相应的仓储设备来满足企业仓储作业的要求。

任务知识

3.2.1 仓储设备概述

仓储设备是指能满足储存和报告物品需要的技术装置和机具，并非仅指以房屋等外在表征的设备，具体可分为装卸搬运设备和保管设备、计量设备、养护检验设备、通风照明设备、消防安全设备、劳动防护设备及其他用途设备和工具等。

1. 仓储设备特点

仓储设备是仓储与物流技术水平高低的主要标志，我国的仓储设备的现代化和自动化程度较高。其特点主要表现在：

（1）仓储设备从研究、设计到生产直至报废的各环节之间相互依赖、相互制约，社会化程度越来越高，设备结构越来越复杂。

（2）仓储设备逐渐趋于“四化”，即连续化、大型化、高速化、电子化。

（3）能源密集型的设备居多，能源消耗大；资金密集型的现代设备投资和使用费用巨大，因而提高管理的经济效益对物流仓储企业意义重大。

2. 仓储设备作用

仓储设备是构成仓储系统的重要组成因素，担负着仓储作业的各项任务，影响着仓储活动的每个环节，在其中处于十分重要的地位。

（1）仓储设备是提高仓储系统效率的主要手段

一个完善的仓储系统离不开现代仓储设施设备的应用。新设施、新设备、新技术的研制开发，极大地提高了仓储作业的效率，降低了仓储作业的成本，促进了现代仓储的发展。

（2）仓储设备是仓储能力水平的主要标志

仓储设施设备与仓储活动密切相关，在整个仓储活动的过程中伴随着存储报告、存期控制、数量管理、质量养护等功能作业环节及其辅助作业，这些作业的高效完成需要不同的仓储设备，因此其水平的高低关系到仓储活动各项功能的完善和有效实现，决定着仓储系统的技术水平。

（3）仓储设施设备是仓储成本的主要影响因素

现代仓储设备是资金密集型的社会财富，仓储设施的建设成本和大型设备的购置费用非常巨大，它既是仓储企业的固定成本的基本组成，又是仓储企业变动成本的重要影响因素，所以，仓储设备的费用对系统的投入产出有着重要的影响。

3.2.2 仓储设备的种类及配置

1. 仓储设备的分类

仓储工作中所使用的设备按其用途和特征可以分成装卸搬运设备、储存设备、计量设备、养护检验设备、通风照明设备、消防安全设备、劳动防护设备及其他用途设备和工具等。仓储设备的日常管理中，应根据仓储规模的大小进行恰当的分类。

（1）储存设备

用于包含仓储商品质量的设备，归纳起来有以下几种：

①苫垫用品，一般用于露天堆场，起遮挡雨水和隔潮通风的作用，包括苫布、苫席、

枕木和石条等（如图 3-4 至图 3-12 所示）。

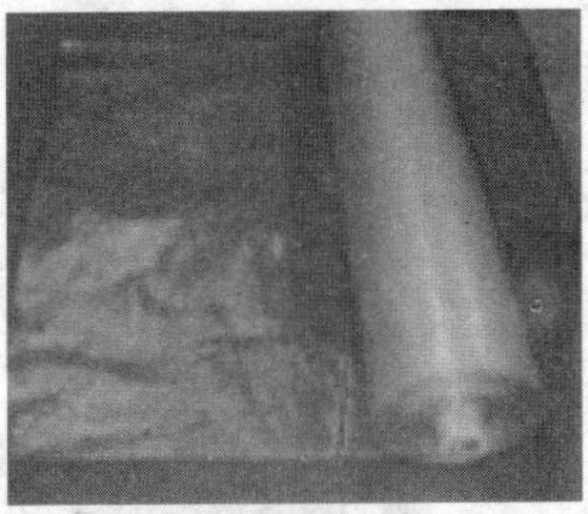

图 3-4　塑料布

图 3-5　席子

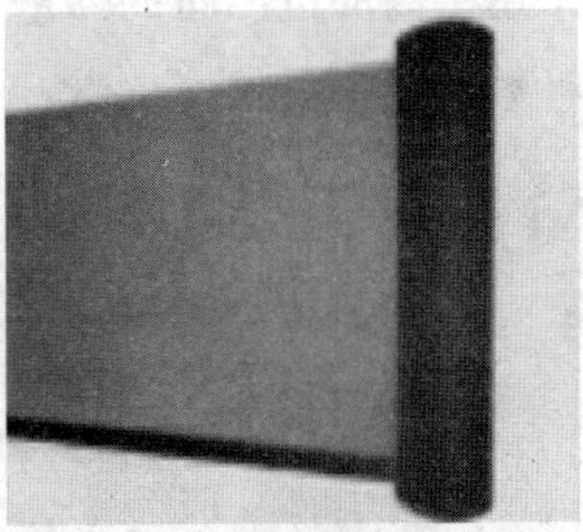

图 3-6　油毡

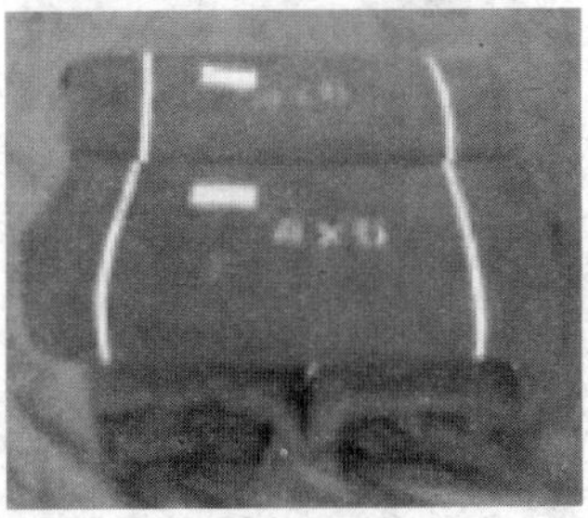

图 3-7　苫布

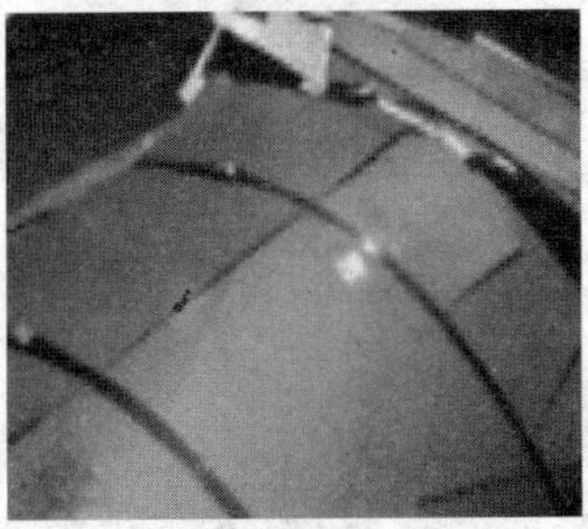

图 3-8　铁皮

图 3-9　隔离苫盖法

图 3-10　鱼鳞式苫盖法

图 3-11　固定棚架苫盖法

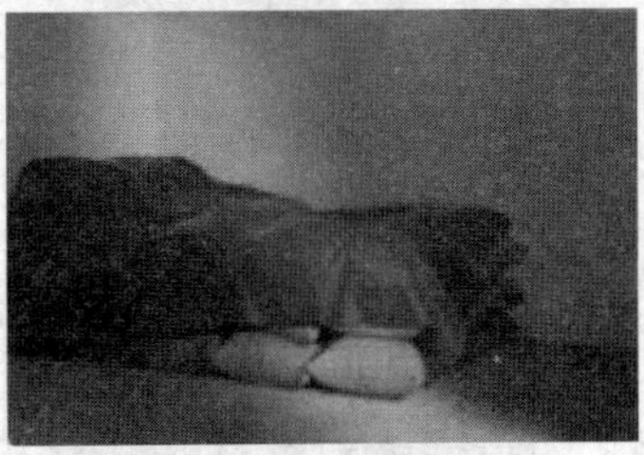

图 3-12　就垛苫盖法

②存货工具，包括各种类型的货架、货橱。货架是存放货物的敞开式格架，在批发和零售量大的仓库，便于货物的进出，又能提高仓库容积率；货橱是存放货物的封闭式格架，主要用于存放较贵重和需养护的物品。

（2）装卸搬运设备

装卸搬运设备用于商品的出入库、库内堆码及翻码作业。我国仓库中使用装卸搬运设备有三类：

①装卸堆垛设备。包括桥式起重机、门式起重机、叉车、堆垛机、滑车、跳板及滑板等。

②搬运传送设备。包括电瓶搬运车、皮带输送机、电梯及手推车等。

③成组搬运工具。包括托盘、集装箱等。

（3）计量设备

用于商品进出时的计量、点数及货存期间的盘点、检查等，包括轨道衡、电子秤、电子计数器、流量仪、皮带秤、天平秤及卷尺等（如图 3-13 至图 3-18 所示）。

图 3-13　地磅（1）

图 3-14　地磅（2）

图 3-15　轨道衡

图 3-16　电子秤

图 3-17　电子计数器

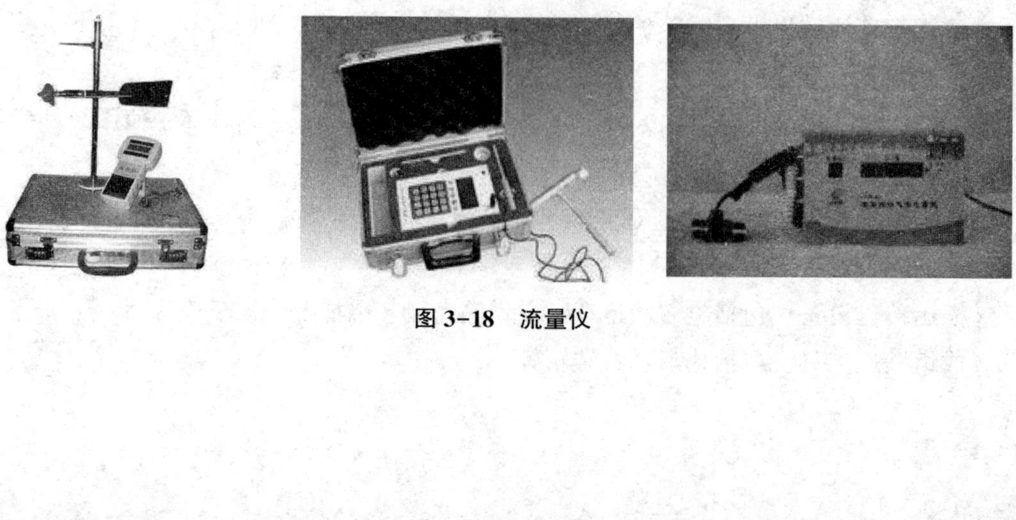

图 3-18　流量仪

（4）养护检验设备

养护检验设备是指商品进入仓库验收和在库内保管测试、化验及防止商品变质、失效的机具、仪器，包括温度仪、测潮仪、吸潮器、烘干器、空气调节器、商品质量化验仪器等（如图 3-19 至图 3-22 所示）。

图 3-19　测潮仪

图 3-20　烘干箱（1）

图 3-21　烘干箱（2）

图 3-22　空气调节器

（5）通风保暖照明设备

通风保暖照明设备根据商品保管和仓储作业的需要设定。通风设备有自然通风和人工通风，保暖设备有气暖和水暖，照明设备有天然照明和人工照明。

（6）消防安全设备

消防安全设备是仓储场所必不可少的设备，包括报警器、消防车、手动抽水器、水枪、消防水源、砂土箱、消防云梯等。

（7）劳动防护用品

劳动防护用品主要是确保仓库职工在作业中的人身安全。

补充阅读

仓库消防安全设施使用

一、仓管员必会的四招消防技能——灭火器及室内外消火栓的使用

1. 发现局部冒烟、火苗时，第一时间使用手提或者手推式灭火器灭火。操作步骤如下：

记住使用要诀：“拔、瞄、压、扫”！

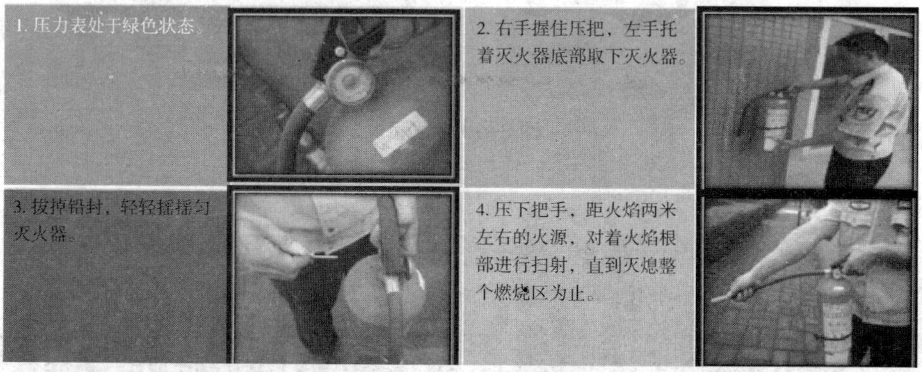

2. 火势已起，使用灭火器已经无法靠近、控制火势时，使用消防栓喷水灭火。操作步骤如下：

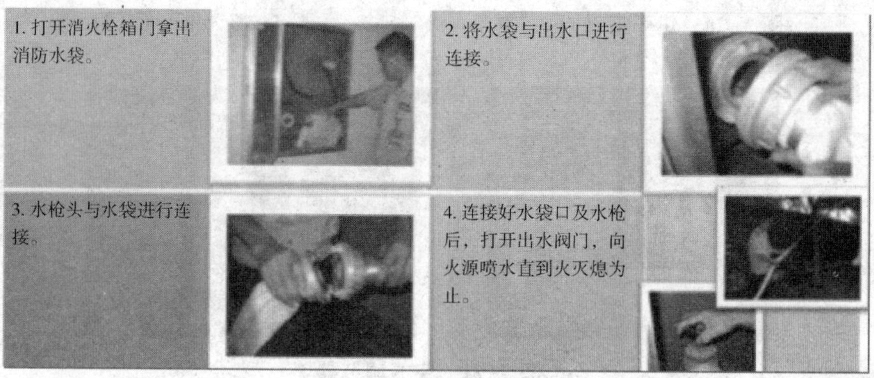

3. 火势较大，消防栓水带安装完毕，打开阀门喷水后；按下或者砸碎消火栓按钮，启动消火栓供水泵增压。操作步骤如下：依靠消防水池供水的消防栓在打开消火栓阀门后通常由建设在楼顶（高处）的小容量储水箱暂时供水，在 3~5 分钟后水压迅速降低；此时需要砸碎（按下）消火栓按钮，自动激发消防控制柜信号，开启抽水泵给消防栓供水、加压。

4. 火势蔓延，使用室内消火栓喷水已无法控制火势时或消防车供水时，打开室外消防栓喷水灭火。操作步骤如下：

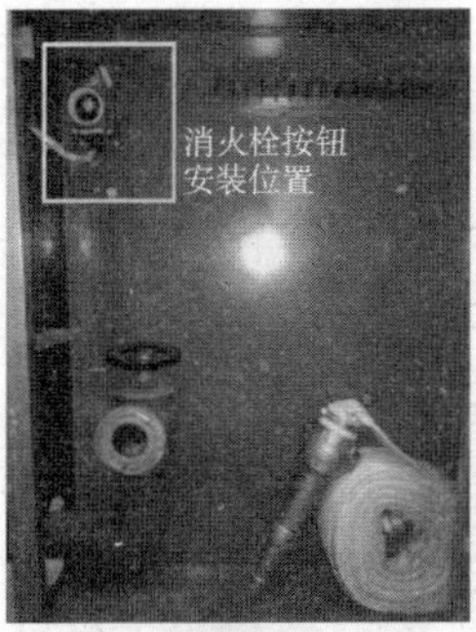

	1. 用扳手打开地下消防栓的水袋口连接开关。		2. 将消防水袋进行连接。
	3. 用扳手打开地下消防栓的出水阀门开关。	 	4. 接连水袋口及出水枪头。 5. 至少两人以上手拿喷水枪头，向火源喷水直到火灭熄为止。

二、仓库主管、安全员必会的消防技能——自动喷淋设备使用维护

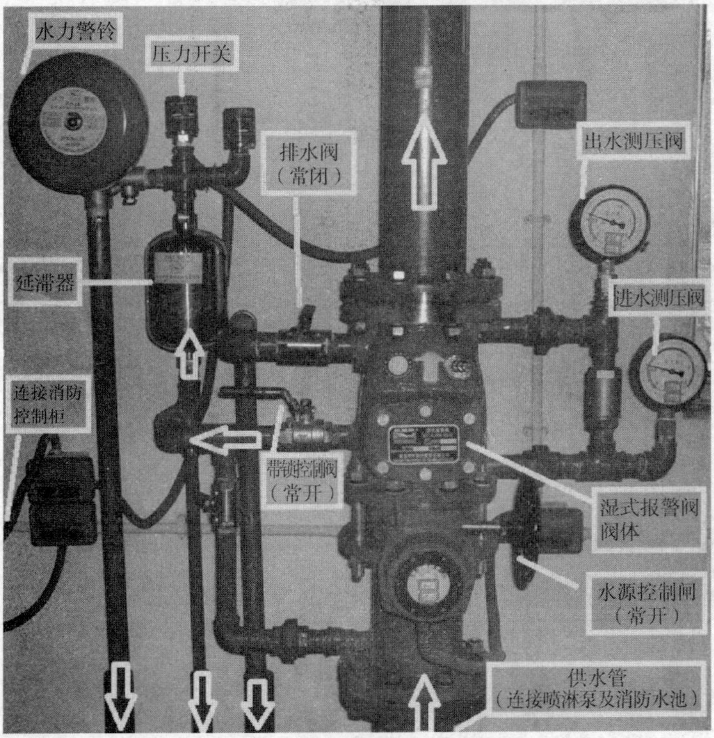

湿式报警阀检查维护：

1. 确保水源控制阀处于常开状态。
2. 带锁控制阀处于常开状态。
3. 排水阀处于关闭状态。
4. 进出测压阀表压力基本均衡（通常≥0.4Mpa）。
5. 压力开关连接线正常，无断开。

续表

  	末端试水装置日常测试步骤： 1. 确保压力表阀处于常开状态。 2. 确保末端试水室外排水管畅通无阻。 3. 打开末端试水排水阀排水试验。 4. 室外排水管排水，水力警铃转动鸣响。 5. 约 30 秒后，湿式报警阀边上水力警铃转动鸣响，消防喷淋泵启动供水。 6. 末端试水压力表保持水压≥0. 05Mpa。 7. 关闭末端试水排水阀，警铃停止。
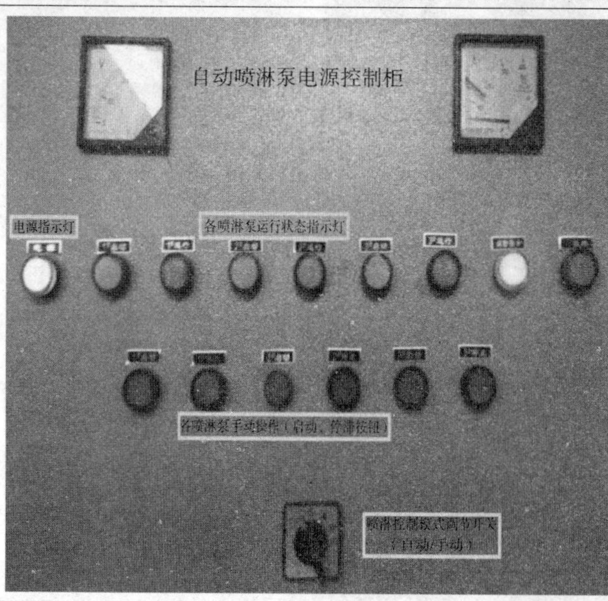 	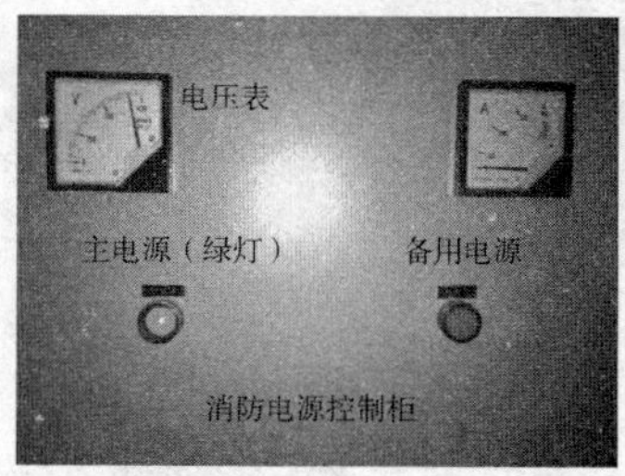 自动喷淋泵房控制柜检查维护： 1. 电源控制柜电源接通（绿灯）。 2. 喷淋控制模式调节开关（务必保持在自动模式），否则一旦出现火警，喷淋泵不能自动启动供水增压，影响灭火效率。

续表

	消防泵房关键设备： 1. 保证蜗轮开关常开。 2. 消防栓水压表≥0.5Mpa。
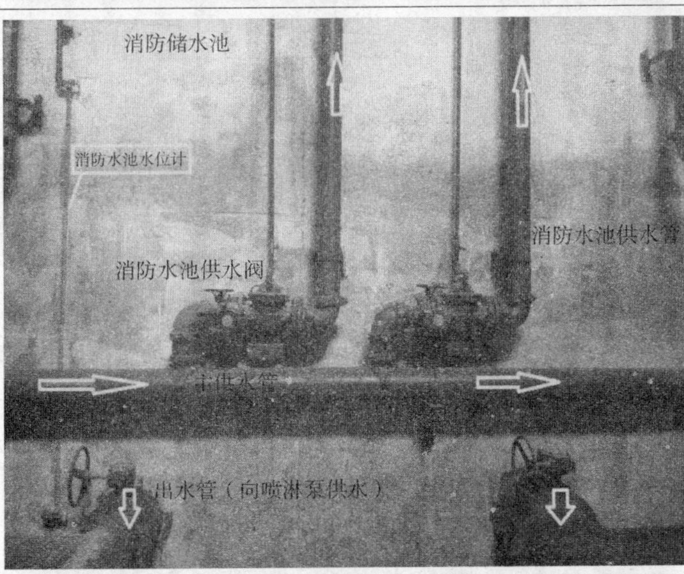	消防储水池关键设备： 1. 保证出水管阀门常开。 2. 消防水池供水阀常闭。 3. 检查水位计，水位过低时开启供水阀补水。
	1. 将喷淋控制模式开。

续表

<table>
<tr><td>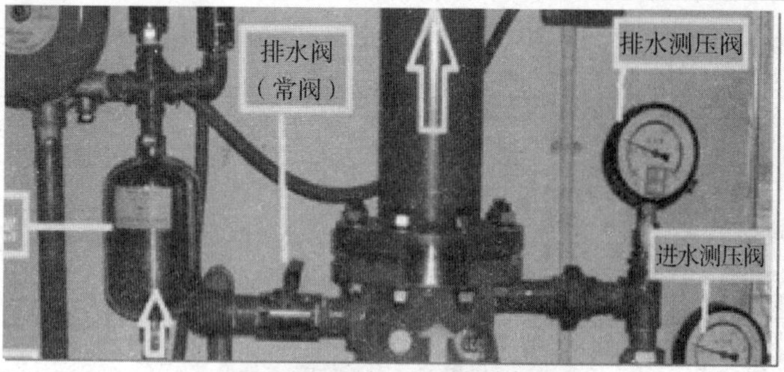
</td><td>2. 关闭水源控制阀，同时将常闭的排水阀打开排水。</td></tr>
<tr><td>
</td><td>3. 打开末端试水排水阀排水。
特别注意：排空喷淋管道水后，尽快维修损坏的喷头；维修完毕务必保证将上述开关复位。</td></tr>
<tr><td colspan="2">
</td></tr>
<tr><td colspan="2">各种消防闸阀的开关方式识别</td></tr>
</table>

2. 仓储设备配置的注意事项

（1）储存设备的配置

储存是仓储作业的核心，是最基本的仓储设备。选用储存设备主要依据是仓储的作业内容和运作方式，必须考虑货物特性、作业量的大小、仓库结构及配套的搬运设备等因素。储存设备要以储存单位大致分为四类：托盘、容器、单品和其他。以托盘储存方式为主，配合各种拣货方式的需要，将四类储存方式进行配置组合使用，满足仓储储存作业管理。

表 3-6 储存设备的选择考虑因素

商品特性	运作方式	出入库量	搬运设备	仓库结构
商品性质 体积 重量 包装形式	储位管理方式 储存密度 进出货方式	整进、整出 整进、零出 零进、整出 进出频率	类型 规格 特征 通道宽度	梁下高度 柱子位置 地面承载 消防设施

(2) 搬运输送设备的配置

在仓储作业中，各类搬运输送设备都有特定的用途和适应环境，在选择搬运输送设备时应考虑以下因素：

表 3-7 搬运输送设备配置因素

因素	说明描述
商品特性	不同的商品特性、单位重量与体积、形状及包装方式与容器直接影响到设备的适用程度。
作业方式和作业量	应配合配送中心的经营目标和服务方式，与作业流程、作业方式和作业量相结合。
设备系统的协同	配送中心的功能和作用不同，设备系统组成就会不同，如立体化仓库一般由高层货架、巷道机、周围出入搬运系统和管理系统组成。
环境条件	一般配送作业都是在常温、灯光、室内的环境下进行，但如果在高温或低温作业时，需要特别选用相应的皮带、轴承及驱动装置和润滑系统。同时，对健康和安全的因素，在设计储存和搬运输送系统时，也要全盘考虑。
设备的维护	所有的搬运输送设备都需要不同程度的维护，有些只需定期检查，有些需要由供应商提供维护和保养，其维护成本必须列入预算，维护需求也应划入系统选择和评价因素中。
信息管理	信息的来源和对信息的管理方式，系统信息处理功能，都会影响到设备的规划和选择，要兼顾搬运输送系统的控制及信息系统的管理。
成本与需求的平衡	必须考虑投资成本与作业需求之间的平衡，在满足作业需求下，尽量降低成本。

3.2.3 仓储设备的选择及步骤

1. 仓储设备选择的原则

仓储设备的选择，原则上要技术先进、经济合理、作业安全适用、绿色环保。

(1) 作业对象和环境决定原则

仓储装卸搬运设备性能参数要考虑货物单位重量、货架的高度、仓库地面承载能力、货架通道的宽度等环境因素进行确定。

(2) 工作能力均衡原则

为了避免人员、设备的闲置、等待和空载，仓储装卸搬运设备间的工作只有协调配合，才能提高搬运效率；要与仓库系统的出入库系统及分拣系统能力协调，以保证仓储系统运行在一个合理的作业速度下。

(3) 系统可靠性和安全性原则

在系统构造时，要储备必要的设备能力，设计必要的冗余环节，为未来仓储业务规模的扩展留出余地，这样才能提高仓储机械系统的可靠性；设备在使用过程中，要以人为本，把人身安全、货物安全放到首位，把符合环保要求、噪声和污染小的仓储设备作为首选目标。

（4）维修性和可操作性原则

维修性是指当仓储设备发生故障时，一般要关注三个方面，确保故障排除，恢复功能容易实现；设备技术图纸资料齐全，设备设计合理；设备采购时有足量的备件或者备件采购渠道畅通。

（5）作业方式与作业量协同原则

仓储装卸搬运设备的选择应配合仓库的经营目标和服务方式，与作业流程、作业方式和作业量相配合。作业量较大，设备的自动化程度可配置高些；作业量小，可采用人力和省力设备协作完成作业。

（6）最小成本原则

设备投资额度大，对仓储资金周转压力大，且要定期对仓库进行保养、维护，成本也会直线上升，因此为降低仓库资金负担，需要坚持设备采购和设备运行的最小成本原则进行仓储设备选择。

2. 仓储设备选择的依据

（1）仓储作业目标

仓储设备选购之前，必须明确其用途和使用范围，即明确该设备是用来做什么的，在确定仓储作业的目标和欲购置设备的用途后，才能够保证所选设备与仓储作业的匹配，避免盲目购置大量设备，费用高昂，却难以满足仓储作业的需要。

（2）购置成本

仓储设备的成本可以分为两大类：固定成本和变动成本。简单而言，固定成本可以认为是设备的购置成本，而变动成本也可以认为是仓储设备的使用成本，即仓储设备在使用过程中产生的各种费用。设备选择采购中，应该综合考虑设备的固定成本和变动成本，在满足仓储作业需求的前提下，选择寿命周期中总成本最低、效益最高的设备。

（3）设备质量

仓储设备质量是其能够满足仓储作业需要的能力体现。进行仓储设备选择时，应该注意对市场信息和设备质量信息的收集，充分考虑所选择设备的功能、材质、使用期限、售后服务等影响质量的因素，选择质量可靠、品质过硬的仓储设备。

（4）使用条件

仓储设备是在一定的场所和条件下使用的，因而在进行设备选择时，应该注意仓储设备的使用条件。一方面，作业环境可能会对设备选用提出要求，比如室内作业时，要求设备噪音和尾气排放符合环保等方面要求，而存放易燃易爆品的危险品仓库，往往要求设备具有防爆特性；另一方面，设备也会对使用条件有某些要求，比如堆高车对楼层高度的要求、叉车和托盘搬运车等重型设备对地面承载能力的要求等。所以，在进行设备选择时，应该综合考虑设备使用环境和使用条件，以保证设备的选择与其使用条件相符。

3. 仓储设备选择的步骤

（1）明确设备选择的目的

应该明确所采购仓储设备的功能，具体干什么工作，工作要求设备具有哪些技术指标。

(2) 收集并对比分析资料

收集与仓储设备规格、型号参数相关的资料，包括技术资料、经济资料、安装维护资料、应用服务资料，同时包含成功和失败的使用案例，以便供我们全面分析比较。

(3) 拟定设备初选方案

不同品牌、规格的设备可以实现同样的存储量、同样的运输配送、同样的作业流程，所以要制订多种不同配置的仓储设备配置方案，有利于优中选优，做出正确决策。

(4) 综合评价配置方案

除了要从投资、收益、折旧、运行成本和资金回笼等方面进行技术经济评价，还要对仓储设备的环保性、安全性、消防、摄像监控等方面进行评价，同时借助计算机技术，对设备系统的运行效率和匹配协调性进行模型仿真，根据全方位的综合评价，决定配置合理、安全适宜的最终仓储设备方案。

(5) 设备采购

进行仓储设备的招标采购可以很大程度上节约投资，有利于设备采购中财务资金的公开透明。

(6) 设备安装与试运行

按照招标合同的条款，逐步进入接收设备、建设安装设备、调试运行设备阶段，设备顺利运行在国家标准规定的一段合理时间后，即可投入正常使用。

3.2.4 储存设备的认知

储存设备是构成仓储系统的重要组成因素，担负着储存、放置货物的重要任务，在仓储活动中处于十分重要的地位、科学高效的储存设备规划，可以有效地提高仓库的空间利用率、降低仓储成本、提高存储、拣货、理货、盘点等作业的效率。

1. 货架

(1) 货架的定义及作用

货架是基本的仓储设备，是现代企业仓库、物流中心、配送中心的重要组成部分。国家标准《物流术语》(GB/T18354-2006) 对货架的定义是："货架指用支架、隔板或者托架组成的立体储存货物的设施。" 在土地资源稀缺、仓库租金不断上涨的形势下，货架的使用能够有效改善仓库功能、提高仓库的空间利用率、便于物资的仓储管理。货架的作用主要体现在以下四点：

①货架能够有效利用仓库空间，提高仓容利用率，扩大仓库的存储保管能力。

②货架中的货物存取方便，便于拣选、盘点、计量等作业，且利于实现货物的先进先出。

③货架上的货物互不积压，可以减少对货物包装和货物本身的损坏，配合仓储管理过程中的防潮、防尘、防火、防盗等措施，有效降低仓储过程中的货损率。

④货架的推广使用，能够提高仓储作业的现代化水平。比如旋转货架、自动化立体仓库的高层货架等货架的推广使用，提高了仓储作业效率，降低了作业人员的劳动强度。

（2）货架的种类

货架的种类很多，常见的货架有托盘货架、轻型货架、阁楼式货架、重力式货架、旋转货架等

①托盘货架。托盘货架是专门用于存放已经码放上托盘上的货物，其结构简单，安装简易，费用经济，可以任意调整组合；货品出入库不受先后顺序的影响；配合叉车使用，有效地提高仓储作业效率（如图 3-23 所示）。

图 3-23　重型货架

图 3-24　轻型货架

图 3-25　阁楼式货架

②轻型货架。轻型货架应用非常广泛，商城、超市、图书馆等场所经常使用，也是人工作业仓库的重要存储设备，用以存放轻小型物品。轻型货架结构简单，适用性强，有利于提高空间利用率，货品存取方便（如图 3-24 所示）。

③阁楼式货架。阁楼式货架可以将库房内的存储空间分隔成上下两层区域，利用支柱、货架、楼板将存储空间分为两层，提高了对高层空间的利用效率，有效地增加了库房的容积率。但是，阁楼货架的上层部分因为楼板承重有限、装卸搬运不方便，所以通常用来存放轻小型货品或者周转量较低的货品（如图 3-25 所示）。

④重力式货架。重力式货架的横梁具有一定的斜度并安装滚轮式轨道，货物从高端放入，从低端拣出，保证货物的先进先出。此外，重力式货架的拣货端和补货端分离，拣货作业和补货作业互不干扰，提高了拣货效率和作业安全性，被广泛应用于配送中心的拣货作业区（如图 3-26、图 3-27 所示）。

图 3-26　重力式货架

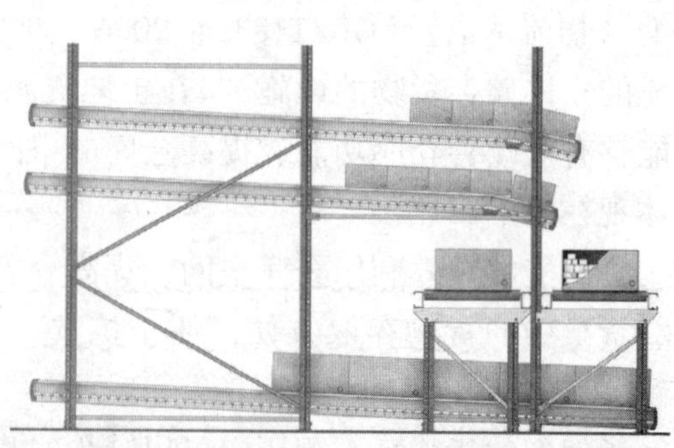
图 3-27　重力式货架使用示意图

⑤旋转货架。旋转货架分为水平旋转货架和垂直旋转货架，能够将货物旋转输送到指定位置，货架之间无需预留通道，以节省存储空间，提高库房的空间利用率。旋转货架通

常用于存放轻小型物品，多用于配送中心少量多样的货物拣选过程中，实现“物就人”的拣货作业，减少捡货人员的行走距离，降低拣货人员的工作强度，提高拣货作业效率（如图 3-28 所示）。

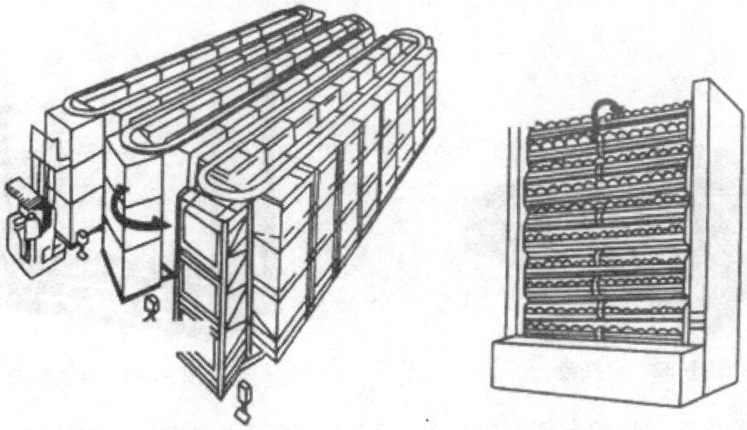

图 3-28　水平旋转货架和垂直旋转货架

⑥移动式货架。移动式货架可以依靠装置在货架下的滚轮而沿着地面轨道移动，每组货架仅需一条通道，极大地提高了空间利用率（如图 3-29、图 3-30、图 3-31 所示）。

图 3-29　人力推动式货架

图 3-30　摇把驱动式货架

图 3-31　电动式移动货架

2. 托盘

（1）托盘的概念

托盘又称“栈板”，是指用于集装、堆放、搬运和运输、放置，作为单元负荷物品的水平平台装置。托盘是重要的集装设备，与叉车配合使用，形成科学高效的装卸搬运系统，提高了装卸搬运的效率，也提高装卸搬运作业的机械化水平。目前，托盘作为单元化货物储存运输的重要集装形式，极大地提高了仓储、运输、配送、装卸搬运等物流作业的效率，其应用范围也越来越广泛。

（2）托盘的种类

按照托盘的结构分，托盘可以分为平托盘、柱式托盘、箱式托盘、轮式托盘等。

（1）平托盘。平托盘又称为“通用托盘”，其使用范围最广，利用数量最大，通用性最强，是最常用的托盘。它由双层板或者单层板另加底角支撑构成，在承载面和支撑面之间有纵梁，以提高托盘的承载能力，配合叉车或者托盘搬运车进行作业（如图 3-32 所示）。

图 3-32　平托盘

图 3-33　柱式托盘

平托盘按照承托货物的台面可以分为单面型、单面使用型、双面使用型。根据叉车叉入方式分类，有单向叉入型、双向叉入型、四向叉入型等。按照托盘的材质不同又可以分为木托盘、塑料托盘、金属托盘、纸托盘、复合托盘等。不同材质的托盘性质有所不同（如表 3-8 所示）。

表 3-8　各种材质托盘特点

材质类别	托盘特点
木托盘	制造方便，维修简易，自重轻，较好地缓冲了减震性能，是目前使用最广泛的平托盘。但是其需要消耗大量木材，与绿色物流理念不符。
塑料托盘	易于成型，造型统一美观，自重较轻，耐腐蚀，易冲洗，使用寿命长，但成本较高，是目前正迅速发展起来的平托盘。
金属托盘	承载能力强，不易损坏和变形，使用寿命长，但是成本高易腐蚀，自重较大，人工搬运困难，限制了金属托盘的使用范围。
纸托盘	以纸浆、纸板为原材料制作的平托盘具有成本低、自重轻、环保性能好等优点。不过纸托盘承载能力较弱，耐水和防火性差，且使用寿命短，使用范围较小。
复合托盘	以两种或者两种以上的材料加工复合而成，往往具有强度高、耐高温、耐腐蚀、抗老化等优点，具有良好的发展前景。

②柱式托盘。柱式托盘是在平托盘基础上发展起来的，其基本结构是在托盘的四个角有钢制立柱，柱子上端还可用横梁连结，形成框架，以避免对货物的重压。柱式托盘既可以利用立柱支撑重物、增加堆码高度，又可稳固货物，防止货物在运输和装卸过程中发生塌垛现象。柱式托盘还可以作为可移动的货架、货位，不用时还可叠套存放节约空间，近年来被广泛使用（如图 3-33 所示）。

③箱式托盘。箱式托盘是在平托盘上安装上部构造物，制成箱式设备，多用塑料、钢板、木板或钢木结合制成，按照结构又可以分为带盖、无盖、板式、格式、网式、固定式、可拆卸式和折叠式等多种类型。箱式托盘有护板护栏，防护能力强，装运范围大，装

货稳定性好，能有效防止塌垛，减少货损，可用于装载各种散装物料及粉状和颗粒状物料等（如图 3-34 所示）。

图 3-34 箱式托盘

图 3-35 轮式托盘

④轮式托盘。轮式托盘，是在柱式托盘或箱式托盘的底部装入滑轮而成的托盘。轮式托盘可以利用底部的滑轮进行短距离的移动。轮式托盘可以对大多数的货物进行集装，尤其适用于需要短距离移动的较为沉重的货物。但是轮式托盘因为有底部滑轮的存在，所以轮式托盘不可以多层码垛，只能单层存放，不利于提高库房的空间利用率，限制了其使用范围（如图 3-35 所示）。

（3）托盘标准化

我国的托盘规格种类繁多，标准规格托盘的占有率非常低。为了提高我国物流系统的整体运作效率，降低物流成本，于 2008 年 3 月 1 日起正式在国内实施标准为 1200 毫米×1000 毫米和 1100 毫米×1100 毫米两种规格托盘，并优先推广使用 1200 毫米×1000 毫米规格的托盘。

国际标准化组织（International Organization for Standardization，简称 ISO）承认 4 种国际规格托盘：

①1200 毫米×800 毫米，欧洲规格。

②1200 毫米×1000 毫米，欧洲部分国家、加拿大、墨西哥规格。

③1219 毫米×1016 毫米，美国规格。

④1100 毫米×1100 毫米，亚洲规格。

3.2.5 装卸搬运设备的认知

装卸搬运设备是指物流作业活动中用来搬移、升降、装卸和短距离输送货物的机械设备，是实现装卸搬运机械化、自动化的基础，是仓储作业中重要的机械设备，在货品出入库、组托上架、拣选、整仓、补货等作业中发挥重大的作用。

1. 叉车

（1）叉车概述

叉车是物流中心最常用的装卸搬运设备，我国国家标准《物流术语》中对叉车的定义是“叉车是具有各种插具，能够对货物进行升降和移动以及装卸作业的搬运车辆。”其机动灵活，适用性强，效率高，既可用于运输工具的装卸作业、货物垂直堆码作业，又可用于小距离的水平运输，配合各种叉车属具，能够完成不同品种、形状、体积的货物的装卸搬运作业，广泛地应用于各种装卸搬运场合。但多数叉车轮压较大，对场地承载能力要求高，且回转半径较大，需要预留较宽的作业通道，不利于提高货场、仓库的面积利用率。

（2）叉车种类

叉车是物品装卸搬运的主要工具，规格多样，种类繁多。按其动力装置可分为内燃叉车、电瓶叉车和人力叉车，按其结构可分为平衡重式叉车、前移式叉车和侧叉式叉车，按照叉车的使用环境又可分为室内用叉车与室外用叉车两类。

（3）常见叉车简介

①平衡重式叉车。平衡重式叉车是使用最广泛、用量最大的一种叉车。平衡重式叉车的货叉位于驾驶室正前方，货叉从前进方向叉取货物，使用橡胶轮胎或充气轮胎，具有很强的爬坡能力与地面适应能力。使用平衡重式叉车时，货物重心位于叉车行走轮支承面以外，由于没有支撑臂，需要较长的轴距与较大的配重来平衡载荷，所以无论是电动还是内燃驱动平衡重式叉车，其车身尺寸均较大，需要较大的作业空间，因此，平衡重式叉车多用于室外装卸、搬运作业。平衡重式叉车按照操作方式不同，又可以分为步行式平衡重叉车、立式平衡重叉车、坐式平衡重叉车（如图 3-36、图 3-37、图 3-38 所示）。

图 3-36　步行式平衡重叉车

图 3-37　立式平衡重叉车

图 3-38　坐式平衡重叉车

②前移式叉车。前移式叉车有两条前伸的支腿，支腿前段装有车轮，作业时，起升机构沿着支腿内侧轨道向前移动，叉取货物后，稍微起升一定高度后，沿着支腿内侧轨道缩回，然后可以继续进行搬运或者升降作业。前移式叉车可以使货物的重心落在车辆支撑面以内，无须依靠车重或者配重来平衡货物重量，所以车身自重小、外形小巧、结构简单、转弯半径小，适合车间、库房等室内作业（如图 3-39 所示）。

图 3-39　前移式叉车

图 3-40　侧插式叉车

③侧叉式叉车。侧叉式叉车的门架和货叉位于车体的同侧，货叉既可以上下运动，也可前后伸缩。叉取货物时，先将液压支腿着地，门架向外推出，叉取货物后，货叉起升，门架缩回，然后下降货叉，货物即可自动放置在叉车一侧的前后（货叉两侧）车台上。由于货物沿叉车纵向放置，特别适合装卸长大件货物，减少长大件货物对通道宽度的要求，且货物重心位于车轮支承面之内，所以叉车行驶时稳定性好，速度高，司机视野比平衡重式叉车好（如图3-40所示）。

（4）叉车的选择

影响叉车选择的因素很多，其中叉车的工作环境、搬运距离、通道宽度等因素对叉车的选择有着重要影响。

①工作环境。工作环境对叉车动力形式的选择有较大的影响。比如，室内作业时，作业空间有限、通道较窄且空间相对封闭。而电动叉车运转平稳，噪音小，不排废气，检修容易，正适用于这种通道较窄、路面好、起重量较小、车速不要求太快的室内作业。而内燃叉车作业持续时间长，功率大，爬坡能力强，对路面要求低，所以更适合于室外作业。尤其是在路面不平、坡度较大以及作业繁忙、搬运距离较长的场合，内燃叉车具有明显优势。

②搬运距离。叉车是多功能的装卸搬运机械，作业范围往往限定在某一场地内，而并非是长途运输，其行驶速度多小于20km/h。叉车在较近距离内完成装卸搬运作业时，主要是发挥叉车的装卸功能而非搬运功能。相关经验表明，100米距离内多选择电动叉车，100~200米距离可使用内燃叉车，而200~500米距离多选择牵引车、挂车。

③通道宽度。库房内的通道宽度直接影响库场面积的有效利用，影响库场的面积利用率，是选择叉车的重要指标。一般来说，前移式叉车所需通道宽度一般为2.7~3.2米，而平衡重式叉车所需通道宽度一般为3.5~5.0米。在通道宽度一定的情况下，选择适当的叉车种类，可以更好地适应场地条件，满足仓储作业需求。

2. 输送机

（1）输送机概述

输送机指在一定线路上连续输送物料的传送搬运机械。输送机的输送线路一般是固定的，输送能力大，运距长，持续性强，可以在输送过程中完成加工、包装、拣选等作业，在仓储作业过程中应用广泛。

（2）输送机种类

根据输送机的结构，输送机可以分为带式输送机、辊筒输送机、链式输送机、悬挂输送机等，其结构和运作方式不同，适用于不同的物流作业场合。

①带式输送机。带式运输机是利用连续而具有挠性的输送带进行物料输送，常用的是织物芯橡胶带（如图3-41、图3-42所示）。工作环境和输送对象不同，对橡胶带耐酸碱、

耐热、耐低温的要求不同，特殊的工作环境下，还可使用钢带、塑料网带或钢丝网带作为传输带。带式输送机主要用于输送散装、块状、颗粒状物料，也可输送中小型包装的货物。

图 3-41　固定带式输送机

图 3-42　可移动带式输送机

②辊筒输送机。辊筒输送机是依靠转动着的辊子和物品间的摩擦使物品向前移动，主要由辊子、机架、支架、驱动部分等组成。辊筒输送机可以分为动力辊筒输送机和无动力辊筒输送机，前者具有动力驱动装置以带动货物移动，后者自身未配置动力系统，由人力推动货物前行，降低搬运作业的人员工作强度。辊筒输送机结构简单，可靠性高，输送量大，速度快，承载能力强，可以满足多品种物资共线分流输送的要求。辊筒输送机适用于各类箱、包、托盘等件货的输送，散料、小件物品或不规则的物品可以放在托盘上或周转箱内，再利用辊筒输送机进行输送（如图 3-43 所示）。

图 3-43　辊式输送机

图 3-44　链式输送机

③链式输送机。链式输送机是利用链条牵引、承载或由链条上安装的板条、金属网带、辊道等承载物料的输送机。链式运输机因被运物的性质不同，结构有较大差别。链式输送机又可分为鳞板输送机、刮板输送机和埋刮板输送机。刮板输送机常用来输送粒状和块状、流动性好的物料。鳞板输送机输送能力大，运转费用低，常用来完成量大质重的散装固体及具有磨琢性物料的输送任务。埋刮板输送机主要用于输送粉状、块状、片状和粒状的物料（如图 3-44 所示）。

④悬挂输送机。悬挂输送机主要是由链条、轨道、吊具、支架、传动座和调整座等组

件组成，其运行轨道和支架大部分悬挂于建筑物上，主要用于库房、车间内的物料空中输送，能将仓库、装配线等相关节点有机地结合起来，可在最大程度上理顺车间的物流，产生更大的效益。悬挂输送机的工作构件可以根据需要进行设计，可以配上吊钩、挂架、斗或桶等各种形式的附件，因而所输送物品的形状和性质几乎不受限制。悬挂输送机能有效地利用空间、节省人力、提高工作效率，广泛适用于各种物品的远距离输送、楼层提升、空中储存、送料等工作场合以及制造企业的流水线生产（如图 3-45 所示）。

图 3-45　悬挂输送机

3.2.6　自动分拣系统认知

1. 自动分拣系统概述

自动分拣系统（automatic sorting system）通常由控制系统、分拣信息识别系统、计算机管理系统、输送设备和分拣设备组成，能够依据物品的类别、批次、流向等信息，迅速准确地将物品从仓储系统或输送设备拣取出来，并按照指令自动完成分类、集中、配装等作业。自动分拣系统是仓库、配送中心进行拣选、分货、配装作业的现代化设备，是分拣、配送作业的强有力的技术保证，反映拣选技术水平的高低。

2. 自动分拣系统的组成

（1）信号标记装置

信号标记装置负责在货物的外包装上贴上或打印表明货物品种、规格、数量、货位、货主等信息的标签。

（2）信号识别装置

该装置的作用是识别和传递分拣信号，根据分拣信号的要求指示自动分拣装置对货物进行分拣。货品的标签信息通过电磁识别、光学识别等多种方式输入分拣控制系统中去，分拣控制系统根据对分拣信号的判断，决定货品流向。

（3）控制中心

控制中心的作用是接收和处理分拣信号，根据系统设置、作业要求对输送装置和分拣装置下达作业指令，完成相应作业。

（4）输送装置

输送装置主要组成部分是传送带或输送机，其作用是沿固定线路使货物通过控制装置和分拣装置。输送装置的两侧，一般要连接若干分拣口，以便于将分拣后的货物输送到不同位置，进行后续作业。

（5）自动分拣装置

自动分拣装置根据控制中心传来的指令，改变符合指令要求的货物运行方向，进入其他输送机或者分拣口。常见的分类装置有推出型、倾斜型、浮出型、皮带送出型等（如图3-46、图3-47、图3-48、图3-49所示）。

图3-46　滑块推出型分拣装置

图3-47　倾斜型分拣装置

图3-48　浮出型分拣装置

图3-49　皮带送出型拣选装置

（6）辅助装置

自动拣货系统除了上述典型装置外，还需要其他辅助装置予以配合，以便满足不同拣货作业的需要，这些辅助装置包括动力装置、上货装置、排出装置（即滑道，如图3-50所示）、装车卸货装置等。

图 3-50 排出装置（滑道）

3. 自动分拣系统的工作原理

自动分拣系统根据实际需要给每一类货品分配一个滑道，货物通过输送机到达上货装置后，由上货装置将货物投放在自动分拣机上，分拣机每一分拣单元只放一件货物；货物经过信号识别装置时，货物信息被识别并传递到控制中心；控制中心按照既定的配送方案给货物分配滑道出口，分拣系统实时计算货品位置；当货物到达预定滑道时，分拣装置将货物投入相应滑道；货物沿着滑道排出自动分拣系统，该物品分拣作业完成。

4. 自动分拣系统使用效益

自动分拣系统的推广使用，能够提高仓储、配送企业分拣作业的效率，缩短拣货作业时间，降低工人的劳动强度。具体而言，自动分拣系统的使用能够为仓储企业产生以下效益：

（1）连续、大批量地分拣货物

由于采用企业生产中使用的流水线自动作业方式，自动分拣系统不受环境、时间、人的体力等因素限制，可以连续运行。通常情况下，自动分拣系统可以连续运行 100 个小时以上，每小时可分拣 7000 件包装商品，如用人工则每小时只能分拣 150 件左右，同时分拣人员也不能在这种劳动强度下连续工作 8 小时，因此与传统的人工拣货作业相比，自动分拣系统更能满足持续时间长、作业批量大的拣货作业要求。

（2）降低分拣作业错误率

传统的人工键盘或语音识别方式进行信息输入并人工拣货，工作量大，耗费时间长，且误差率较高，甚至会超过 3%。自动分拣系统的分拣误差率大小主要取决于所输入分拣信息的准确性，而这又取决于分拣信息的输入机制，目前自动分拣系统主要采用条形码技术来识别货物，除非条形码的印刷本身有差错，否则不会出错，这极大地降低了拣货作业的错误率。

（3）降低分拣作业的人力成本

建立自动分拣系统的目的之一就是为了减少人员的使用，减轻员工的劳动强度，提高人员的拣货效率，而自动分拣系统在信息输入、识别、传递、货物寻找、计数、分流等环节，无须人工干预，由系统自动完成，最大限度地减少人员的使用，基本做到无人化，降低了拣货作业的人力成本。

补充阅读

安全小知识：仓库堆码的“五距”要求

1. 顶距：指堆货的顶面与仓库屋顶面之间的距离。一般的平顶楼房，顶距为 50 厘米以上；人字形屋顶，堆货顶面以不超过横梁为准。如发生火灾货物燃烧时，这个距离可以防止大火直接燃烧至屋顶，导致房屋起火。

顶距为50厘米以上

灯距不应小于50厘米

2. 灯距：指仓库内固定的照明灯与商品之间的距离。灯距不应小于 50 厘米，以防止照明灯过于接近商品、灯光产生热量导致火灾。

3. 墙距：指墙壁与堆货之间的距离。墙距又分外墙距与内墙距。一般外墙距在 50 厘米以上，内墙距在 30 厘米以上，以便通风散潮和防火；一旦发生火灾，可供消防人员出入。

4. 柱距：指货堆与屋柱的距离一般为 10~20 厘米。柱距的作用是防止柱散发的潮气使商品受潮，并保护柱脚，以免损坏建筑物。

外墙距大于50厘米以上，内墙大于30厘米以上

柱距一般为10～20厘米

5. 垛距：指货堆与货堆之间的距离，通常为100厘米。垛距的作用是使货堆与货堆之间，间隔清楚，防止混淆，也便于通风检查；一旦发生火灾，还便于抢救，疏散物资。

垛距通常为100厘米

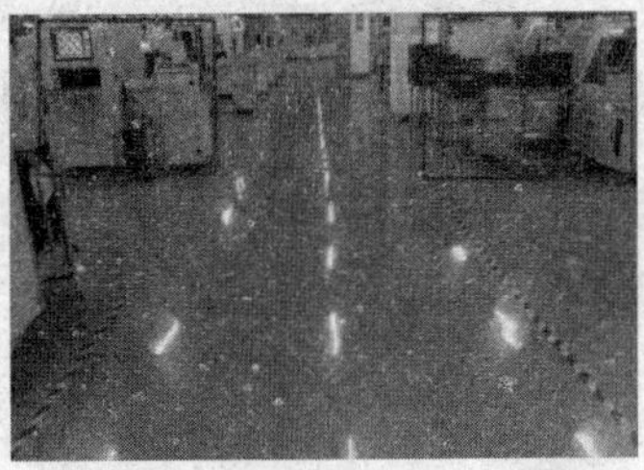

车间区域明朗，“各有各的位置”

6. 仓储空间内应规范“划线”，每一台仓储设备和功能区域都有自己的“指定位置”，每个工位都严格规范位置，落实清晰的逃生通道。“五距”标识、标线要求是对公司自身负责、对员工负责！

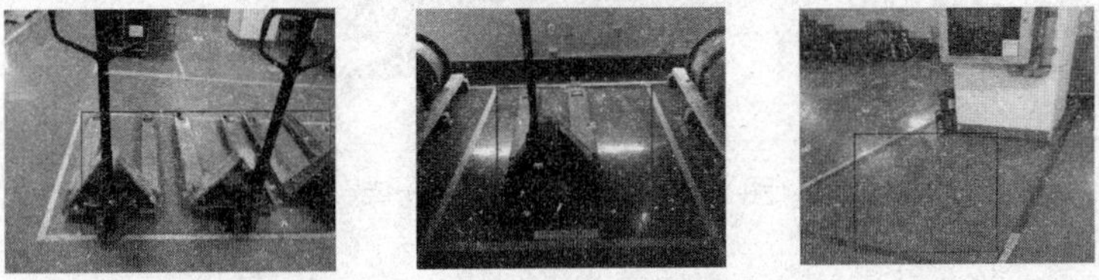

规范“划线”，严格规划工位

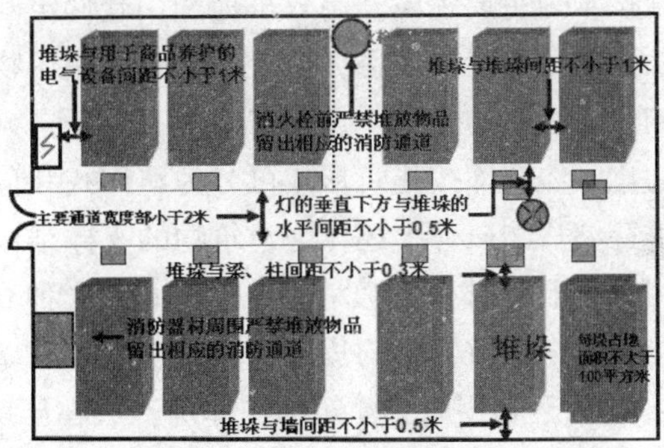

仓库内货物堆放时，不得圈占、堵塞消防设施，并应与仓库内的电气线路均保持安全距离！

（《安全小知识：仓库堆码的“五距”要求》，2018年6月26日，https：//wenku.baidu. com/view/0173010131b765ce050814df. html）

3.2.7 新型智能仓储设备认知

1. 自动化立体仓库

（1）自动化立体仓库概述

自动化立体仓库也称自动存取系统（Automated Storage and Retrieval System，简称AS/RS），它是一种用高层立体货架存储物资，用巷道堆垛机进行存取作业，用计算机控制管理的仓库。自动化立体仓库除了具有传统仓库的基本功能外，还具有自动分拣、理货的功能，以及在不直接进行人工处理的情况下，自动存储和取出物料的功能（如图3-51所示）。

图 3-51 自动化立体仓库

立体仓库的特点在于以高层立体货架为标志，以成套先进搬运设备为基础，以先进的计算机控制技术为主要手段，高效率地利用仓储空间，节约时间和人力进行各种作业，具有巨大的社会效益和经济效益，因此被普遍应用于物流业、制造业、商贸业等各行各业。

（2）自动化立体仓库的分类

①自动化立体仓库按建筑形式可分为整体式和分离式两种。其中，整体式立体仓库是指货架除了存储货物以外，还作为建筑物的支撑结构，构成建筑物的一部分，即库房货架一体化结构，一般整体式高度在 12 米以上。这种仓库结构重量轻，整体性好，抗震好。分离式立体仓库中存放货物的货架在建筑物内部独立存在。分离式立体仓库的高度在一般 12 米以下，适用于利用原有建筑物作库房，或在厂房和仓库内单建高层货架的场所。

②按照操作对象的不同，自动化立体仓库可以分为托盘单元式自动仓库、箱盒单元式自动仓库、拣选式高层货架仓库、单元/拣选式自动仓库、高架叉车仓库。其中，采用托盘集装单元方式来保管物料的自动仓库，被国内企业较为广泛地采用。

③按照储存物品的特性进行分类，有常温自动化立体仓库、低温自动化立体仓库、无尘自动化立体仓库、防爆型自动化立体仓库等。

（3）自动化立体仓库的组成

自动化立体仓库主要由高层立体货架、堆垛机、各种类型的叉车、出入库系统、无人搬运车、控制系统及周边设备等部分组成。具体而言，包括以下几部分：

①高层货架。用于存储货物的钢结构。目前主要有焊接式货架和组合式货架两种基本形式。

②托盘（货箱）。用于承载货物的器具，亦称“工位器具”。

③巷道堆垛机。巷道堆垛机主要用于自动存取货物的设备。按结构形式分为单立柱和双立柱两种基本形式；按服务方式分为直道、弯道和转移车三种基本形式。

④输送机系统。自动化立体仓库的主要外围设备，负责将货物运送到堆垛机或从堆垛机将货物移走。输送机种类非常多，常见的有轨道输送机、链条输送机、皮带输送机、升降台、提升机等。

⑤AGV 系统。AGV 系统，即自动导向小车，与输送机系统配合作业，构成自动化立体仓库的搬运输送系统。

⑥自动控制系统。自动控制系统，即管理自动化立体仓库系统各种设备的自动控制系统。目前以总线控制模式为主。

⑦仓储管理系统。仓储管理系统，亦称“中央计算机管理系统”，是自动化立体库系统的核心。它主要由入库操作、出库操作、查询操作、系统管理、系统帮助等模块构成。目前典型的自动化立体仓库系统均采用大型的数据库系统构筑典型的客户机/服务器体系，可以与其他系统联网或集成。

(4) 自动化立体仓库的效益

①提高空间利用率。早期立体仓库的建设，其基本出发点就是提高空间利用率，充分节约有限且宝贵的土地。自动化立体仓库的空间利用率与其规划设计紧密相连。一般来说，自动化立体仓库的空间利用率可以达到普通平库的2~5倍。

②便于形成先进的物流系统，提高企业生产管理水平。传统仓库只是货物储存的场所，保存货物是其唯一的功能，是一种“静态储存”。自动化立体仓库采用先进的自动化物料搬运设备，不仅能使货物在仓库内按需要自动存取，而且还可以与仓库以外的生产环节进行有机的连接，将自动化立体仓库与外界环境的物流、信息流连接在一起，形成物资的“动态储存”。这也是当今自动化仓库发展的重要技术趋势，有利于企业形成先进的物流系统，从而提高企业的整体管理水平。

③可以提高仓储作业的自动化水平，降低人力成本。自动化立体仓库货物的上架、下架、输送、拣选、盘点等作业都是在仓储管理系统的控制引导下完成，这些作业环节的人员需求大大减少，而且降低了人员的劳动强度，节省了巨大的人力成本。

④科学高效的库存管理，降低库存成本。自动化立体仓库管理与控制系统可以对立体库所有出入库物品的信息进行收集和处理，并对各种货品的周转量、资金占用率等数据进行统计分析，以利于最大限度地降低库存量及资金的占用，加速资金周转。

⑤利于货物的先进先出管理。自动化立体仓库对仓库中的物品、货位等基本信息进行管理，管理物品的在库情况，能够按照系统设置要求，按照“先进先出”的原则，实现仓库中材料的自动出入库操作和存储操作。

3.2.8 RF 手持终端认知

1. RF 手持终端简介

RF（Radio Frequency，无线射频）手持终端是指利用无线射频技术完成数据采集、传输等功能的便携性数据处理终端。RF 手持终端是集微型计算机、扫描器于一体的智能化条码采集、信息处理设备，通过利用 RF 通信技术，与仓储管理信息系统相连接，一方面，将系统分配的任务下载到手持终端，以引导作业人员进行仓储作业，完成组托、上架、下架、拣选、返架、转移、盘点等任务流程；另一方面，将作业过程中产生的数据传输到仓储管理系统，为仓储作业的顺利进行提供决策依据（如图 3-52 所示）。

图 3-52　RF 手持终端

2. RF 手持终端的功能

在仓库管理的应用过程中，RF 手持终端设备通常具备以下几点功能：

（1）信息传输功能

RF 手持终端利用 RF 通信技术与仓储管理系统相连，与该系统的数据库进行实时数据交换，将仓储作业指令发送到手持终端，引导作业人员进行各种仓储作业，也可以将仓储人员的作业信息即时传入到仓储管理系统，缩短信息收集和信息处理的时间差，提高仓储作业的效率。

（2）信息采集功能

RF 手持终端一般都配有条形码扫描器，以识别单据条形码、商品条形码、储位条形码等，比如货物在入库时，利用 RF 手持终端扫描商品条形码输入货品的数量并上传到管理信息系统；在组托上架时，利用 RF 手持终端扫描托盘及储位条形码等，以提高信息采集的准确性、即时性、便利性。

（3）信息存储和处理功能

利用手持终端的系统软件和仓库管理系统等应用软件，RF 手持终端也可以对仓储作业信息进行存储和处理。比如在盘点、整仓过程中，对货物的数量信息、储位信息进行修改更正，导入、导出仓储作业数据等。

（4）其他功能

RF 手持终端根据其软件、硬件配置往往具有其他功能，比如有的手持终端通过安装条码打印装置，可以实时打印商品条形码；有的手持终端可以与打印机无线连接，即时打印各种作业单据，提高单据处理的便利性。

3. RFID

RF 和 RFID（Radio Frequency Identification，无线射频识别）都是利用无线射频技术，但是其利用过程并不相同，前者是在传输过程中利用射频技术，而后者是信息识别过程中利用射频技术。其中，RFID 技术被认为是 21 世纪最具发展前途的信息技术之一，而物流是 RFID 技术应用的重要舞台。

RFID 系统工作的基本原理是：当装有 RFID 标签的物品进入识别范围后，如果接收到 RFID 识别器发出的特殊射频信号，就能凭借感应电流所获得的能量发送出存储在芯片中的产品信息，识别器读取信息并解码后，送至中央信息系统进行数据处理。

RFID 技术能够极大地提高物流各环节的自动化程度，大幅降低差错率，节省人力与作业成本，显著提高物流的效率，在物流和仓储管理中具有很大的应用潜力。在仓储管理中，RFID 技术可广泛用于货物而入库管理、货物跟踪与库存盘点等作业环节。随着 RFID 技术的进一步发展，它在物流仓储中的应用将日益广泛，必将为物流管理带来一次革命性的变化。

3.2.9 其他设备

1. 自动导引车

自动导引车（Automated Guided Vehicle，AGV），是一种低速无人驾驶的货物搬运机动车辆，可以采用自动或者人工方式装卸货物，通常需要与导向系统、自动装卸系统、通信系统、安全系统、管理控制系统等构成自动导引车系统（AGVS）以更好地发挥作用，满足仓储搬运作业自动化、柔性化的要求。

自动导引车按导引方式分为电磁导引、激光导引和视觉导引等几大类，其运行路径可以由管理控制系统进行设置，机动性较强，具有高柔性化、高智能化、高集成化等特点。通过在自动导引车上安装不同功能的构件，可以满足不同物资的搬运需要，具有较强的适应性。另外，AGVS 的组成系统可以根据仓储作业的需要进行调整，相比传送带、输送机等传统的输送系统，对场地布置、导引路线的变更简单易行，能够充分利用仓库内的人行通道和叉车通道，提高库房的面积利用率（如图 3-53 所示）。

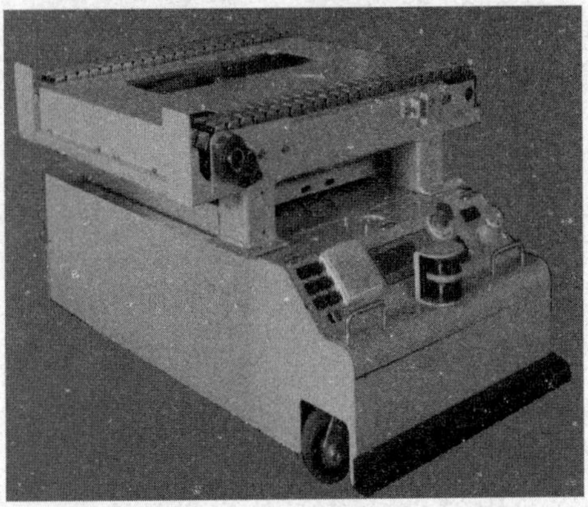

图 3-53 自动导引车

2. 托盘式搬运车

托盘搬运车主要用于托盘集装货物水平方向的搬运作业。托盘搬运车可分为手动托盘搬运车和电动托盘搬运车两种。电动托盘搬运车又可分为自走式、站驾式和坐驾式三种。

（1）手动托盘搬运车

手动托盘搬运车，俗称“地牛”，搬运车前段有货叉作为载物构件，由液压装置作为货叉的起升机构，利用搬运车的推拉手柄来驱动液压油缸。货叉能方便地插入托盘下面，货叉起升后便可将托盘和货物升起，由人力驱动搬运车行走。它是托盘运输工具中最简便、最有效、最常见的装卸、搬运工具，广泛应用于物流、仓库、工厂、车站机场等短距离托盘搬运场合（如图 3-54 所示）。

图 3-54　手动托盘搬运车

图 3-55　电动托盘搬运车

（2）电动托盘搬运车

电动托盘搬运车又称“电动托盘车或电动搬运车”，是一种在国内外应用广泛且市场潜力巨大的轻小型仓储工业车辆。它以蓄电池为动力，直流电机驱动液压工作站提升，由手柄集中控制，站立式驾驶。电动托盘车作业方便、平稳、快捷；外型小巧，操作灵活；低噪音，低污染，能在商场、超市、仓库、货场、车间等场所作业。与手动托盘搬运车相比，其更适用于重载及长时间的托盘搬运作业，可大大提高托盘货物的搬运效率，减轻作业人员的劳动强度（如图 3-55 所示）。

3. 手推车

手推车是靠人力来驱动行驶的搬运车辆，它是最传统、最常见的人力搬运车辆。它造价低廉，维护简单，操作方便，自重轻，能在机动车辆不便使用的地方工作，在短距离搬运较轻的物品时十分方便。常见的手推车有二轮杠杆式手推车、手推台车、登高式手推台车等。

（1）二轮杠杆式手推车

二轮杠杆式手推车，俗称“老虎车”，一般由车架、托架、车轮、杠杆、推手柄等结构组成。杠杆式手推车是最古老的、最实用的人力搬运车，它轻巧、灵活、转向方便，但因靠体力装卸、保持平衡和移动，所以仅适合装载较轻、搬运距离较短的场合（如图 3-56 所示）。

图 3-56　二轮杠杆式手推车

（2）手推台车

手推台车是一种以人力为主的搬运车，它具有结构简单、轻巧灵活、易操作、回转半径小等优点，广泛应用于库房、商场、车站、机场等场所，是短距离、运输轻小物品的一种方便而经济的搬运工具。一般每次搬运量不超过 500 千克，搬运速度在 30 米/分钟以下（如图 3-57 所示）。

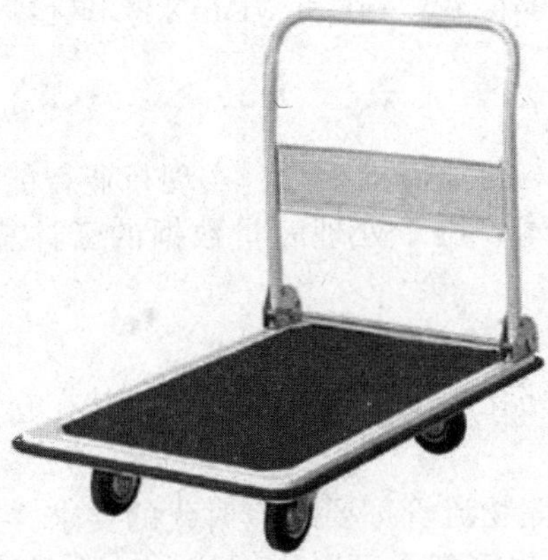

图 3-57 手推台车

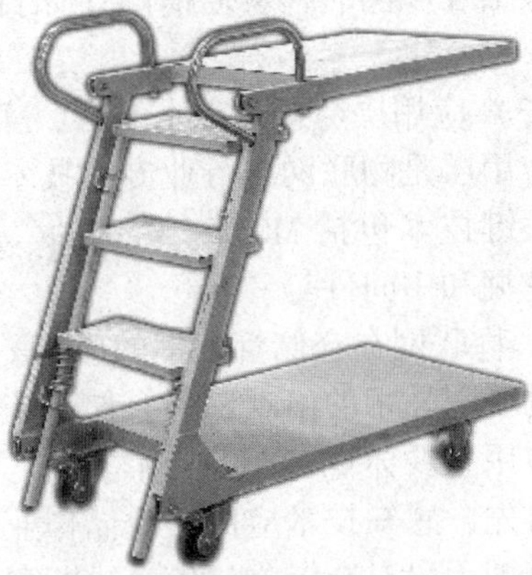

图 3-58 登高式手推台车

（3）登高式手推台车

登高式手推台车是当需要向较高的货架内存取轻小型的物料时，所采用的带梯子的手推台车，以提高仓库的空间利用率，适用于对图书、标准件等物品进行拣选、搬运、上架、下架等作业（如图 3-58 所示）。

3.2.10 物联网

1. 物联网概述

物联网技术是指通过射频识别、红外感应器、全球定位系统、激光扫描器等信息传感设备，按约定的协议，将任何物品与互联网相连接，进行信息交换和通信，以实现智能化识别、定位、追踪、监控和管理的一种网络技术。

物联网系统平台架构技术是一种面向物联网系统设计理念和架构技术，它将各类物联网对象之间的交互抽象到一个统一的层面，注重独立实现各个联网对象的系统功能，通过简单、统一的接口进行信息交互和沟通，利用物联网联网对象之间的松耦合特点，保证物联网网络的开放性和规模可扩展性。物联网的价值在于让物体也拥有了“智慧”，从而实现人与物、物与物之间的信息传递和处理。

2. 物联网的层次架构

目前，物联网体系架构大致公认为有三个层次：感知层，即以二维码、RFID、传感器为主，实现对“物”的识别；传输网络层，即通过现有的互联网、无线网络（2G、3G、4G、WLAN 等）等实现数据的传输；应用层，即利用云计算、数据挖掘、中间件等实现对物品的自动控制与智能管理等。

（1）感知层用来识别物体，采集信息

感知层包括二维码标签和识读器、RFID 标签和读写器、摄像头、GPS 等，主要作用是识别物体。涉及的主要技术包括传感器技术、物品标识技术（RFID 和二维码）以及短距离无线传输技术等。

（2）网络层用来对信息进行传递和处理

网络层包括通信与互联网的融合网络、网络管理中心和信息处理中心等。涉及的主要技术包括互联网、移动通信网（如目前流行的3G、4G、Wi-Fi和WiMAX）和无线传感器网络。

（3）应用层与行业需求结合，实现广泛智能化

应用层是物联网与行业专业技术的深度融合，与行业需求结合，实现行业智能化。涉及的关键技术包括M2M（Machine to Machine）技术、用于处理海量数据的云计算技术、数据挖掘和中间件等。

3. 物联网在仓储管理中的应用

物联网技术的出现，为仓储系统的智能化、网络化提供了极大的助力，其在仓储领域中的应用主要体现在以下三个方面：

首先，感知技术应用在仓储作业中的应用。仓储物流管理要适应时代的要求，采用信息化管理手段对仓储物流信息进行整合并实行一体化管理；可以实现信息和数据的共享，可以加快货品和资本周转，进而实现信息的同步管理。借助物联网技术中RFID装置、全球定位系统、传感器、激光扫描器等设备，就可以及时获取相应货品存储的状态、条件和处理情况等仓储信息，并能够根据用户需要，即时将相关信息传递给仓储作业管理者和客户，以助其制定合理的选择决策。

其次，智能化地执行仓储作业与管控。当前对物联网及物流信息化的使用局限于短时间地对物品的感知、识别、定位及在线追踪等，难以对仓储作业全过程进行控制与管理。随着物联网技术的发展，视频监控、机器人、传感设备、无人搬运车、射频识别、手持终端等智能化设备在仓储作业中应用越来越广泛。这些技术的应用可以更好地完成货物搬运、识别、堆码垛、拣选等仓储作业，提高仓储作业管理和控制的效率。

最后，智能网络与传输技术的应用也是物联网技术在仓储作业中的重要体现。智能化和网络化是物流发展的最大趋势。比如，作为物联网关键技术之一的RFID技术在库存现场操作与管理中可以实现智能化、信息化管理，改变传统的手工记录方式；可以进行自动记录货品出入库信息、智能仓库盘点、记录并发布货品的状态信息以及记录输出车辆状态报表等。在实际仓储作业中，先将RFID标签贴在托盘、包装箱或者货品上，进行货品名称、规格、序列号等信息的录入和存储，RFID读写器收集标签信息并传递给服务器，而无须工作人员再使用手持读写器一一扫描货品条形码，这样既降低了遗漏、记混、记错货品的几率，又降低了仓储作业人员的劳动强度，降低了劳动成本。

4. 物联网在仓储管理中的应用前景

通过加大物联网硬件建设的投入，借助物联网技术实现仓储管理过程的信息化与网络化管理，同时运用物联网技术在操作现场快速准确地对信息进行收集、输入、处理，可实现仓储管理的即时化和信息化。在物联网技术环境下进行仓储管理，能够适应市场对仓储物流企业的管理要求，同时也将对仓储企业发展产生深远影响。物联网技术在仓储作业过程中的推广应用，能够有效地解决传统仓储管理中信息收集、处理环节过多、作业效率低下、人力成本居高不下等问题，提高仓储作业的自动化、信息化、智能化水平。

任务实施

1. 任务引入

作为仓储管理人员，要了解仓储企业和仓储设备的一般知识。在本项目的学习过程

中，同学们已经认识了很多仓储设备，为了更好地掌握课程内容，应组织同学们到合作企业参观调研。

2. 任务分析

结合课程学习内容，重点调研企业仓储设备的使用情况，完成以下任务：

(1) 熟悉仓储作业，认识仓储设备在作业中的重要性。

(2) 了解仓储设备的种类及使用管理。

(3) 培养同学们的观察、交流、自主学习能力。

任务成果

1. 将学生分组，5 个学生一组，分配组长和带队指导教师。

2. 安排校外指导教师或者设备操作人员讲解设备用途和操作。

3. 认真听讲并观察、了解仓储设备的用途、特点、注意事项等。

4. 根据调研内容和记录，编写企业调研报告，设备使用和管理作为报告的核心与重点。

任务考核

调研报告评价标准表

检查内容	评价标准	分值	得分
调研准备	调研准备充分、分工合理、材料齐全	10	
调研记录	内容翔实准确，针对性和准确性高，能够较好地支撑调研报告内容	20	
调研报告	调查报告结构合理，内容翔实，分析总结科学，体现出对仓储设备的认知与理解	50	
调研过程	服从带队教师和企业指导教师的安排，遵守学校实训纪律和企业规章制度，行为仪态合乎要求	20	
合计		100	

任务小结

仓储设备的科学合理配置，可以为企业仓储作业的高效运行奠定良好的物质基础。

任务 3.3 仓储合理化

任务描述

商品储备必须有一定的量才能在一定时间内满足需要，实现被储物的“时间价值”，这是仓储合理化的前提和本质。但过分强调仓储的储存功能的实现，会过分投入储存力量和劳动，造成浪费，因此，寻找仓储合理化的途径十分关键。本任务主要讲述仓储合理化定义及内容，了解不合理储存的表现形式以及仓储合理化的主要标志和基本途径。

任务知识

3.3.1 仓储合理化的含义

仓储合理化就是用最经济的办法实现仓储的功能。仓储的功能是对需要的满足，实现被储物的“时间价值”，这就必须有一定储量。

商品储备必须有一定的量，才能在一定时期内满足需要，这是仓储合理化的前提或本质。如果不能保证储存功能的实现，其他问题便无从谈起了。但是，储存的不合理又往往表现在对储存功能实现的过分强调，这往往是过分投入储存力量和其他储存劳动所造成的。所以，合理储存的实质是在保证储存功能实现前提下进行尽量少的投入，这也是一个投入产出的关系问题。

3.3.2 仓储合理化的内容

1. 仓库选址

物品仓储离不开仓库，仓库建设要求布局合理。仓库设置的位置，对于物品流通速度和流通费用有着直接的影响。仓库的布局要与工农业生产的布局相适应，应尽可能地与供货单位相靠近，这就是所谓“近场近储”的原则，否则就会造成工厂远距离送货的矛盾。物品供应外地的，仓库选址要考虑临近的交通运输条件，力求接近车站码头，以便物品发运，这就是所谓“近运近储”的原则。如果仓储的物品主要供应本地区，则宜建于中心地，与各销售单位呈辐射状。总之，仓库在布局时应以物流距离最短为原则，尽可能地避免物品运输的迂回倒流，选择建设大型仓库的地址，最好具备铺设铁路专用线或兴建水运码头的条件。考虑到集装箱运输的发展，还应具有大型集装箱运输车进出的条件，附近的道路和桥梁要有相应的通过能力。

2. 仓储数量

物品仓储要有合理的数量，即在保证功能实现的前提下有一个合理的数量范围，在新的物品运到之前有一个正常的能保证供应的库存量。影响合理量的因素很多，首先是社会需求量，社会需求量越大，库存储备量就越多；其次是运输条件，运输条件好，运输时间短，则仓储数量可以相应减少；再次是物流管理水平和技术装备条件，如进货渠道、中间环节、仓库技术作业等，都将直接或间接地影响物品库存量的水平。目前，科学的管理方法已能在各种约束条件下，对合理数量范围作出决策，但是较为实用的还是在消耗稳定、资源及运输可控的约束条件下所形成的仓储数量控制方法。

3. 仓储结构

仓储结构就是指对不同品种、规格、型号的物品，根据消费的要求，在库存数量上，确定彼此之间合理的比例关系，它反映了库存物品的齐备性、配套性、全面性和供应的保证性，尤其是相关性很强的各种物资之间的比例关系更能反映仓储合理与否。由于这些物资之间相关性很强，只要有一种物资耗尽，即使其他种物资仍有一定数量，也会无法投入使用。所以，不合理结构的影响面并不仅局限在某一种物资上，而是具有扩展性的，结构标志重要性也可由此确定。仓储结构主要是根据消费的需要和市场需求变化等因素确定。

4. 仓储时间

仓储时间，就是每类物品要有恰当的储备保管天数。合理的仓储时间要求储备天数不能太长也不能太短，储备天数过长就会延长资金占用，储备天数过短就不能保证供应。仓储时间主要根据流通销售速度来确定，其他如运输时间、验收时间等也是应考虑的影响因素。此外，某些物品的仓储时间，还受该物品的性质和特点的影响，如仓储时间过长，物品就会发生物理、化学、生理生物变化，从而变质或损坏。

5. 仓储网络分布

仓储网络分布指不同地区仓储的数量比例关系。仓储网络分布可用于判断仓储数量与当地需求比、对需求的保障程度，也可以由此判断对整个物流的影响。仓储网点布局直接影响到仓库供货范围，对生产领域和流通领域都有较大的影响。生产系统中仓库网点少，储存量相对集中，库存占用资金较少，但要求送货服务质量水平很高，否则可能延误生产过程的需求。流通系统中的批发企业仓储网点相对集中，要考虑相对加大储存量，利用仓储网点合理布局、储存调节市场，以起到“蓄水池”的作用。零售企业一般附设小型仓库，储存量较小，应当加快商品周转。采用集中配送货物的连锁店，可将库存降至最低水平甚至是“零库存”。

6. 仓储费用

仓租费、维护费、保管费、损失费、资金占用利息支出等，都能作为判断仓储合理与否的标准。

3.3.3 仓储合理化的要求

一般来说，仓储合理化的实施要点可以归纳如下：进行仓储物的 ABC 分析，并在 ABC 分析基础上实施重点管理；在形成了一定的社会总规模前提下，追求经济规模，适当集中库存。所谓适度集中库存是利用仓储规模优势，以适度集中仓储代替分散的小规模仓储来实现合理化。

1. 适度集中库存是“零库存”这种合理化形式的前提

（1）加速物资总的周转，提高单位产出。具体做法如采用单元集装存储，建立快速分拣系统等，这些都利于实现快进快出、大进大出。

（2）采用有效的“先进先出”方式，保证每个被储物的仓储期不至过长。“先进先出”是一种有效的方式，也成了仓储管理的准则之一。

有效的先进先出方式主要有：

①贯通式货架系统。

②“双仓法”仓储。给每种被储物准备两个仓位或货位，轮换进行存取，再配以必须

在一个货位中取光才可补充的规定，则可以遵循信号实现“先进先出”。

③计算机存取系统。采用计算机管理，在存取时向计算机输入时间记录，编入一个简单的按时间顺序输出的程序，取货时计算机就能按时间标志给予指示，以保证“先进先出”。

2. 减少仓储设施的投资，提高单位仓储面积的利用率，以降低成本、减少土地占用。

3. 采用有效的仓储定位系统。

仓储定位的含义是被储物位置的确定。仓储定位系统可采取先进的计算机管理，也可采取一般人工管理。行之有效的方式主要有：“四号定位”方式，计算机定位系统。

4. 采用有效的监测清点方式。

（1）“五化”码。这是我国手工管理中采用的一种科学方法。储存物堆垛时，以“五”为基本计数单位，堆成总量为“五”的倍数的垛形，如梅花五、重迭五等。堆码后，有经验者可过目成数，大大加快了人工点数的速度，且少差错。

（2）光电识别系统。在货位上设置光电识别装置，该装置对被存物进行扫描，并将准确数目自动显示出来。这种方式不需人工，扫描就能准确掌握库存的实有数量。

（3）计算机监控系统。用计算机指示存取，可以防止人工出错。

3.3.4 仓储合理化的基本途径

1. 实行 ABC 分类控制法

ABC 分类控制法是指将库存货物按重要程度细分为特别重要的库存（A 类货物），一般重要的库存（B 类货物）和不重要的库存（C 类货物）三个等级，并针对不同类型级别的货物进行分别管理和控制的方法。

2. 适当集中库存

所谓适度集中库存是利用储存规模优势，以适度集中储存代替分散的小规模储存来实现合理化。

3. 加速总周转

储存现代化的重要课题是将静态储存变为动态储存，周转速度一快，会带来一系列的合理化好处，如资金周转快、资本效益高、货损小、仓库吞吐能力增加、成本下降等。

4. 采用有效的“先进先出”方式

保证每个被储物的储存期不致过长，“先进先出”是一种有效的方式，也是仓储管理的准则之一。有效的先进先出方式主要有：贯通式货架系统储存，“双仓法”储存，计算机存取系统储存等。

5. 提高仓容利用率

（1）采取高垛的方法。

（2）缩小库内通道宽度以增加储存有效面积。

（3）减少库内通道数量以增加储存有效面积。

6. 采用有效的储存定位系统

储存定位的含义是被储物位置的确定。如果定位系统有效，能大大节约寻找、存放、取出的时间，节约不少物化劳动及活劳动，而且能防止差错，便于清点及实行订货点等的管理方式。

7. 采用有效的监测清点方式

监测清点的有效方式主要有："五五化"堆码（以"五"为基本计数单位，对成总量为"五"的倍数的垛形，如梅花五、重叠五）；光电识别系统，计算机监控系统等。

补充阅读

一次性扫描收货已成仓库管理系统评价标准

先进的仓库管理系统能够帮助仓库的运营处于最佳状态。ARC咨询顾问公司（ARC Advisory Group）提出的10个问题可用来诊断仓库管理系统是否能够提供一流的仓库管理作业支持。

一、你的仓库是否能够同时处理多个订单

在使用纸质媒介管理的仓库里，操作人员一次只能够处理一份订单。在美国，约有2/3的中型仓库（面积1万平方米）和1/3的大型仓库（面积7万平方米）仍然是通过纸质单据指令来运营管理的。为了提高仓库的生产率，减少操作人员在仓库内部的作业行程，就需要精心设计分拣策略和路线。但如果要实施任务交错作业、高峰期快速分拣或双向拣配作业等，对纸介管理来说就显得太复杂了。射频和条码技术系统的使用使得仓库的操作人员能够同时拣配多个订单。在美国，有不到1%的仓库还使用了声控分拣指引技术，该技术的应用确实可以提高对不易搬运货项分拣的生产率，但可能降低存货控制的准确性。

二、存货的准确性是否超过99%

所有仓库都应当实现99%的存货控制的准确性，最好的10%的仓库可达到99.95%的准确性。为此，定期的循环计数是基础性的第一步。一开始，系统应该根据每个存货单元（SKU）价值量的帕累托（Pareto）分析来决定循环计数的样本数。然后，系统应能帮助管理人员锁定容易出错的存货单元。较好的方法是管理人员在仓库状态容易清点的时候计数，比如，在分拣以后马上就点数，看货位是不是空了或还剩几件货。当然，因为要求每一存货单元都要准确计数，所以要达到99.95%的准确性还要求改变计数的方法。因为存货单元可能放错仓位，所以最好按通道来计数。

三、是否能够给客户一个完全可靠的交货期承诺

要向客户承诺当天或隔天送货，在仓库管理系统（WMS）和企业资源计划（ERP）系统之间一天一次或一天两次的交货批量整合是不能支持可靠交货的。

因此，WMS和ERP的存货数据应基本上保持同步。特别高级的系统能够对销售人员在给定仓储能力和运输条件的情况下改变交货承诺，形成支持。

四、能否通过所搜集的数据识别提高绩效的契机

仓库管理人员最熟悉的应当是仓库作业的基本标准，如每人每小时搬运的货件数、确定时点的订单未完成率、压单时间和每件货的搬运成本等。对改变运作方式或操作人员的结果进行比较分析，仓库管理人员就能够不断发现更好的运营方式，如调整同时周转的货物的存放货位、调整操作人员的任务或改变分拣的程序。

五、能否平衡分销中心不同区域之间的工作负荷

不良的仓库管理会造成分销中心（DC）各区工作负荷的严重不平衡，因此，管理人员应当计划、监测和调剂每个区之间的工作负荷，对仓库作业进行监测很普遍。大多数实施物料搬运自动化的仓库管理人员都能够差不多即时掌握每个区的工作负荷，并在必要的情况下为操作人员重新指派任务以平衡工作量，但制定计划就不那么普遍了。美国大约有1/5的大型仓库使用的是基于时间和动作的工程类劳动力标准来计算每项任务所需的理论时间，并与实际作业所使用的时间进行比较。通常，这些标准决定了操作人员的基本工资标准，但是要使用这些数据更好地计划每天的劳动力需求，则要求管理人员针对具体任务设定一个目标完成时间，如在分拣高峰期计算所需要的劳动力资源和确定每项任务的完成时间。

六、能否组合货项来简化下游合作伙伴的工作

不良的仓库管理使得仓库看上去就是一个存货的地方。而良好的仓库管理却能够把上下游合作伙伴的活动引入分销中心，采用承运人认可的标签、出口单证和合适的包装均会简化运输伙伴的工作。更高级的还有带有专业技术经验的装车编组技术，如根据卸货的顺序来装车，甚至还有为零售商的展示货物配上带滚轮的托架等。有些美国零售商要求分销中心根据所配送货物的重量和体积选择合适的送货目的地和承运人。现代化的分销中心应能够延时装配、增添产品的功能，增加产品配置的选择性和核心产品的客户定制化，如按客户国别配置的专门组件。

七、你或你的客户是不是一次性扫描收货

不良的收货作业要对收到的每一货项进行扫描检测，而最佳的收货作业只扫描一个标签就可以完成，该标签含有或直接给出所交货物的全部信息。通常，一次扫描收货作业可以借助无线射频识别技术（RFID）或条码识别系统以及供应商与客户之间约定的先期发货通知书。

八、是否每个仓库经理在多点分销网络系统中都能够相互支持

不良的管理使得仓库看上去就是一处孤立的设施，而良好的管理却使得仓库管理人员能够看到网络系统中所有分销中心的存货状态，客户能够随时检查订货的状态信息。较高级的仓库管理系统还能够识别问题，并在几分钟内向仓库网络系统的管理人员报警，如系统产生缺货了。一般地，客户订单能够在相邻的分销中心之间进行传递。良好的仓库管理系统不会将管理人员淹没在报警信号中，而是先过滤一下，再把报警的问题提交给合适的管理人员。更高级的仓库管理系统还包括自动执行和完成有经验的仓库管理人员的决策，比如，根据送货卡车到达的先后次序对收货和分拣作业的峰谷进行调节。当然，这样的系统还很少。

九、是否已经取消了人工质量检测

管理水平一般的仓库往往要求对货物进行人工质量检查，而管理良好的仓库却能够合理地取消非增值的附加过程。有两个途径可以取消人工质量检测：一是建立一套完整可靠

的操作程序，系统应当支持经常发生抽样错误的抽样过程。对每一次抽样而言，系统应要求操作人员通过检测程序，系统还应当明确什么样的抽样操作是可靠的，何时质量检测并不能够对产品形成增值。二是如果发生错误的成本远远大于货物自身的价值，那么，质量检测的程序就应当实行自动化。在制药行业自动称重就很普遍，这也将被其他行业采用。这当然要求准确的数据。然而，在某些行业如半导体行业，由于货物单体的重量太轻，所以不一定采用自动称重的方法。

十、供应链是否具有处理反向物流的能力

在欧洲，立法要求企业必须跟踪和回收产品的包装物，达不到要求的可能面临3万美元罚款，并且包装物要返回到一个指定的、常常是外包的废弃物处理中心。对于退货来说，不良的管理会加倍运输作业，如先运到发货仓库，再运到退货处理仓库，而良好的仓库管理则要求客户获得授权。货物通过收货人仓库的入口时，收货人要按照流程来识别诸如包装物或产品损坏、数量不对或产品有否质量缺陷等问题，这里可能存在着增加销售的机会。然后，收货人被告知货物应送往何处。于是，收货人用自己的PC打印机生成一个含有收货处置指令的条码标签，并将货物发往指定地点。

根据企业回答上述的问题，确定得分，再根据得分确定企业处于的状态。ARC咨询顾问公司推荐的仓库管理系统作业优化诊断标准为：(1) 如果得分少于3，说明公司存在着许多改进绩效和增进赢利能力的机会。(2) 如果得分在4~6之间，说明公司已经使用了一些可行的技术，供应链绩效水平可能处于中等。(3) 如果得分是7或者8，表明公司较早地采用了最成熟的仓库管理技术。(4) 如果得分是9或者10，则表明公司在应用最新技术方面处于领先地位，但也可能是过度地使用了最新技术手段。

任务实施

第一步：将全班学生分成若干组，每组3~5人。

第二步：每组同学选出一位组长，负责协调本小组同学的工作。

第三步：每组学生深入到城市繁华区和郊区进行调研。选择城市某购物商场为调研对象，然后假设在该商场由于物流业务的拓展，需要在城市中心投资兴建一个配送中心，专门为该商场提供物流服务。请为此作一个投资分析。要求：实施以下任务：

(1) 仓库面积调查

进一步加深对合理化选址内容的认识，会运用合理化的方法对仓库或者配送中心进行合理化选址。

(2) 以组为单位，每组成员共同完成。撰写调查报告，将上述任务所学知识和调研情况做成PPT，进行小组汇报。

任务成果

完成物流配送中心合理化选址的调研报告，运用专家评价法（德菲尔法），制定调研问卷，完成调研数据的采集处理，并撰写调研报告，制作汇报PPT。

配送中心投资因素调研项目样例：

	商场的距离	价格高低	投资后升值预期和空间	当地政府政策支持	周边交通方便程度	水电等费用	其他考虑的因素（……）
专家意见（打钩，至少选4个）							

配送中心投资地址样例：

	地址1	地址2	地址3	地址4	地址5	地址6	其他考虑的地址（……）
专家意见（打钩，至少选4个）							

任务考核

序号	考核项目	分值
1	完成问卷，收回有效问卷，进行数据统计	20
2	设立分数数值表	30
3	运用综合分析法分析，得出结论	50
总分		100

任务小结

本任务主要讲解了仓储合理化的概念、内容、要求及实现途径。希望通过本任务的学习能完成配送中心合理化位置的选择、配送线路的合理化选择、物流节点的合理化选择，运用合理化知识，对仓储布局进行分析，完成平面布局等仓储合理化的工作。

项目能力测试

一、单项选择题

1.（　　）是仓储企业提高作业效率、实现安全生产、提高企业经济效益的重要基础。

A. 仓储技术　　B. 仓储管理　　C. 仓储设备　　D. 仓储作业

2. 仓储设备（　　）对于提高物流运作效率和降低仓储成本起着至关重要的作用。

A. 先进化　　B. 标准化　　C. 高效化　　D. 信息化

3.（　　）是基本的仓储设备，是现代企业仓库、物流中心、配送中心的重要组成部分。

A. 托盘　　B. 货架　　C. 叉车　　D. 输送机

4.（　　）易于成型，造型统一美观，自重较轻，耐腐蚀，易冲洗，使用寿命长，但成本较高，是目前正迅速发展起来的平托盘。

A. 木托盘　　B. 塑料托盘　　C. 金属托盘　　D. 纸托盘

5.（　　）主要用于输送散装、块状、颗粒状物料，也可输送中小型包装的货物。

A. 带式输送机　　B. 辊筒输送机　　C. 链式输送机　　D. 悬挂输送机

6. 自动化立体仓库也称自动存取系统，简称（　　）。

A. AGV　　B. RF　　C. RFID　　D. AS/RS

二、多项选择题

1. 仓储设备选择的原则包括（　　）。

A. 合理性原则　　B. 适用性原则　　C. 前瞻性原则　　D. 标准化原则

E. 安全性原则

2. 仓储设备选择的依据包括（　　）。

A. 仓储作业目标　　B. 购置成本　　C. 设备质量　　D. 作业内容

E. 使用条件

3. 按照托盘的结构分，托盘可以分为（　　）等。

A. 平托盘　　B. 柱式托盘　　C. 箱式托盘　　D. 轮式托盘

E. 双面托盘

4. 国际标准化组织承认的4种国际规格托盘包括（　　）。

A. 1200毫米×800毫米　　B. 1200毫米×1000毫米

C. 1219毫米×1016毫米　　D. 800毫米×1000毫米

E. 1100毫米×1100毫米

5. 前移式叉车可以使货物的重心落在车辆支撑面以内，无须依靠车重或者配重来平衡货物重量，具有（　　）等特点。

A. 车身自重小　　B. 外形小巧　　C. 结构简单　　D. 转弯半径大

E. 结构复杂

6. 叉车的（　　）等因素对叉车的选择有着重要影响。

A. 工作环境　　B. 作业方法　　C. 搬运距离　　D. 通道宽度

E. 主要结构

7. 物联网体系架构大致公认为有（　　）等层次。

A. 感知层　　B. 网络层　　C. 管理层　　D. 应用层

E. 分析层

三、判断题

1. 前移式叉车是使用最广泛、用量最大的一种叉车。

2. 辊筒输送机适用于各类箱、包、托盘等件货的输送。

3. 托盘搬运车主要用于托盘集装货物垂直方向的装卸作业。

4. 自动化立体仓库按建筑形式可分为整体式和分离式两种。

5. 设备的技术管理是指遵循价值规律和设备寿命周期的费用变化规律，对仓储设备进行经济分析、经济论证、经济核算和成本控制等活动。

6. 托盘货架的拣货端和补货端分离，拣货作业和补货作业互不干扰，提高了拣货效率和作业安全性。

7. 仓储具有动态和静态仓储两种。

8. 库存就是储存，是包含储备在内的一种广泛的经济现象，是一切社会形态都存在的现象。

9. 实现仓储管理可以降低运输成本和运输效率。

10. 仓储活动具有服务性，不具备生产性。

四、简答题

1. 仓储管理包含哪些内容？
2. 仓储管理的原则有哪些？
3. 货架有哪些作用？
4. RF 手持终端设备具备哪些功能？
5. 自动化立体仓库的效益有哪些？
6. 简述仓储合理化的含义及内容。

项目4　电子商务中的配送管理

项目描述

随着电子商务物流的快速发展，越来越多的人认识到配送的重要性。配送作为物流的末端直接与顾客见面，配送质量的好坏直接影响着用户对物流服务质量的评价。配送也是重复频度较高的物流活动，提高配送的效率可以降低物流企业的成本。本项目主要介绍电子商务中配送管理的知识，希望通过本项目的学习可以对电子商务中的配送管理有清晰的认识，为以后从事电子商务物流管理工作奠定基础。

项目要求

1. 掌握电子商务环境下配送管理的概念和特点。
2. 掌握电子商务环境下配送中心的概念和特点。
3. 掌握电子商务环境下配送合理化的主要方法。
4. 完成任务要求的实训。

项目目标

【知识目标】

1. 掌握电子商务环境下配送管理的概念和特点。
2. 掌握电子商务环境下配送中心的概念、特点和分类，了解配送设施和设备。
3. 掌握标号法、节约里程法等配送路线优化算法。
4. 了解智能快递柜、无人机和机器人送货等先进的配送技术。

【技能目标】

1. 能根据所学知识选择最优的配送方式。
2. 能根据所学方法优化配送路线。
3. 掌握智能快递柜、无人机等先进的配送技术原理和使用方法。

【职业能力目标】

1. 学以致用，把所学知识应用到工作中的能力。
2. 对新事物、新知识的接受和学习能力。
3. 共同完成任务的团队合作能力。
4. 突破传统思维和传统工作流程的创新能力。

引导案例

瑞幸咖啡无人配送车

2018 年 6.18 电商节将至，各大品牌和平台摩拳擦掌，想要在这个节点赚得盆满钵满。每到节庆必有促销，这似乎已经成为新零售时代的传统。然而，今年的 6.18，诞生于互联网科技时代的“网红”品牌瑞幸咖啡就打破了传统。继京东启用无人卡车后，瑞幸咖啡无人配送车亮相北京工业大学，并完成首单咖啡配送。此次无人车配送产品在咖啡行业应用尚属首次，重新升级定义了咖啡新零售，瑞幸咖啡的创新做法引发各方关注。

据了解，此次瑞幸咖啡无人配送由真机智能研发的第四代“真机小黄马”无人车完成。当天瑞幸咖啡北京工业大学理科楼店接到用户订单后，迅速完成咖啡制作，之后店员把两杯咖啡放入无人配送车货舱，点击手机 App“出发”按钮，无人配送车开启配送行程。该无人配送车内置激光雷达、GPS 导航，可实现精准探测、定位和自主导航，能够智能躲避路上行人、车辆等障碍物。本次配送用时近 7 分钟，行程约 800 米，将咖啡送达用户指定地点；无人配送车到达后，用户手机收到咖啡抵达提醒信息，点击后就能打开货舱取出咖啡，整个配送流程完成。

在高校中尝试黑科技的运用，应当说瑞幸咖啡在玩转事件营销方面做到了精准对接市场。因为大学生所代表的年轻消费群体对于新鲜事物的接受度高，也是新零售时代的主力消费群体。不过，专业人士也分析，此次瑞幸无人配送咖啡并不仅是为了吸引眼球，而且还是对于产业未来发展的一次创新探索。

（午夜毒场：《瑞幸咖啡完成 A 轮融资，新玩法根本停不下来》，2018 年 6 月 20 日，https：//www. sohu. com/a/236711296_ 100156519）

分析与思考：

瑞幸咖啡无人配送车在配送中有哪些优势？还有哪些新的科技产品应用到配送中？这些新的技术给配送带来哪些变革？

任务 4.1 配送管理和配送中心

任务描述

配送已经成为电子商务物流的重要环节，配送的水平直接关系到客户满意度和服务成本的高低。本任务主要讲述配送的概念、配送管理的概念以及配送中心的相关知识。

任务知识

配送是物流系统中的一个重要的职能。在现代商贸经营中，物流配送是对传统商贸经营模式的一种革新，是将传统销售经营中各个相互独立的职能有机地结合起来，是一种现代的商贸经营方式。物流配送对企业优化配置资源、减少人力物力的浪费有极大的促进作用。

4.1.1 配送的概念和特点

配送具有多个定义，在电子商务环境下，配送又有其独特的含义和特点。

1. 配送的定义

日本 1991 年版《物流手册》的配送的表述：生产厂到配送中心之间的物品空间移动叫“运输”，从配送中心到顾客之间的物品空间移动叫“配送”。

美国《物流管理供应链过程的一体化》中配送的表述：实物配送这一领域涉及制成品交给顾客的运输。实物配送过程，可以使顾客服务的时间和空间的需求成为营销的一个整体组成部分。

2001 年 4 月，中国国家标准《物流术语》中配送的定义为：在经济合理区域范围内，根据客户要求，对物品进行拣选、加工、包装、分割、组配等作业，并按时送达指定地点的物流活动。

总的来说，配送是物流活动中一种非单一的业务形式，它与商流、物流、资金流紧密结合，并且主要包括了商流活动、物流活动和资金流活动，可以说它是包括了物流活动中大多数必要因素的一种业务形式。从物流来讲，配送几乎包括了所有的物流功能要素，是物流的一个缩影或在某小范围中物流全部活动的体现。一般的配送集装卸、包装、保管、运输于一身，通过这一系列活动完成。

电子商务物流配送是指物流配送企业采用网络化的计算机技术和现代化的硬件设备、软件系统及先进的管理手段，针对社会需求，严格地、守信用地按用户的订货要求，进行一系列分类、编码、整理、配货等理货工作，定时、定点、定量地交给没有范围限度的各类用户，满足其对商品的需求。这种新型的物流配送模式带来了流通领域的巨大变革，越来越多的企业开始积极搭乘电子商务快车，采用电子商务物流配送模式。

2. 配送的特点

与传统的物流配送相比，电子商务物流配送具有以下特征：

（1）虚拟性

电子商务物流配送的虚拟性来源于网络的虚拟性。通过借助现代计算机技术，配送活动已由过去的实体空间拓展到了虚拟网络空间，实体作业节点可以虚拟信息节点的形式表现出来；实体配送活动的各项职能和功能可在计算机上进行仿真模拟，通过虚拟配送，找到实体配送中存在的不合理现象，从而进行组合优化，最终实现实体配送过程，达到效率最高、费用最少、距离最短、时间最少的目标。

（2）实时性

虚拟性的特性不仅能够有助于辅助决策，让决策者获得高效的决策信息支持，而且还可以实现对配送过程实时管理。配送要素数字化、代码化之后，突破了时空制约，配送业务运营商与客户均可通过共享信息平台获取相应配送信息，从而最大程度地减少各方之间的信息不对称，有效地缩小了配送活动过程中的运作不确定性与环节间的衔接不确定性，打破了以往配送途中的“失控”状态，做到全程的“监控配送”。

（3）个性化

个性化配送是电子商务物流配送的重要特性之一。作为“末端运输”的配送服务，所面对的市场需求是“多品种、少批量、多批次、短周期”的，小规模的频繁配送将导致配送企业的成本增加。这就必须寻求新的利润增长点，而个性化配送正是这样一个开采不尽的“利润源泉”。电子商务物流配送的个性化体现为“配”的个性化和“送”的个性化。“配”的个性化主要指通过配送企业在流通节点（配送中心）根据客户的指令对配送对象进行个性化流通加工，从而增加产品的附加价值；“送”的个性化主要是指依据客户要求的配送习惯、喜好的配送方式等为每一位客户制定量体裁衣式的配送方案。

（4）增值性

除了传统的分拣、备货、配货、加工、包装、送货等作业以外，电子商务物流配送的功能还向上游延伸到市场调研与预测、采购及订单处理，向下延伸到物流咨询、物流方案的选择和规划，库存控制决策，物流教育与培训等附加功能，从而为客户提供具有更多增值性的物流服务。

（5）信息化

在电子商务时代，配送信息化是电子商务的必然要求，配送信息化表现为配送信息的商品化，配送信息收集的数据库化，配送信息处理的计算机化和动态化，配送信息传递的标准化和实时化，配送信息存储的数字化。

4.1.2 配送的功能要素与一般流程

配送活动是由一系列的功能要素组成的，这些功能要素以一定的顺序相互配合，共同完成配送活动。

1. 配送的功能要素

（1）备货

备货是配送的准备工作，备货工作包括筹集货源、订货或购货、集货、进货及有关的质量检查、结算、交接等。配送的优势之一，就是可以集中用户的需求进行一定规模的备货。备货是决定配送成败的初期工作，如果备货成本太高，会大大降低配送的效益。

(2) 储存

配送中的储存有储备及暂存两种形态。配送储备是按一定时期的配送经营要求，形成的对配送的资源保证。这种类型的储备数量较大，储备结构也较完善，视货源及到货情况，可以有计划地确定周转储备及保险储备结构及数量。配送的储备保证有时在配送中心附近单独设库解决。另一种储存形态是暂存，是具体执行日配送时，按分拣配货要求，在理货场地所做的少量储存准备。由于总体储存效益取决于储存总量，所以这部分暂存数量只会对工作方便与否造成影响，而不会影响储存的总效益，因而在数量上控制并不严格。还有另一种形式的暂存，即是分拣、配货之后形成的发送货载的暂存，这个暂存主要是调节配货与送货的节奏，暂存时间不长。

(3) 分拣及配货

分拣及配货是配送不同于其他物流形式的有特点的功能要素，也是配送成败的一项重要性工作。分拣及配货是完善送货、支持送货准备性工作，是不同配送企业在送货时进行竞争和提高自身经济效益的必然延伸，也可以说是送货向高级形式发展的必然要求。有了分拣及配货就会大大提高送货服务水平，所以分拣及配货是决定整个配送系统水平的关键要素。

(4) 配装

在单个用户配送数量不能达到车辆的有效载运负荷时，就存在如何集中不同用户的配送货物，进行搭配装载以充分利用运能、运力的问题，这就需要配装。和一般送货不同之处在于通过配装送货可以大大提高送货水平及降低送货成本，所以配装也是配送系统中有现代特点的功能要素，也是现代配送不同于以往送货的重要区别之处。

(5) 配送运输

配送运输属于运输中的末端运输、支线运输。和一般运输形态主要区别在于：配送运输是较短距离、较小规模、额度较高的运输形式，一般使用汽车做运输工具。与干线运输的另一个区别是，配送运输的路线选择问题是一般干线运输所没有的。干线运输的干线是唯一的运输线，而配送运输由于配送用户多，一般城市交通路线又较复杂，如何组合成最佳路线，如何使配装和路线有效搭配等是配送运输的特点，也是难度较大的工作。

(6) 送达服务

配好的货运输到用户还不算配送工作的完结，这是因为送达货和用户接货往往还会出现不协调，使配送前功尽弃。因此，要圆满地实现运到之货的移交，有效地、方便地处理相关手续并完成结算，还应讲究卸货地点、卸货方式等。送达服务也是配送独具的特殊性要素。

(7) 配送加工

在配送中，配送加工这一功能要素不具有普遍性，但往往是有重要作用的功能要素。主要原因是通过配送加工，可以大大提高用户的满意程度。配送加工是流通加工的一种，但配送加工有它不同于一般流通加工的特点，即配送加工一般只取决于用户要求，其加工的目的较为单一。

2. 配送的一般流程

在电子商务环境下，配送业务的组织一般是按照功能要素展开的（如图 4-1 所示）。配送中心在收到客户的电子订单后，将订单转化为拣货单，然后传递给拣货员进行分拣及配货，将多个客户的货物进行配装，再按照一定的配送路线进行配送运输，最后将货物送达客户手中。

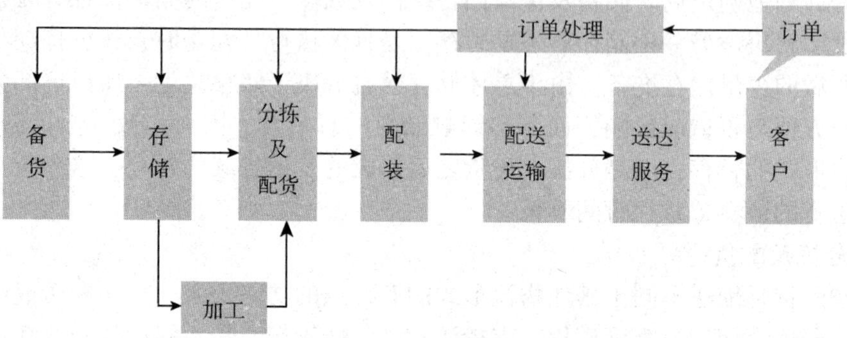

图 4-1 配送流程

4.1.3 电子商务物流配送模式及选择

目前，电子商务环境下企业有自营配送模式、共同配送模式、互用配送模式和第三方配送模式四种配送模式可以选择。企业可根据自身情况和企业目标选择适合自己的电子商务物流配送模式。

1. 电子商务物流配送模式

（1）自营配送模式

自营配送模式是指企业物流配送的各个环节由企业自身筹建并组织管理，以实现对企业内部及外部货物配送的模式。这种模式的好处是有利于供产销一体化作业，在满足企业内部生产材料供应、产品外销、零售厂店供货或区域外市场拓展等企业自身需求方面发挥了作用。缺点是投资规模比较大，在企业配送规模较小时，配送的成本和费用会相对较高。目前，这种配送模式较典型的应用于连锁企业的物流配送。很多的连锁公司或集团（如沃尔玛、麦德龙等）基本上都是通过组建自己的物流中心来完成对内部各场、店的统一采购、统一配送和统一结算的。

（2）共同配送

共同配送是指物流配送企业之间为提高配送效率以及实现配送合理化所建立的一种功能互补的配送联合体。它是在配送中心的统一计划、统一调度下展开的。目前，大型现代化配送中心的建设跟不上电子商务物流的发展要求，实行共同配送是积极可行的选择。从微观角度来说，企业可以得到以下几个方面的好处：首先，达到配送作业的经济规模，提高物流作业的效率，降低企业营运成本；不需投入大量的资金、设备、土地、人力等，可以节省企业的资源。其次，企业可以集中精力经营核心业务，培养自己的核心竞争力，更好地适应激烈的市场竞争。最后，从社会的角度来讲，实现共同配送可以减少社会车辆总量，减少闹市区卸货妨碍交通的现象，改善交通运输状况；通过集中化处理，提高车辆的装载效率，节省物流处理空间和人力资源，实现社会资源的共享和有效利用。

共同配送也涉及一些难以解决的问题：首先，各业主经营的商品不同，不同的商品特点不同对配送的要求也不同，共同配送存在一定的难度。其次，各企业的规模、商圈、客户、经营意识也存在差距，往往很难协调一致，其中还有费用的分摊、泄漏商业机密的担忧等等。

（3）互用配送模式

互用配送模式是指几个企业为各自利益，以协议方式，互用对方配送系统而进行的配送模式。这种配送模式的优点是企业不需要投入较大的资金和人力，就可以扩大自身的配送规模和范围。不足之处是企业之间互用配送系统涉及复杂的信息传递和资源协调，需要较高的管理水平及组织协调能力。

（4）第三方配送模式

第三方物流模式是指交易双方把自己需要完成的配送业务委托给第三方来完成的一种配送运作模式。这一配送模式正逐渐成为电子商务网站进行货物配送的一个首选模式和方向。它的服务内容包括设计物流系统、电子数据交换能力、报表管理、货物集运、信息管理、仓储、咨询、运费支付和谈判等。

电子商务企业采用第三方物流方式对于提高企业经营效率具有重要作用。第一，企业可以集中主要的资源用于自己的核心业务，而把物流等辅助功能留给物流公司，这样可以提高自己的核心业务的市场竞争力。第二，可以灵活地运用第三方物流企业的新的技术和管理优势，降低物流成本。第三，能减少自身对物流方面的固定资产投资，加速资本周转。与自营物流相比较，第三方物流在为企业提供上述便利的同时，也会给企业带来诸多不利。主要有企业不能直接控制物流职能，不能保证供货的准确和及时性，不能保证顾客服务的质量和维护与顾客的长期关系，企业将放弃对物流专业技术的开发等。

2. 物流配送模式选择

一般来说，电子商务企业选择何种配送模式是由多种因素决定的。

（1）配送信息对企业的重要性

如果配送物品的种类、数量、配送客户的名称、地址、配送的时间、路线等信息涉及企业的商业秘密，企业不愿意这些信息被其他人看到，则企业一般不会选择配送外包，而会选择自己来完成配送工作。与此相反，如果配送涉及的信息企业觉得不重要，则企业选择配送外包的可能性就会很大。

（2）企业的配送能力

企业如果本身具有较多的物流网点和运输车辆，则一般会充分利用自身的物流配送能力来完成配送，外包的可能性很小。与此相反，如果企业本身的配送能力不强，建立完善的配送网络需要较大的投资，企业则一般会选择将配送业务外包。

（3）市场的配送能力

企业自己建立配送体系的成本远远高于利用市场上现有的配送资源的成本，因此，如果市场上有足够的配送资源可供选择，企业则很可能选择利用现有的市场配送资源。与此相反，如果市场的配送能力有限，企业在需要使用配送资源时市场不能满足企业的配送需求，或者市场上配送资源的价格远高于企业自己建立配送资源的价格，企业则很可能选择自己建立配送体系来完成企业的配送任务。

（4）市场规模与地理范围

企业选择何种配送模式还与市场的规模和地理范围有关系。如果市场的规模较大，企业建立自己的配送体系后能充分发挥配送资源的作用，配送成本低于租用社会配送资源的成本，企业可以选择自营配送模式。与此相反，如果市场的规模较小且地理范围较大，企业建立自己的配送体系需要投入较多的资源。投入的资源不能被充分利用，自营配送的成本高于租用社会配送资源的成本，企业应该选择第三方配送模式。

（5）承诺的服务质量

配送模式的选择还与企业对客户承诺的服务质量有关系。一般来说，如果企业选择第三方配送模式，企业将货物交与第三方物流公司后，整个物流配送过程的服务质量则由第三方物流公司决定，企业无法自己控制配送服务的质量，对客户承诺的配送服务质量就不能保证。对于配送物流服务要求比较高的企业一般自己建立配送体系，整个配送过程只有完全在自己的控制之下，企业才能履行对客户承诺的服务质量。

综上所述，企业选择何种物流配送模式受多种因素影响，这些因素相互作用、相互影响，共同决定了企业的选择，其选择矩阵如图 4-2 所示。从图中可以看出，当企业配送能力越强，配送对企业越重要时，企业很可能会建立自营的配送模式；与之相反，企业则很可能选择第三方配送的方式。

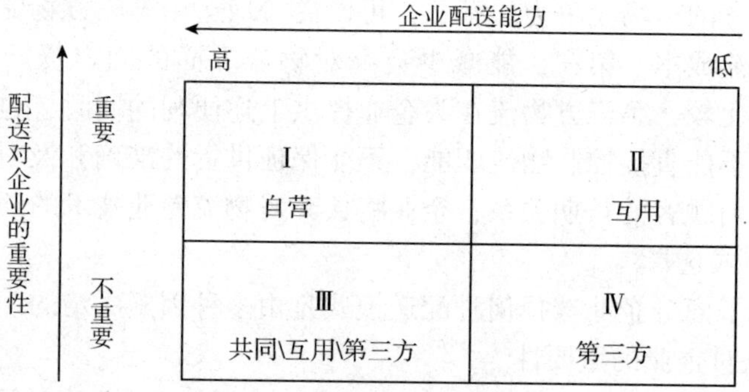

图 4-2　配送模式选择矩阵

4.1.4　配送中心的定义与作用

配送活动的主体是配送中心，电子商务环境下的配送中心与传统配送中心在定义和作用方面有显著的不同。

1. 配送中心的定义

《现代物流学》对配送中心的定义为：配送中心是从事货物配备（集货、加工、分货、拣选、配货）和组织对用户的送货，以高水平实现销售或供应的现代流通设施。

《物流术语》对配送中心的定义为：配送中心是从事货物配备（集货、加工、分货、拣选、配货）和给用户送货作业的现代流通设施。其中应符合下列要求：①主要为特定的用户服务；②配送功能健全；③完善的信息网络；④辐射范围小；⑤多品种、小批量；⑥以配送为主，储存为辅。配送中心有储存功能、集散功能、分拣功能、加工功能、衔接功能、信息功能等，其内部区域可划分为接货区、储存区、分拣备货区、分放配装区、外运发货区、加工区和办公管理区。

电子商务环境下的配送中心是指利用先进的现代通信技术和计算机技术所从事的货物配送活动，它是从供应者手中接受大量的货物进行倒装、分类、保管、流通加工和情报处理等作业，然后按照众多需要者的订货要求备齐货物，以高水平、令人满意的服务进行配送的现代流通设备或组织。图 4-3 为卷烟物流配送中心。

图 4-3　卷烟物流配送中心

2. 配送中心的功能

根据物流运作的性质，我们可将电子商务环境下的配送中心功能分为基础功能、核心功能以及其他功能。

（1）配送中心的基础功能

①采购功能。配送中心必须首先采购所要配送的商品，才能及时准确无误地为客户供应商品，配送中心必须根据市场的供求变化，制定并及时调整其采购计划，并派专门人员或部门负责实施该计划。

②集货功能。集货就是配送中心从多个供应商处根据客户的要求购进大批量的货物，以备齐所需商品。集货功能是配送中心的基础功能，是配送中心取得规模优势的基础所在。一般来说，集货批量应大于配送批量。

③存储功能。配送中心的存储功能可以有效地组织货源，调节商品的生产与消费、进货与销售之间的时间差。它是配送的资源保障，是配送中心必不可少的支撑功能。

④装卸搬运功能。配送中心的集货、理货、装货和加工都需要装卸搬运来辅助，有效的装卸能大大地提高配送中心的水平。

（2）配送中心的核心功能

①分拣功能。在订货或进货时，不同的客户对货物的品种、规格、数量都会有不同的

要求。为了满足不同客户的不同需求，有效组织配送任务。配送中心必须采取适当的分拣装置如货物识别装置、传递装置等对组织来的货物进行分拣，提高分拣效率，然后按照配送计划配货和分装。货物分拣如图 4-4 所示。

图 4-4　货物分拣

②组配功能。由于每个用户企业对商品的品种、规格、型号、数量、质量、送达时间和地点等要求不同，因此配送中心必须按照用户的要求对商品进行分拣和组配。货物组配如图 4-5 所示。

图 4-5　货物组配

（3）配送中心的其他功能

①集散功能。集散功能是在电子商务物流实践中，配送中心凭借其特殊地位和拥有的各种先进设备，一方面可将分散在各个生产企业的货物集中在一起，通过分拣、配货、配

装等环节向多家用户进行发运，另一方面配送中心也可以把各个用户所需要的多种货物有效地组合或装配在一起，形成经济、合理的载货批量，集中送达分散的用户。

②衔接功能。由于配送中心有吞吐货物的能力和存储物资的功能，因此，它能调节产品供求关系，解决产销之间的矛盾，从这个意义上来说，配送中心是衔接生产和消费的中介组织。

③加工功能。配送中心按照用户提出的要求和合理配送商品的原则，将组织进来的货物加工成一定规格、尺寸和形状等，为客户生产和消费提供方便。这些加工功能是现代配送中心服务职能的具体体现。

④信息处理功能。配送中心衔接着干线物流和末端物流，这种衔接不仅是实物连接，而且还是信息的传递和处理，包括配送中心的信息生成和交换等。配送中心的信息处理是物流系统中重要的环节。

4.1.5 配送中心的分类

随着电子商务的不断发展，支撑物质配送需求的配送中心的数量也在不断增加。为了加深对配送中心的认识，按照不同的分类标准，可以将配送中心分成不同的种类。

1. 按功能分类

（1）储存型配送中心

储存型配送中心具有较强储存功能。一般来说企业原材料、零部件的供应需要较大库存支持，大范围配送的配送中心也需要具有较大库存。例如，瑞士 Giba-Geigy 公司的配送中心拥有世界上规模居于前列的储存库，可储存 4 万个托盘；美国赫马克配送中心拥有一个有 163000 个货位的储存区，这都属于储存型配送中心。

（2）流通型配送中心

流通型配送中心基本上没有长期储存功能，是仅以暂存或随进随出方式进行配货、送货的配送中心。其采取大量货物整进并按一定批量零出的出库方式，采用大型分货机，进货时直接进入分货机传送带，分送到各用户货位或直接分送到配送汽车上，货物在配送中心里仅有少许停滞。日本的阪神配送中心就是这种类型的配送中心，中心内只能暂存货物，大量储存则依靠一个大型补给仓库。

（3）加工型配送中心

加工型配送中心是一种根据用户需要对配送物品进行加工，而后实施配送的配送中心。这种配送中心主要行使加工职能，其加工活动主要有分装、改包装、集中下料、套裁、初级加工、组装、剪切、表层处理等。闻名于世的麦当劳、肯德基的配送中心就是提供加工服务后向其连锁店配送的典型。在工业、建筑、水泥制品等领域的配送中心同样属于这种类型，例如石家庄水泥配送中心既提供成品混凝土，又提供各种类型的水泥预制件，直接配送至用户。

2. 按地理区域分类

按地理区域划分的配送中心有两类，即城市配送中心和区域配送中心。

（1）城市配送中心

城市配送中心是以城市范围为配送范围的配送中心，由于城市范围一般处于汽车运输的经济里程，因此这种配送中心采用汽车进行配送，可直接配送到最终用户。这种配送中心往往和零售经营相结合，由于运距短，反应能力强，因而从事多品种、少批量、多用户的配送较有优势。日本的仙台批发商共同配送中心属于这种类型，我国已建的北京食品配送中心也属于这种类型。

（2）区域配送中心

区域配送中心是以较强的辐射能力和库存准备，向省际、全国乃至国际范围的用户配送的配送中心。这种配送中心配送规模较大，一般而言，用户数目较大，配送批量也较大，而且往往是配送给下一级的城市配送中心，也可直接配送给营业所、商店、批发商和企业用户等。日本阪神配送中心、美国马特公司的配送中心等都是属于这种类型的配送中心。

3. 按营运主体不同分类

（1）以制造商为主体的配送中心

这种配送中心里的商品100%是由自己生产制造的，这样可以降低流通费用，提高售后服务质量，及时地将预先配齐的成组元器件运送到规定的加工和装配单位。从商品制造到粘贴条码、包装、配送等多方面都较易控制，所以按照现代化、自动化的原则设计配送中心比较容易，但不具备社会化的要求。

（2）以批发商为主体的配送中心

商品从制造者到消费者手中，传统的流通过程需要经过一个批发环节。一般是按部门或商品种类的不同，把每个制造厂的商品集中起来，然后以单一品种或搭配形式向消费地的零售商进行配送。这种配送中心的商品来自各个制造商，它所进行的一项重要活动便是对商品进行汇总和再销售，而它的全部进货和出货都是社会配送的，社会化程度高。

（3）以零售商为主体的配送中心

零售商发展到一定规模后，就可以考虑建立自己的配送中心，为专业商品零售店、超级市场、百货商店、建材商场、粮油食品商店、宾馆饭店等服务，其社会化程度介于前两者之间。

（4）以仓储运输业者为主体的配送中心

这种配送中心最强的是运输配送能力，而且地理位置优越，如离港口、铁路和公路枢纽较近，可迅速将到达的货物配送给用户。它提供仓储货位给制造商或供应商，而配送中心的货物仍属于制造商或供应商所有，配送中心只是提供仓储管理和运输配送服务。这种配送中心的现代化程度往往较高。

4. 按投资主体不同分类

（1）自用型配送中心

自用型配送中心是指由原材料供应商、制造商、分销商、零售商等企业为了提高效率、降低成本、优化服务，自己投资建立的配送中心。例如，美国大型零售企业沃尔玛公司的配送中心，就是沃尔玛独资建立的专为该公司所属的连锁店提供商品配送服务的自用型配送中心。

（2）公共型配送中心

公共型配送中心是指政府、第三方物流企业等投资建设的具有综合物流功能的配送中心，该配送中心面向的客户更加广泛，供应链中的任何成员都可以成为客户，只要支付服务费，任何客户都可以使用这种配送中心。

（3）合作型配送中心

合作型配送中心是由几家企业合作兴建、共同管理的物流设施，多为区域性配送中心。合作型配送中心的形式可以是企业之间的联合发展，也可以是系统或地区规划建设，或者是多个企业、系统、地区联合共建。

5. 按配送货物的属性分类

根据配送货物的属性，可以将配送中心分为食品配送中心、日用品配送中心、医药品配送中心、化妆品配送中心、家用品配送中心、书籍产品配送中心、服饰产品配送中心、汽车零件配送中心以及生鲜处理中心等。对于不同种类与行业形态的配送中心，其作业内容、设备类型、营运范围可能完全不同。

任务实施

第一步：将全班学生分成若干组，每组 3~5 人。

第二步：每组同学选出一位组长，负责协调本小组同学的工作。

第三步：小组同学根据所学的知识，查阅资料并实施以下任务：

（1）掌握电子商务配送的概念和特点；

（2）掌握电子商务配送的功能要素和一般流程；

（3）能正确选择电子商务配送模式；

（4）掌握电子商务配送中心的概念和功能；

（5）熟悉配送中心的分类；

（6）调研本地一个物流配送中心，分析该配送中心的类型、特点、业务流程、发展趋势和存在的问题，给出改进的建议和意见，撰写成调查报告。

（7）将上述任务所学知识和调研情况做成 PPT（图文演示文稿），进行小组汇报。

任务成果

配送中心调研报告，小组汇报 PPT。

任务考核

序号	考核项目	考核标准	分值
1	小组汇报 PPT	PPT 中包含的知识点全面、正确，图文美观。	30
2	调研报告	调研报告内容全面、分析合理，能正确运用所学知识解决问题，排版工整美观。	30
3	小组成员合作情况	分工明确，团结合作，集体荣誉感强。	20
4	汇报情况	汇报内容详细，逻辑清晰，语速恰当，声音洪亮，表达自然流畅。	20

任务小结

本任务主要讲解了电子商务配送的概念和特点、电子商务配送的功能要素和流程、电子商务物流配送模式选择、电子商务配送中心的概念和功能、配送中心的分类等知识点，希望通过本任务的学习能掌握配送和配送中心的基本知识，用所学习知识分析和解决电子商务配送中出现问题。

任务4.2　配送合理化

任务描述

配送是电子商务交易后的必要物流支撑环节，在学习了配送和配送中心的知识后，如何降低配送的成本，更高效地进行配送作业是本任务研究的主要内容。本任务主要从配送中心网点布局、配送路线选择以及配送设备三方面来讲述配送合理化。

任务知识

4.2.1　配送中心网点布局合理化

配送中心网点的布局非常重要，合理化的网点布局可以满足消费者的需求，缩短配送里程、配送时间，同时能提高客户满意度。

1. 影响配送中心网点布局的因素

(1) 直达供货和中转供货的比例

在现实中，有的企业利用直销的方式进行直达供货，有的企业则直达供货和中转供货兼而有之。企业如果考虑面向分销市场自主建设企业的物流配送体系，则在配送网点布局中首先要考虑上述比例或者在规划中确定这一比例。

(2) 目标区域内应设置配送网点的数目

根据历史上各种销售数据及科学的市场预测数据，并比照同行业中的企业或参考相关行业的发展经验，研究目标区域内配送网点建设的数目问题。数目要求既能满足现有的和潜在的销售需求，又能在一定的成本可控范围之内。

(3) 配送网点的选址及渐次开发方案

配送网点布局建设是一个统筹规划、渐次开发的过程，除了配送中心的选址以外，还要考虑配送网点的建设规模（吞吐能力）及各网点的进货与供货关系等问题，甚至包括二级网点的建设等问题。

(4) 配送网点的建设与维护费用

确定网点布局的模型时，通常是以系统总成本最低为目标函数，在建立模型时我们主要应考虑以下几项费用：网点建设投资，包括建筑物、设备和土地征用等费用；网点内部的固定费用，即网点设置以后的人员工资、固定资产折旧以及行政支出等；网点经营费用，即网点在经营过程中发生的费用，如进出库费、保管维护费等；运杂费，物资运输过程中所发生的费用，主要包括运价、途中换乘转装以及支垫物资等发生的费用。

2. 配送网点布局合理化的标志

物流配送网点布局合理化，就是为了在不断变化的物流配送环境中，确保优质的物流配送服务，降低总的物流成本。具体地说有如下几个方面：

（1）确保提供优质物流配送服务

在激烈的竞争中，作为销售战略的一环，优质的物流配送服务是不可缺少的。如果没有完善的物流体制，不能将接收的订货迅速、准确地送出，企业就难以在销售竞争中取胜。配送网点必须适应顾客批量小、交货期短，交货快的要求。也就是说，按期交货提高配送服务效率，在销售战略上是非常重要的。

（2）降低物流配送总成本

将物流配送网点集中，可以减少库存，使运输计划化、批量化，可以扩大多品种货物配送范围；通过协同配送降低运输费用，也可以减少土地购买费、建设费、机器设备费、人力费用等物流配送网点建设费用。

3. 配送网点布局合理化的方法

一般来说，配送网点布局的常用方法可归纳为以下三大类：

（1）解析方法

解析方法是通过数学模型进行物流网点布局的方法。采用这种方法，首先应根据问题的特征、外部条件和内在联系建立数学模型或图解模型，然后对模型求解，获得最佳布局方案。解析方法的特点是能获得精确的最优解。但是，这种方法对某些复杂问题难以建立起恰当的模型，或者由于模型太复杂，往往求解困难或要付出相当高的代价，因而这种方法在实际应用中会受到一定的限制。采用解析方法建立的模型通常有微积分模型、线性规划模型和整数规划模型等。对某个问题究竟建立什么样的模型，要根据具体情况而定。

（2）模拟方法

网点布局的模拟方法是将实际问题用数学方程和逻辑关系的模型表示出来，然后通过模拟计算和逻辑推理确定最佳布局方案。这种方法比用数学模型寻找解析解简单。采用这种方法进行网点布局时，分析者必须提供预定的各种网点组合方案以供分析评价，从中找出最佳组合。因此，决策的效果依赖于分析者预定的组合方案是否接近最佳方案，也是该方法的不足之处。

（3）启发式方法

启发式方法是针对模型的求解方法而言的，是一种逐次逼近最优解的方法。这种方法对所求得的解进行反复判断、实践修正，直至满意为止。启发式方法的特点是模型简单，需要进行方案组合的个数少，因此便于寻求最终答案。此方法虽不能保证得到最优解，但只要处理得当，可获得决策者满意的近似最优解。用启发式方法进行网点布局时，一般应包括以下几个步骤：定义一个计算总费用的方法，拟定判别准则，规定方案改选的途径，建立相应的模型，迭代求解。

4.2.2 配送路线合理化

配送运输是配送的主要环节之一，如何将各客户的货物快速、准确、及时地送到客户手中成为配送企业面临的难题。在不考虑道路情况、交通拥挤情况等因素时，选择距离客户里程最短的配送路线配送的时间也最短，客户的满意度也比较高。常用的寻找最短路线的方法有 Dijkstra 算法和节约里程法。

1. Dijkstra 算法

Dijkstra 算法是由荷兰计算机科学家 Dijkstra 于 1959 年提出的，有时也称标号法。Dijkstra 算法是典型最短路径算法，用于计算一个节点到其他所有节点的最短路径。主要特点是以起始点为中心向外层层扩展，直至扩展到终点为止。Dijkstra 算法能得出最短路径的最优解，但由于它遍历计算的节点很多，所以效率低。

（1）Dijkstra 算法思想

Dijkstra 算法思想为：设 $G=(V, E)$ 是一个带权无向图，把图中顶点集合 V 分成两组，第一组为已求出最短路径的顶点集合（用 S 表示，初始时 S 中只有一个源点，以后每求得一条最短路径，就将该顶点加入到集合 S 中，直到全部顶点都加入到 S 中，算法就结束了），第二组为其余未确定最短路径的顶点集合（用 U 表示），按最短路径长度的递增次序依次把第二组的顶点加入 S 中。在加入的过程中，总保持从源点 v 到 S 中各顶点的最短路径长度不大于从源点 v 到 U 中任何顶点的最短路径长度。此外，每个顶点对应一个距离，S 中的顶点的距离就是从 v 到此顶点的最短路径长度，U 中的顶点距离，是从 v 到此顶点只包括 S 中的顶点为中间顶点的当前最短路径长度。

（2）Dijkstra 算法步骤

①初始时，S 只包含源点，即 $S=\{v\}$，v 的距离为 0。U 包含除 v 外的其他顶点，U 中顶点 u 距离为边上的权（若 v 与 u 之间有边）或 ∞（若 u 不是 v 的出边邻接点）。

②从 U 中选取一个距离 v 最小的顶点 k，把 k 加入 S 中（该选定的距离就是 v 到 k 的最短路径长度）。

③以 k 为新考虑的中间点，修改 U 中各顶点的距离；若从源点 v 到顶点 u（$u \in U$）的距离（经过顶点 k）比原来距离（不经过顶点 k）短，则修改顶点 u 的距离值，修改后的距离值为顶点 k 的距离加上 k 到 u 边上的权。

④重复步骤②和③直到所有顶点都包含在 S 中。

（3）Dijkstra 算法案例

如图 4-6 所示，设 A 为源点，求 A 到其他各顶点（B、C、D、E、F）的最短路径。线上所标注为相邻顶点之间的距离，即权值。

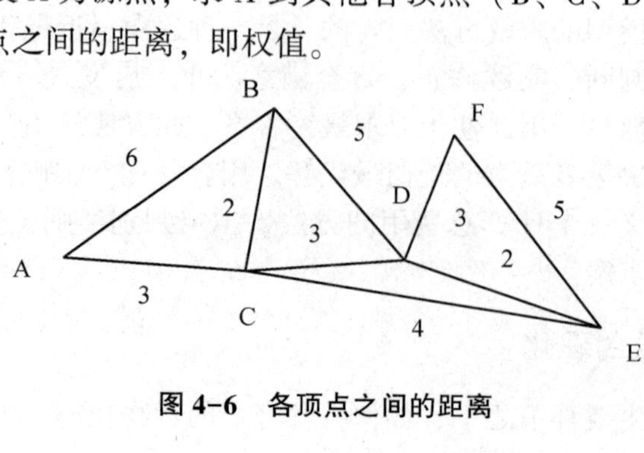

图 4-6 各顶点之间的距离

Dijkstra 算法求顶点 A 到各顶点的最短距离，具体步骤如表 4-1 所示。

表 4-1 Dijkstra 算法求解步骤

步骤	S 集合中	U 集合中
1	选入 A，此时 S=［A］ 此时最短路径 A→A=0 以 A 为中间点，从 A 开始找	U=［B，C，D，E，F］ A→B=6，A→C=3， A→其他 U 中的顶点=∞， 发现 A→C=3 权值为最短
2	选入 C，此时 S=［A，C］ 此时最短路径 A→A=0，A→C=3 以 C 为中间点， 从 A→C=3 这条最短路径开始找	U=［B，D，E，F］ A→C→B=5（比上面第一步的 A→B=6 要短） 此时到 D 权值更改为 A→C→B=5， A→C→D=6， A→C→E=7， A→C→其他 U 中的顶点=∞，发现 A→C→B=5 权值为最短
3	选入 B，此时 S=［A，C，B］ 此时最短路径 A→A=0，A→C=3，A→C→B=5 以 B 为中间点 从 A→C→B=5 这条最短路径开始找	U=［D，E，F］ A→C→B→D=10（比上面第二步的 A→C→D=6 要长） 此时到 D 权值更改为 A→C→D=6， A→C→B→其他 U 中的顶点=∞，发现 A→C→D=6 权值为最短
4	选入 D，此时 S=［A，C，B，D］ 此时最短路径 A→A=0，A→C=3，A→C→B=5，A→C→D=6 以 D 为中间点， 从 A→C→D=6 这条最短路径开始找	U=［E，F］ A→C→D→E=8（比上面第二步的 A→C→E=7 要长）此时到 E 权值更改为 A→C→E=7，A→C→D→F=9 发现 A→C→E=7 权值为最短
5	选入 E，此时 S=［A，C，B，D，E］ 此时最短路径 A→A=0，A→C=3，A→C→B=5，A→C→D=6，A→C→E=7，以 E 为中间点， 从 A→C→E=7 这条最短路径开始找	U=［F］ A→C→E→F=12（比上面第四步的 A→C→D→F=9 要长）此时到 F 权值更改为 A→C→D→F=9 发现 A→C→D→F=9 权值为最短
6	选入 F，此时 S=［A，C，B，D，E，F］ 此时最短路径 A→A=0，A→C=3， A→C→B=5， A→C→D=6， A→C→E=7，A→C→D→F=9	U 集合已空，查找完毕

2. 节约里程法

节约里程法是一种典型的启发式算法，其核心思想是依次将配送中的两个回路合并为一个回路，使得合并后的配送回路节约的里程数最大。利用节约里程法确定配送路线必须满足以下条件：可以满足所有客户的要求，在客户的约定时间内将货物送到，车辆所载的货物总量要小于该车的额定载重量，车辆的运行时间不得超过规定的上限，车辆的行驶里程数不得超过规定的上限。

（1）节约里程法的原理

节约里程法的原理如图 4-7 所示，P 为配送中心，A、B 为客户，P 到 A、B 两客户的距离分别为 a、b，A、B 两客户之间的距离为 c，则配送有两种方案：

①派两辆车分别给客户 A、B 进行往返送货，配送车辆行驶的总里程为：

$$S_1=2a+2b$$

②派一辆车给客户 a、b 一起送货然后再返回配送中心，配送车辆行驶的总里程为：

$$S_2=a+b+c$$

两种配送方案配送里程之差为：

$$\Delta S=S_1-S_2=a+b-c$$

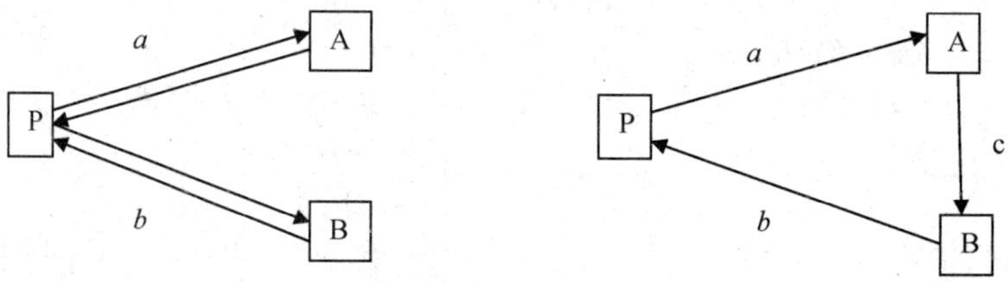

图 4-7　两种配送方案

从平面上看 a、b、c 正好构成了三角形，而三角形的两边之和大于第三边，所以 $\Delta S>0$，方案二配送车辆行驶的里程小于方案一，节约的里程为 ΔS。依次类推，若车辆一次配送更多的客户，则比逐个客户单独往返配送节约配送里程。

（2）节约里程法的运算步骤

节约里程法的运算步骤为：

①编制运输里程表。计算配送中心到各个客户之间以及各客户之间的最短距离填入表中。

②编制节约里程表。根据运输里程表和节约里程计算公式求得相应的节约里程数填入表中。

③编制节约里程顺序表。根据节约里程表显示的节约里程数从大到小排序，填入节约里程顺序表中。

④根据车辆额定载重量和节约里程大小，将各客户节点连接起来形成最优的配送方案。

（3）节约里程法的应用案例

如图 4-8 所示，P_0为配送中心，P_1至 P_6为六个需要配送的客户，配送中心和客户之间的距离（单位为公里）在图上两节点之间的连线上已经标出，节点旁的括号内为各客户需要货物的重量（单位为吨），配送中心拥有的配送车辆额定载重量为 5 吨，请用节约里程法求出最优的配送方案。

解：

第一步：编制运输里程表，列出配送中心到各客户以及客户之间的最短距离（见表 4-2）。

表中数值为两节点之间的最短距离，如 P_0P_1之间的距离为 8km。

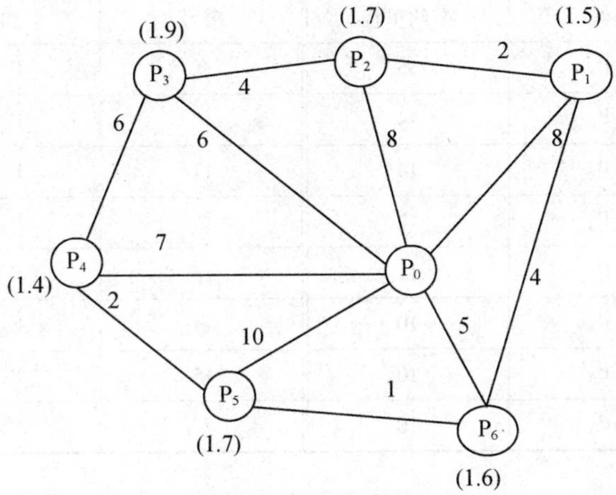

图 4-8　配送中心和客户基本情况

表 4-2　运输里程表

需要量	P_0						
1.5	8	P_1					
1.7	8	2	P_2				
1.9	6	3	4	P_3			
1.4	7	5	9	5	P_4		
1.7	10	6	8	6	2	P_5	
1.6	5	4	7	8	3	1	P_6

第二步：编制节约里程表，列出各客户之间的节约里程，见表 4-3。表中括号内的数值为两节点之间节约的里程。如 P_0、P_1之间的距离为 8，P_0、P_2之间的距离为 8，P_1、P_2之间的距离为 2，则使用节约里程法 P_1、P_2之间节约的里程为 $\Delta S_{1,2}=8+8-2=14$。

表 4-3　节约里程表

需要量	P_0						
1.5	8	P_1					
1.7	8	2（14）	P_2				
1.9	6	3（11）	4（10）	P_3			
1.4	7	5（10）	9（6）	5（8）	P_4		
1.7	10	6（12）	8（10）	6（10）	2（15）	P_5	
1.6	5	4（9）	7（6）	8（3）	3（9）	1（14）	P_6

第三步：编制节约里程顺序表，将节约里程数按从大到小的顺序排序，见表 4-4。

表 4-4　节约里程顺序表

序号	路线	节约里程	序号	路线	节约里程
1	P_4P_5	15	9	P_3P_5	10
2	P_5P_6	14	10	P_2P_6	9
3	P_1P_2	14	11	P_4P_6	9
4	P_1P_5	12	12	P_3P_4	8
5	P_1P_3	11	13	P_2P_4	6
6	P_1P_4	10	14	P_2P_6	6
7	P_2P_3	10	15	P_3P_6	3
8	P_2P_5	10			

第四步：根据车辆额定载重和节约里程的大小，求解最优配送方案。

配送路线如下（如图 4-9 所示）：

第一条路线：$P_0 \to P_3 \to P_4 \to P_5 \to p_0$，节约里程（15+10）= 25km，配送重量（1.4+1.7+1.9）= 5t，使用一辆 5t 车；

第二条路线：$P_0 \to P_2 \to P_1 \to P_6 \to P_0$，节约里程 14+9 = 23km，配送重量（1.5+1.7+1.6）= 4.8t，使用一辆 5t 车。

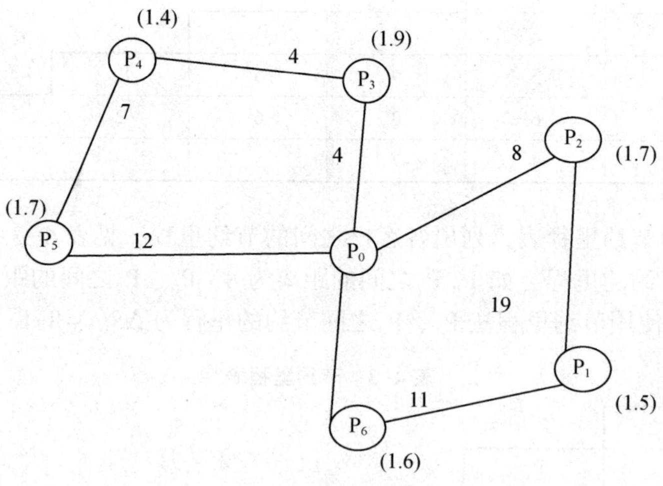

图 4-9　配送路线

4.2.3　配送设备的合理化

电子商务环境下，客户的需求呈现小批量、多品种的趋势，且客户对配送的时间、配送服务的质量要求越来越高。为了满足客户对配送的要求，配送的硬件设施设备都要随着科技的发展进行合理化的升级。新型的配送设备如快递智能柜、无人机、智能机器人等已经在配送中使用并取得了较好的效果。

1. 智能快递柜

随着电子商务的快速发展，对物流行业来说，有个一直存在的痛点就是“最后 100 米”问题。主要表现在以下两个方面：一是人员成本高，快递员逐个客户配送需要花费大量的时间，而且经常遇到和客户时间不一致以及上下楼丢件等问题。二是一些安全隐患，比如冒充快递员骗开门等。因此，如何解决“最后 100 米”问题是一个大家都关注的问题。智能快递柜的出现可以有效解决这个问题。

智能快递投递柜系统是新一代物流末端系统，是一套基于物联网的能够将物品进行识别、暂存、监控和管理的终端平台。该平台由智能快递柜与服务器组成，服务器能够对各个快递投递柜进行统一化管理（如快递投递柜的信息、快件的信息、用户的信息等），并对各种信息进行整合分析处理，实现寄件人、快递企业、收件人之间的可靠及可信的联系，为快递服务和网购提供了新的交寄和投递方式。快递员将快件送达指定的地点后，只需将其存入智能快递柜，系统便自动为用户发一条短信，包括取件地址和验证码，用户在方便的时间到达该终端前输入验证码，即可取出快件。该产品为用户接收快递提供便利的时间和地点，为快递员解决了“最后 100 米”的难题。

我国的智能快递柜行业大约是从 2012 年开始起步的，并在 2013 年进入快速发展期，众多企业入局。这些企业大体可以分为三类，即电商系、物流平台系和第三方平台。电商系的主要有京东、苏宁易购；物流平台系的主要有丰巢科技、中集 e 栈等；第三方平台的有速递易、邻近宝等。

2015 年 4 月丰巢科技成立，它由顺丰、申通、中通、韵达等物流平台和物流地产巨头普洛斯合资建立，随后累计数十亿元的资本注入，掀起行业震动。仅两年时间，丰巢已经在全国投放了 4 万个快递柜。几位重磅物流厂商联手打造智能快递柜平台，这不仅反映出他们对快递柜作为社区“最后 100 米”服务的看好，而且还代表着快递柜终端以及社区末端配送进入“巨头争霸”的时代。丰巢智能快递柜如图 4-10 所示，由多个大小不一的柜子组成，在快递柜上标有二维码，并有指导客户投递和收件的相关说明，柜子中间有一个大型的电子屏幕，内附有四个板块内容，分别是寄件、取件、收派员登陆以及查询工具等功能。

图 4-10 丰巢智能快递柜

根据丰巢提供的数据，目前国内快递员上门派件，每成功派发一个订单平均耗时 7 分钟，如果使用丰巢智能快递柜自助派件，每成功派送一个订单平均耗时 3 分钟，快递人员派件的效率可提高一倍。这一数据意味着快递公司在不增加人手的情况下末端业务处理量可以提升一倍。

2. 无人机配送

无人机配送（如图 4-11 所示），即通过利用无线电遥控设备和自备的程序控制装置操纵无人驾驶的低空飞行器运载包裹，自动送达目的地。其优点主要在于解决偏远地区的配送问题，提高配送效率，同时减少人力成本。缺点主要在于恶劣天气下无人机可靠性下降，在飞行过程中无法避免人为破坏等。

图 4-11　无人机配送

国内快递巨头顺丰速递在 2013 年 9 月在广东省进行了无人机快递的测试。网络零售巨头亚马孙在 2013 年 12 月首次宣布无人机送货的构想，并在 2015 年 12 月 29 日公布了第一款无人机送货服务的原型机，让无人机送快递变成了现实。目前的无人机技术可以实现运用 GPS 和图像搜索等多种方式进行地理定位，可以实现货物的定点投运，即使在建筑物密集的地区无人机也可以从窗户进入指定地点。

无人机非常适用于偏远地区和紧急件的派送，同时能有效提高配送效率，减少人力、运力成本。据了解，目前亚马孙每单的配送成本平均为 2～8 美元，如果大幅度采用无人机送货，配送成本将降至每件约 1 美元的最低水平。2016 年 9 月，DHL 曾在一个月时间内利用无人机向德国北海一个名为 Juist 的小岛运送药品，解决了陆运不便等难题。

无人机在配送领域的优势吸引了众多的国内物流公司都积极参与其研发和应用。无人机配送以后的研究发展方向为大型无人机和无人机与有人机的协同运输。

（1）大型无人机的研发

目前应用于配送的无人机都是小型无人机，飞行高度在 300 米内，飞行距离不超过 100 公里，载货重量一般在 3 公斤内，只能用于末端配送小件货物。为了拓宽无人机在物流中的应用范围，众多物流公司开始研发大型、超大型无人机。2018 年“6・18”期间，刘强东宣布京东第一架重型无人机正式下线。这架无人机目标有效载重量达 1～5 吨，飞行距离超过1000公里，可以满足物流中的支线运输。京东现已正式立项超重型无人机项目，该机型有效载重量达到40~60吨，飞行距离超过6000公里。国内快递巨头顺丰速运在2017年12月在国内首次大型无人机应急物资快速投递演示飞行中展示的顺丰大型无人机（如图4-12所示）翼展20米，机身长10米，起飞重量约3吨，载重1.2吨，巡航速度可达250千米/小时，航程可达3000千米，升限6000米。

图4-12 顺丰大型无人机

大型无人机可以满足物流公司支线运输业务需求。与传统货运飞机相比，大型无人机可以为地面基础设施不发达的区域提供便利的物流运输服务，实现偏远地区时效敏感的高价值农产品、医药等货物的快速运输。在飞行员较为缺乏的中国航空运输市场，可以节约一笔巨大的人力成本，不仅可以大大简化运营降低成本，而且还可以降低因为人员疲劳或单调场景作业所造成的安全隐患。

（2）无人机与有人机协同运输

目前物流中大批量使用的无人机还都是轻型无人机，飞行里程短，载重量小。要对时限性要求比较高的产品进行大规模的快速配送则需要有人机的协同配合。顺丰也很早就提出了利用无人机铺设“三段式空运网”的构想。顺丰在其2017年财报中表示，将通过无人机实现航空物流网络干支线对接，构建“大型有人运输机+支线大型无人机+末端小型无人机”的三段式空运网，以实现36小时通达全国。京东于2018年6月20日在陕西丹凤机场进行了“有人机+无人机”协同运输试验（如图4-13所示），载有1吨京东物流货物的塞斯纳208型飞机从陕西蒲城机场起飞，降落至陕西丹凤机场，其中不少为高附加值产品和京东生鲜。飞机停稳后，工作人员迅速将其中急需配送的货品转运至京东末端无人机进行挂载，随后末端无人机编队起飞，快速飞往配送地点，完成了“最后100米”配送工作。通过“无人机+有人机”协同配合、末端无人机编队运输、高附加值及生鲜产品上下行转运等多个场景的同时探索，为下一步无人机参与更大规模的物流配送进行了探索。

由于全程采用京东无人机标准物流箱，实现了有人机至无人机的无缝转运，大大节约了中转时间。

图 4-13　京东有人机+无人机协同运输试验

3. 配送机器人

智能配送机器人是一种智能配送车辆，它能按照设定的指令将货物送达指定的地点，具有可连续配送、恶劣环境配送、低成本、高可靠性等优点。在快递和外卖行业高基数、高增长但人工成本大幅上升的环境下，多个快递和外卖公司已经开始研究并使用智能机器人进行配送（如图 4-14 所示）。

公司	情况
菜鸟	菜鸟ET实验室研发的小G，2016年曾在阿里巴巴西溪园区亮相。2017年经过两代升级，推出菜鸟小G2代和小G plus。其中小G plus货车外形，能规划路线、躲避障碍物、自动搭乘电梯，2017年“双11”期间在浙江大学里送快递。
京东	2017年6月，京东在人民大学完成了首单无人车送货，此后在北京、西安、杭州等6所高校内，投入运营100辆无人车给学生们送快递和外卖。
美团	2016年10月，美国点评W项目组开始研发特定场景下无人配送。2018年3月24日，美国外卖配送战略会上，美团无人配送车首次亮相。预计，2018年可在园区及特定开放道路实现低速无人配送车的落地，届时会有5～10家合作伙伴接入，并在4～5条固定路线运行。
饿了么	2017年，饿了么未来物流团队打造的中国首个智能外卖机器人“万小饿”在上海虹桥万科试点了办公楼内外卖送餐。但随着2018年4月饿了么被阿里收购，未来这一业务与菜鸟小G的关系很可能受到关注。

图 4-14　国内大公司研究配送机器人情况

以京东为例，2018 年 6 月 18 日，20 多台京东配送机器人在调度平台发出命令后开始出发配送 618 订单。这批京东配送机器人（如图 4-15 所示）最多同时配备 30 个取货箱，最快步伐达每小时 15 千米。车辆中途能够自主停靠配送点，能自动规避障碍并识别红绿灯信号。京东配送机器人配货有两种方式：

（1）直接向客户配送货物

这种方式是京东配送机器人直接将货物送到客户手中。在配送机器人即将到达目的地时，后台系统将取货信息发送给用户。“我是京东智能配送机器人，已顺利抵达您的楼下，请凭提货码提取商品。”消费者可自由选择人脸识别、输入取货验证码、点击手机 App 链接等三种方式取货，十分方便。

（2）将货物配送给快递员

这种方式是京东配送机器人将货物送到正在配送的快递员手中。用配送机器人解决“最后 100 米”难题。以往配送员需要频繁往返于配送站与服务片区来拿取需要配送的货物，通过机器人的协作，配送员只需负责最终配送，由配送机器人把货物运输到配送员前，进而提高配送效率、降低配送员的工作强度。

图 4-15 京东配送机器人

任务实施

第一步：将全班学生分成若干组，每组 3~5 人。

第二步：每组同学选出一位组长，负责协调本小组同学的工作。

第三步：小组同学根据所学的知识，查阅资料并实施以下任务：

（1）掌握配送中心网点布局的影响因素、合理化标志、布局方法。

（2）掌握 Dijkstra 算法和节约里程法的原理和计算。

（3）了解智能快递柜、无人机、配送机器人等先进的配送设备。

（4）调研国内快递企业配送业务优化情况，分析目前快递企业配送业务优化情况、智能配送设备使用情况、存在的问题和优化的建议，撰写调研报告。

（5）将上述任务所学知识和调研情况做成 PPT，进行小组汇报。

任务成果

配送中心调研报告，小组汇报 PPT。

任务考核

序号	考核项目	考核标准	分值
1	小组汇报 PPT	PPT 中包含的知识点全面、正确，图文美观。	30
2	调研报告	调研报告内容全面、分析合理、能正确运用所学知识解决问题，排版工整美观。	30
3	小组成员合作情况	分工明确，团结合作，集体荣誉感强。	20
4	汇报情况	汇报内容详细，逻辑清晰，语速恰当，声音洪亮，表达自然流畅。	20

任务小结

配送合理化能减少配送中的资源浪费现象，提高配送服务的质量。本任务从配送中心网点布局合理化、配送路线选择合理化、配送设备选择合理化三个方面讲解配送合理化的情况，希望通过本任务知识的学习可以掌握配送合理化的方法并用其解决实际问题。

项目综合实训

实训名称：

配送路线优化选择实训

实训内容：

由配送中心 P 向 A~I 等 9 个用户配送货物。图中连线上的数字表示公路里程（公里）。靠近各用户括号内的数字表示各用户对货物的需求量（吨）。配送中心备有 2 吨和 4 吨载重量的汽车，且汽车一次巡回走行里程不能超过 35 公里，假设送到时间均符合用户要求，求该配送中心的最优送货方案。

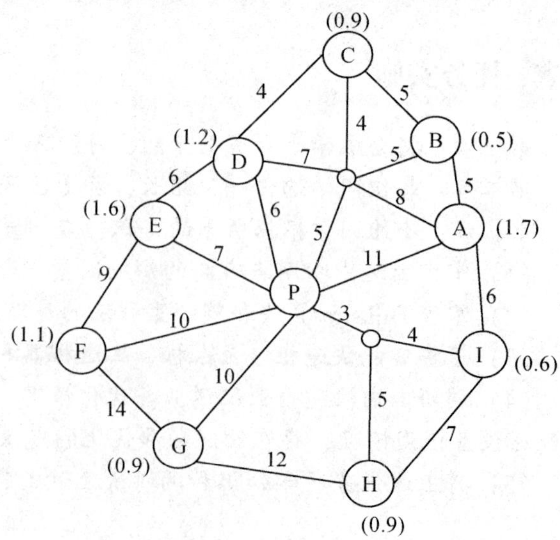

实训步骤：

1. 用 Dijkstra 算法计算出各客户之间的最短距离，编制运输里程表。

2. 根据运输里程表和节约里程计算公式求得相应的节约里程数，编制节约里程表。

3. 根据节约里程表显示的节约里程数按大小排序，编制成节约里程顺序表。

4. 根据车辆额定载重量、车辆行驶最大里程和节约里程大小，将各客户节点按配送顺序连接起来，形成最优的配送方案。

实训成果：

运输里程表，节约里程表，节约里程顺序表，配送方案图。

实训考核：

序号	考核项目	考核标准	分值
1	实训步骤	步骤完整，顺序正确	20
2	实训成果	成果完整，数据正确	60
3	实训态度	态度认真，准备充分	20

项目能力测试

一、单项选择题

1. 在经济合理区域范围内，根据客户要求，对物品进行拣选、加工、包装、分割、组配等作业，并按时送达指定地点的物流活动称为（　　）。

A. 运输　　B. 搬运　　C. 配送　　D. 末端运输

2. 实体配送活动的各项职能和功能可在计算机上进行仿真模拟，体现了电子商务配送的（　　）。

A. 实时性　　B. 虚拟性　　C. 信息性　　D. 并行性

3. 在单个用户配送数量不能达到车辆的有效载运负荷时，就存在如何集中不同用户的配送货物，进行搭配装载，以充分利用运能、运力的问题，这就需要（　　）。

A. 分拣　　B. 流通加工　　C. 配装　　D. 运输

4.（　　）决定配送成败的初期工作，如果成本太高，会大大降低配送的效益。

A. 备货　　B. 存储　　C. 配装　　D. 加工

5.（　　）使企业可以集中主要的资源用于自己的核心业务，而把物流等辅助功能留给物流公司，这样可以提高自己的核心业务的市场竞争力。

A. 共同配送模式　　B. 第三方物流配送模式

C. 自营配送模式　　D. 互用配送模式

6.（　　）是从事货物配备（集货、加工、分货、拣选、配货）和组织对用户的送货，以高水平实现销售或供应的现代流通设施。

A. 仓库　　B. 物流园区　　C. 配送中心　　D. 物流节点

7. 配送中心的核心功能有（　　）和组配功能。

A. 备货功能　　B. 加工功能　　C. 存储功能　　D. 分拣功能

8.（　　）供应链中的任何成员都可以成为客户，只要支付服务费，任何客户都可以使用这种配送中心。

A. 自用型配送中心　　B. 公共型配送中心

C. 合作型配送中心　　D. 流通型配送中心

9. 目前配送中大量使用的无人机为（　　）无人机。

A. 轻型　　B. 重型　　C. 超重型　　D. 中型

二、多项选择题

1. 电子商务物流配送具有以下特征（　　）。

A. 虚拟性　　B. 实时性　　C. 增值型　　D. 个性化

2. 配送的功能要素主要有（　　）。

A. 备货　　B. 存储　　C. 配送加工　　D. 分拣配货

3. 电子商务环境下企业有（　　）、共同配送模式四种配送模式可以选择。

A. 自营配送模式　　B. 第三方配送模式

C. 互用配送模式　　D. 加工配送模式

4. 配送中心应符合的要求有（　　）。

A. 配送功能健全　　B. 完善的信息网络

C. 辐射范围大　　D. 少品种、大批量

E. 以配送为主，储存为辅。

5. 配送中心的基础功能有（　　）。

A. 采购功能　　B. 分拣功能　　C. 配装功能　　D. 存储功能

6. 配送网点布局合理化的标志有（　　）。

A. 配送的路线最短　　B. 配送的技术最先进

C. 优质的配送服务　　D. 降低配送成本

三、简单题

1. 简述电子商务配送的定义和特点。
2. 简述配送的流程。
3. 配送中心的其他功能有哪些？
4. 配送中心网点布局考虑的因素有哪些？
5. 简述 Dijkstra 算法的计算步骤。
6. 简述节约里程法的计算步骤。

项目5　电子商务中的包装与流通加工管理

项目描述

在电子商务物流中，包装和流通加工是常用的两个功能要素。一般商品在网上完成交易后，需要对商品进行包装或按照客户的要求进行流通加工，然后再将商品通过物流送到客户手中。包装和流通加工在此过程中起到保护商品、方便运输及满足客户要求的作用。本项目主要介绍了电子商务物流环境中包装和流通加工的定义、功能以及应用情况。

项目要求

1. 掌握包装的定义、功能、分类和常用的包装材料等知识。
2. 能根据商品选择正确的包装材料，进行合理化的包装。
3. 掌握流通加工的定义、流通加工与生产加工的区别、流通加工的类型等知识。
4. 能正确选择合理的流通加工方式、科学安排流通加工任务。
5. 学习完本项目后，利用所学知识完成项目后实训任务。

项目目标

【知识目标】

1. 掌握包装的定义和功能。
2. 掌握电子商务物流中常用的包装材料。
3. 理解电子商务物流中包装的发展趋势。
4. 掌握流通加工的定义及与生产加工的区别。
5. 掌握流通加工合理化的判断方法和科学安排流通加工任务的方法。

【技能目标】

1. 能根据所学知识选择正确的包装材料进行包装。
2. 能根据所学知识判断流通加工的合理性。
3. 能科学合理地安排流通加工任务。

【职业能力目标】

1. 学以致用，把所学知识应用到工作中的能力。
2. 对新事物、新知识的接受和学习能力。
3. 共同完成任务的团队合作能力。
4. 突破传统思维和传统工作流程的创新能力。

引导案例

小也是淘宝网的化妆品和香水在线零售商，2014年4月，小也决定启用一种创新的包装来作为公司的快递包装箱。这意味着，小也一年的快递包装耗材采购金额几乎增加了1倍，需要多支出将近500万元。

500万元只为换一个包装，到底值不值？一石激起千层浪，此事引起了电商行业相关人士的关注和争议。

据内部员工透露，小也之所以不惜重金采购全新的包装纸箱，就是为了给用户带来“3秒钟的快感”。那么，何为“3秒钟快感”？小小的包装纸箱与用户体验又有什么关系？原来，3秒钟快感，指的就是小也选购的新纸箱开箱时所带给用户的快感。与传统的快递包装箱不同，这种纸箱上没有任何胶带缠绕，直接撕开纸箱表面的“拉链”，即可无障碍开箱取出商品，整个过程最多不超过3秒钟。这种瞬时开箱的体验，也被称作“3秒钟的快感”。

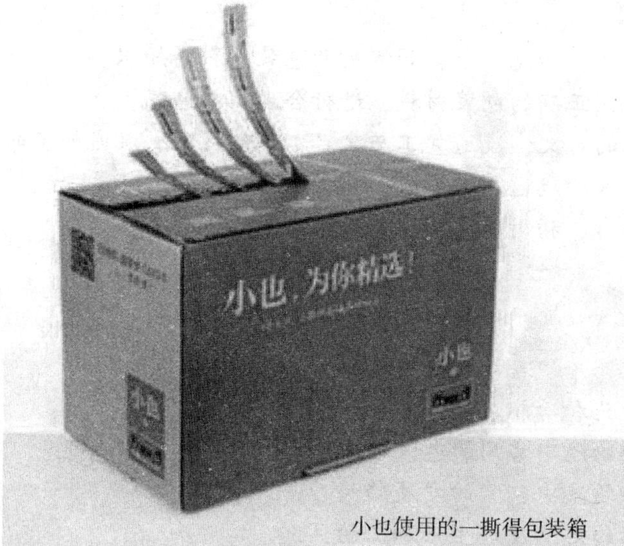

小也使用的一撕得包装箱

（《电商包装升级》，2014年5月20日，http：//roll. sohu. com/20140520/n399803504. shtml）

分析与思考：

新的包装能为小也公司带来哪些好处？500万元换来“3秒钟的快感”是否值得？

任务5.1　包装管理

任务描述

在社会再生产过程中，包装处于生产过程的末尾和物流过程的开头，既是生产的终点，又是物流的始点。电子商务物流中包装呈现出新的特点和趋势。本任务主要讲述了包装的定义和要素、包装的功能、包装的分类、包装材料和包装的发展趋势等知识。

任务知识

包装是一古老而现代的话题，也是人们自始至终在研究和探索的课题。从远古的原始社会、农耕时代，到科学技术十分发达的现代社会，包装随着人类的进化、商品的出现、生产的发展和科学技术的进步而逐渐发展，并不断地发生一次次重大突破。

5.1.1 包装的定义和要素

随着电子商务交易额的逐年攀升，交易量不断增大，消费者认知度不断增强，伴随电子商务而来的各式各样的包装开始进入我们的生活，参与到电子商务中的包装种类越来越多，数量也在逐年加大。

1. 包装的定义

中国国家标准 GB/T4122. 1-1996 中规定，包装的定义是："为在流通过程中保护产品、方便贮运、促进销售，按一定技术方法而采用的容器、材料及辅助物等的总体名称。也指为了达到上述目的而采用容器、材料和辅助物的过程中施加一定技术方法等的操作活动。"其他国家或组织对包装的含义有不同的表述和理解，但基本意思是一致的，都以包装功能和作用为其核心内容，一般有两重含义：

第一，关于盛装商品的容器、材料及辅助物品，即包装物。

第二，关于实施盛装和封缄、包扎等的技术活动。

2. 包装的要素

一般来说，商品包装应该包括商标或品牌、形状、颜色、图案和材料等要素。

（1）商标或品牌

商标或品牌是包装中最主要的构成要素，应在包装整体上占据突出的位置。

（2）包装形状

适宜的包装形状有利于储运和陈列，也有利于产品销售，因此，形状是包装中不可缺少的组合要素。

（3）包装颜色

颜色是包装中最具刺激销售作用的构成元素。突出商品特性的色调组合，不仅能够加强品牌特征，而且还对顾客有强烈的感召力。

（4）包装图案

图案在包装中如同广告中的画面，其重要性、不可或缺性不言而喻。

（5）包装材料的选择

包装材料的选择不仅影响包装成本，而且还影响商品的市场竞争力。

（6）产品标签

产品标签一般都印有包装内容和产品所包含的主要成分，品牌标志，产品质量等级，产品厂家，生产日期和有效期，使用方法。

5.1.2 包装的功能

一般来说，包装具有保护产品、方便流通和促进销售三大功能。在电子商务环境下，由于大量商品在短时间内集中交易、快速运输，对商品的包装要求也越来越高。包装功能中的侧重点也发生了一些变化。保护商品、快速运输和降低运输成本是电子商务包装的最重要功能。

1. 保护功能

保护性是包装最基本的功能，是指保护内容物，保证产品状态良好地到达消费者手中。包装要起防潮、防挥发、防污染及微生物作用。在某些场合还要防止曝光、氧化、受热或受冷以及不良气味的吸收；也常常要防止成分、味道香气的散失和分配过程中的损害。物品保护是否有效，与包装设计的关系密不可分。通过科学的包装结构和合适的包装材料，包装便可很好地保护产品，如纸与发泡塑料所具有的缓冲效果、金属与玻璃的遮蔽效果等。包装的保护性功能，从产品开始使用到完全消耗之前都应有效。在电子商务模式中，包装的保护功能被放到了首要位置。如图 5-1 所示，将干果放入包装袋中可以 起到防潮的作用。

图 5-1　包装的保护功能

电子商务商品包装通常采用瓦楞纸纸盒、充填缓冲材料、外部覆膜等方法保证商品在运输中不受损害，并对不同类别的商品采取不同的保护包装，比如小量的书籍与服装通常采用塑料封口袋，形状不规则的易碎商品则使用瓦楞纸箱并填充缓冲材料。在整个购买过程中不论商家还是消费者都将商品的安全性作为检验包装好坏的先决条件。保护功能便在这种需求与重视中得到了回归，成为电子商务环境中包装的主攻方向。

2. 快速运输

方便流通是包装的另一个重要功能。由于包装与被包装物都属于商品，商品在流通领域中就存在着运输储存等客观因素。各类商品大小形态不一，这样会给运输或储存带来许多不便。而包装恰恰能够解决这一问题，它可以统一商品的大小规格，以方便储运或流通过程中的搬运或数量的清点。同时，包装物还可以印以各类图形、文字，利用鲜明的色彩，提醒消费者使用或注意，以达到促进消费的最终目的。如图 5-2 所示，易拉罐装的啤酒方便消费者饮用，而将多个易拉罐放入纸箱包装中，方便啤酒的运输。

图 5-2 包装的方便流通功能

在电子商务环境下，商家和客户都希望交易后的物品能快速运输，以尽量短的时间完成流通过程。电子商务包装方便流通功能的重点也转化为方便快速运输。为了能实现快速运输，包装要标准化。一是需要以 1200mm×1000mm 标准托盘为基础，选定一个标准化包装基础尺寸或系列，按模数尺寸确定包装产品的尺寸，使得产品在流通过程中，能够与集装容器、运输工具、装卸搬运仓储的尺寸进行随意的组合和匹配，使得运输工具或者仓储设备能够有最大利用率。二是标准化包装容器要尽可能多地适用不同产品包装，使得更多相似产品能够通用包装，这样可以促进包装在不同的地方循环使用。

3. 促进销售

商品包装的装潢设计是良好的促销手段之一。精美的包装能够吸引消费者的目光，能唤起人们的消费欲望，从而促进销售。同时，包装可以用来对商品作介绍、宣传，便于人们了解这种商品，成为商品无声的促销员。如图 5-3 所示，两种茶叶包装方式的促进销售作用是不同的。

图 5-3 包装的促进销售功能

与传统销售包装相比，电子商务中商品的直观化、多样化、便捷化、低成本化，使得包装的促销功能发生变化。

首先，电子商务中商品交易多以虚拟形式进行，购物过程中商品是展示的主体，包装不再首先映入消费者的眼帘。消费者可以直接看到商品的图片及相关介绍，包括样式、色彩、细节等，不用再隔着包装去猜测实物的模样。

其次，由于电子商务中卖家并非直接的生产者，同时所经营的商品数量庞大、种类繁多，很难对一种商品提供针对性包装。因此，包装上的产品促销信息被以卖家为主的促销信息取而代之，其多为店铺宣传、品牌促销、问候话语等。

最后，成本问题也是电子商务所考虑的重要问题。电子商务的包装必须遵循低成本的原则，当下以方形、再生材料瓦楞纸盒为主，且采用大批量印刷。由于技术与成本的限制，很难在包装表面印刷精美图案，从而降低了视觉冲击力。同时，较大批量的集中设计制作也使得包装的促销信息更新迟缓。符合上述特征的包装如图 5-4 所示。

图 5-4　电子商务包装箱

5.1.3　包装的分类

商品包装的分类是把商品包装作为一定范围的集合整体，按照一定的分类标志或特征，逐次归纳为若干概念更小、特征更趋一致的局部集合体，直至划分为最小的单元。商品包装分类是根据一定目的、满足某种需要而进行的。由于包装种类繁多，选用分类标志不同，分类方法也多种多样。根据选用的分类标准，常见商品包装分类方法有以下几种：

1. 按包装在流通中的作用分类

以包装在商品流通中的作用作为分类标准，可分为运输包装和销售包装。

（1）运输包装

它是用于安全运输、保护商品的较大单元的包装形式，又称为“外包装”或“大包装”。例如，纸箱、木箱、桶、集合包装、托盘包装等（如图 5-5 所示）。运输包装一般体积较大，外形尺寸标准化程度高，坚固耐用，广泛采用集合包装，表面印有明显的识别标志，主要功能是保护商品，方便运输、装卸和储存。

图 5-5　运输包装

（2）销售包装

销售包装是指一个商品为一个销售单元的包装形式，或若干个单体商品组成一个小的整体的包装，亦称为“个包装”或“小包装”（如图 5-6 所示）。销售包装的特点一般是包装件小，对包装的技术要求是美观、安全、卫生、新颖、易于携带，印刷装潢要求较高。销售包装一般随商品销售给顾客，起着直接保护商品、宣传和促进商品销售的作用，同时也起着保护优质名牌商品以防假冒的作用。

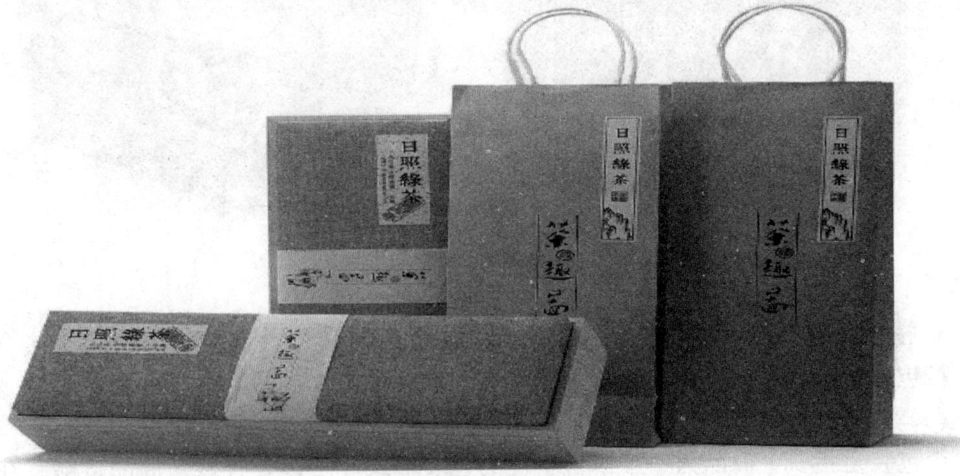

图 5-6 销售包装

2. 按包装的适用广泛性分类

按包装的适用广泛性可以分为专用包装和通用包装。

（1）专用包装

专用包装是根据被包装物的特点进行专门设计、专门制造、只适用于某种专门产品的包装（如图 5-7 所示）。大多数的商品在销售时所用的包装都是专用包装。专用包装上一般都印刷有该商品所特有的信息，如商标、名称、成分、产地等。

图 5-7 商品的专用包装

（2）通用包装

通用包装（如图 5-8 所示）不是根据特定的某个商品专门设计制造，而是根据标准系列尺寸制造的适合一系列物品的包装，如集装箱、托盘、周转箱、快递包装袋、快递包装箱等包装可以适用于多种物品。

图 5-8　通用包装

3. 按包装的层次不同分类

按包装的层次不同可将包装分为个包装、中包装和外包装。

（1）个包装

个包装是指一个商品为一个销售单位的包装形式。个包装直接与商品接触，在生产中与商品装配成一个整体。它以销售为主要目的，一般随同商品销售给顾客，因而又称为“销售包装”或“小包装”。个包装起着直接保护、美化、宣传和促进商品销售的作用。

（2）中包装

中包装（又称“内包装”）是指若干个单体商品或包装组成一个小的整体包装。它是介于个包装与外包装的中间包装，属于商品的内层包装。中包装在销售过程中，一部分随同商品出售，一部分则在销售中被消耗掉，因而被列为销售包装。在商品流通过程中，中包装起着进一步保护商品、方便使用和销售的作用，方便商品分拨和销售过程中的点数和计量，方便包装组合等。

（3）外包装

外包装（又称“运输包装”或“大包装”）是指商品的最外层包装。在商品流通过程中，外包装起着保护商品、方便运输、装卸和储存等方面的作用。

三种包装形式如图 5-9 所示。

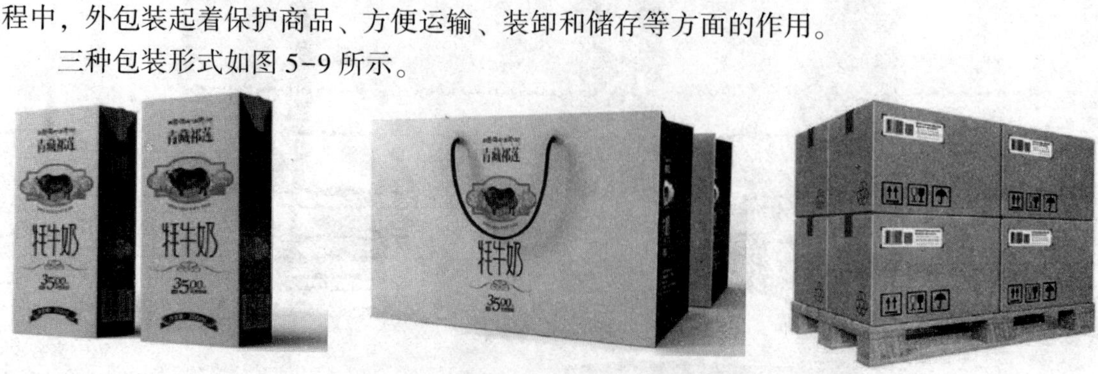

图 5-9　个包装、中包装和外包装图

4. 按包装材料分类

以包装材料作为分类标志，一般可分为纸板、木材、金属、塑料、玻璃和陶瓷、纤维织品、复合材料等包装。

(1) 纸制包装

它是以纸与纸板为原料制成的包装，包括纸箱、瓦楞纸箱、纸盒、纸袋、纸管、纸桶等。在现代商品包装中，纸制包装仍占有很重要的地位。从环境保护和资源回收利用的观点来看，纸制包装有广阔的发展前景。

(2) 木制包装

它是以木材、木材制品和人造板材（如胶合板、纤维板等）制成的包装，主要有木箱、木桶、胶合板箱、纤维板箱和桶、木制托盘等。

(3) 金属包装

金属包装是指以黑铁皮、白铁皮、马口铁、铝箔、铝合金等制成的各种包装。主要有金属桶、金属盒、马口铁及铝罐头盒、油罐、钢瓶等。

(4) 塑料包装

塑料包装是指以人工合成树脂为主要原料的高分子材料制成的包装。塑料包装材料主要有聚乙烯（PE）、聚氯乙烯（PVC）、聚丙烯（PP）、聚苯乙烯（PS）、聚酯（PET）等。塑料包装主要有全塑箱、钙塑箱、塑料桶、塑料盒、塑料瓶、塑料袋、塑料编织袋等。从环境保护的观点来看，应注意塑料薄膜袋、泡沫塑料盒造成的白色污染问题。

(5) 玻璃与陶瓷包装

玻璃与陶瓷包装是指以硅酸盐材料玻璃与陶瓷制成的包装。这类包装主要有玻璃瓶、玻璃罐、陶瓷罐、陶瓷瓶、陶瓷坛、陶瓷缸等。

(6) 纤维制品包装

纤维制品包装是指以棉、麻、丝、毛等天然纤维和以人造纤维、合成纤维的织品制成的包装，主要有麻袋、布袋、编织袋等。

(7) 复合材料包装

复合材料包装是指以两种或两种以上材料黏合制成的包装，亦称为“复合包装”。主要有纸与塑料、塑料与铝箔和纸、塑料与铝箔、塑料与木材、塑料与玻璃等材料制成的包装。

5. 商品包装按商品种类分类

商品包装可按商品种类不同而区分成建材商品包装、农牧水产品商品包装、食品和饮料商品包装、轻工日用品商品包装、纺织品和服装商品包装、化工商品包装、医药商品包装、机电商品包装、电子商品包装等。

各类商品的价值高低、用途特点、保护要求都不相同，它们所需要的运输包装和销售包装都会有明显的差异。

5.1.4 包装材料

常用的包装材料有纸质包装材料、木质包装材料、金属包装材料、塑料包装材料、玻璃与陶瓷包装材料、纤维制品包装材料和复合包装材料等。在电子商务环境下，物流中用得最多的是包装箱、塑料袋和编织袋三种包装材料。根据国家邮政局发布的《2017 中国快递领域绿色包装发展现状及趋势报告》显示，2016 年全国快递业务量达 312.8 亿件，共消耗约 32 亿条编织袋、约 68 亿个塑料袋、37 亿个包装箱以及 3.3 亿卷胶带。

1. 纸质包装材料

纸是指由植物纤维经过打浆、抄制后形成的纤维交织材料。根据材料厚度不同，分为纸和纸板。根据加工工艺与形态的不同，分为牛皮纸、玻璃纸、白纸板、黄纸板、胶版纸、铜版纸、涂蜡纸、上光纸等。由纸或纸浆还可制成瓦楞纸板、纸浆模塑件、蜂窝纸板等有一定刚性强度的纸制包装用品。纸质包装具有易加工、成本低、适于印刷、重量轻可折叠、无毒、无味、无污染等优点，但耐水性差、在潮湿时强度差。

根据网购产品包装调研样本分析，80% 的包装样本为纸质包装。纸质包装的形式多样，有开盖式、飞机盒、两边插入式等。纸质包装一般是做成包装箱，包装箱大小尺寸目前没有统一的规格。以国内快递巨头顺丰为例，共有五种尺寸（如表 5-1 所示）的包装箱在使用。

表 5-1 顺丰快递包装箱尺寸

序号	名称	尺寸规格
1	二号纸箱	250 毫米×200 毫米×180 毫米
2	三号纸箱	300 毫米×250 毫米×200 毫米
3	四号纸箱	360 毫米×300 毫米×250 毫米
4	五号纸箱	530 毫米×320 毫米×230 毫米
5	六号纸箱	700 毫米×400 毫米×320 毫米

纸质包装材料中用得最多的是瓦楞纸（如图 5-10 所示）。瓦楞纸是由挂面纸和通过瓦楞棍加工而形成的波形的瓦楞纸黏合而成的板状物，一般分为单瓦楞纸板和双瓦楞纸板两类，按照瓦楞的尺寸分为 A、B、C、E、F 五种类型。瓦楞纸具有以下特点：

（1）瓦楞纸的优点

成本低廉且具有较好的防震、缓冲抗压特性；密封性好，能防尘，使得商品能够保持洁净。由于瓦楞纸箱质地软、质量轻，所以它的切割性比较好，易于加工、装箱，可以根据内容物尺寸，轻易地切割、开槽、开孔、折叠等。成为垃圾后可以再生产或者降解，是可持续发展材料。瓦楞纸板回收完可以很方便地再加工利用，再加工的费用也比较便宜，加工工艺比较简单。即使是受到了严重的毁坏，不能再次使用，焚烧或者掩埋处理的话也不会污染环境。

（2）瓦楞纸的缺点

纸箱的防潮性能差，一旦受潮就容易变形，即使再次晾干也不可能再恢复；包装纸箱的刚性差，一般的纸箱包装在长距离运输当中只能用一次，二次使用就会变形。

瓦楞纸按照它的楞高、楞数和缓冲性能等属性，分为 A、B、C、D、E 五等不同的楞形；根据层数可分为双层、三层、五层、七层等。根据瓦楞纸板的不同属性和不同层数价格也有所不同。一般情况下，纸材的单位重量越重、瓦楞高度越高、瓦楞密度越大、瓦楞层数越多，瓦楞纸板的价格也就越高。根据包装物品的特性选择瓦楞纸材可以避免不必要的支出浪费。包装箱材料的选定，涉及产品和包装的方方面面。从货物方面分析：重量大，体积大的货物就要选择缓冲效果比较好、横向纵向抗压效果好的瓦楞纸箱，比如 B 楞 E 楞的瓦楞纸箱。形状方面选择 U 形或者用途广泛的 UV 形瓦楞纸箱。

图 5-10 瓦楞纸

2. 塑料包装材料

塑料是以合成或天然的高分子树脂为主要材料，添加各种添加剂后，在一定的温度和压力下具有延展性，冷却后可以固定其形状的一类材料。塑料材料的优点是密度小，强度高；耐化学性好，有良好的耐酸、耐碱、耐各类有机溶剂性，长期放置不发生氧化；具有良好的透明性、易着色性；具有良好的强度，单位重量的强度性能高，耐冲击；具有易改性。塑料材料也具有高温软化、恶劣环境老化以及不易降解污染环境等缺点。

塑料袋是电子商务物流产品中比较常见的包装。塑料袋由可再生塑料制作，相对于纸材重量比较轻，具有良好的耐腐蚀性和防水防潮性，而且价格便宜。其中主要的材质是 PE（聚乙烯），这种材质有良好的拉伸性能和防潮性。根据材质的属性与厚度的不同，塑料包装价格也不尽相同。PE 材质更加纯净，比较亮且透明度高，较少掺有杂质，这使得塑料袋的表面更加平滑，不宜附着灰尘。快递塑料袋（如图 5-11 所示）由 PO 和 PE 两种材质结合生产，主要用在包装箱外面，对商品多一层保护。PO 的机械性能好，两者结合生产的塑料胶袋具有可持续性、环保性及重复使用等特点，这使得快递袋更加结实环保耐用，能够防潮、防剐蹭。

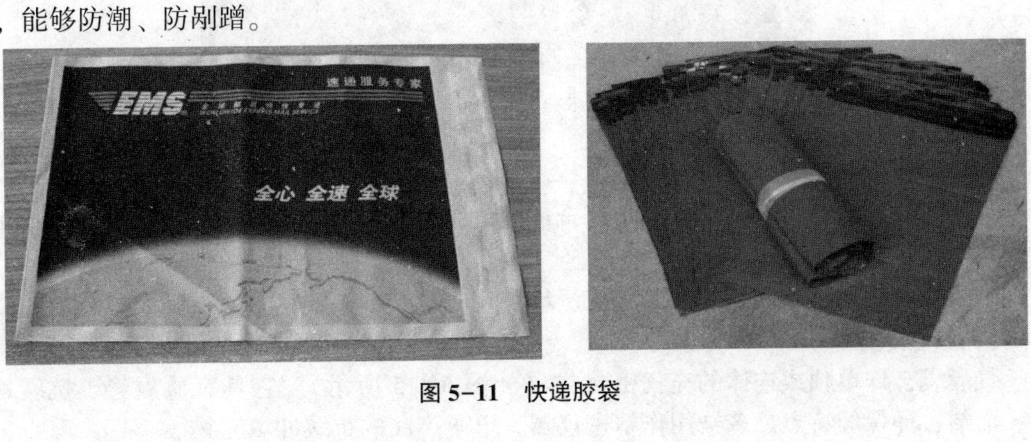

图 5-11 快递胶袋

塑料编织袋是以聚丙烯（英文名 pp）为主要原料，经挤出、拉伸成扁丝，再经织造、编制、制袋而成。塑料编织袋具有轻便、耐用、适用范围广等优点，在电子商务物流中作为运输包装材料广泛使用（如图 5-12 所示）。

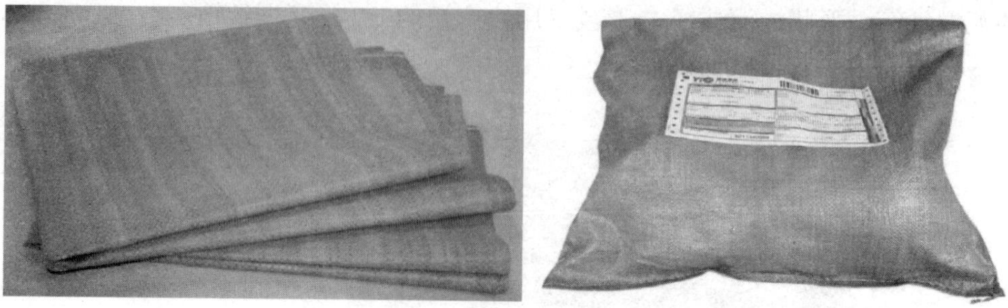

图 5-12　塑料编织袋

在电子商务物流中，塑料包装材料还经常在包装过程中起辅助作用。其种类如下：

（1）塑料薄膜

厚度低于 0.25 毫米的片状的塑料产品（如图 5-13 所示），具有轻薄、透明、柔韧、防水、防潮、气密性好等特点，主要用于产品最外层作为防潮、保鲜以及保持清洁的屏障。快递自封袋是用高压聚乙烯等材料制作而成的，能够方便开封和再次封合利用是它快捷性的最大体现。同时它也具有防潮湿、防虫等功能，所以比较广泛地用于食品的包装上。此外快递自封袋也可以做包装箱的内部防潮，像一般的服装类快递都是三层包装，外面是快递胶袋，中间是包装纸箱，内部用自封袋将商品包裹起来。

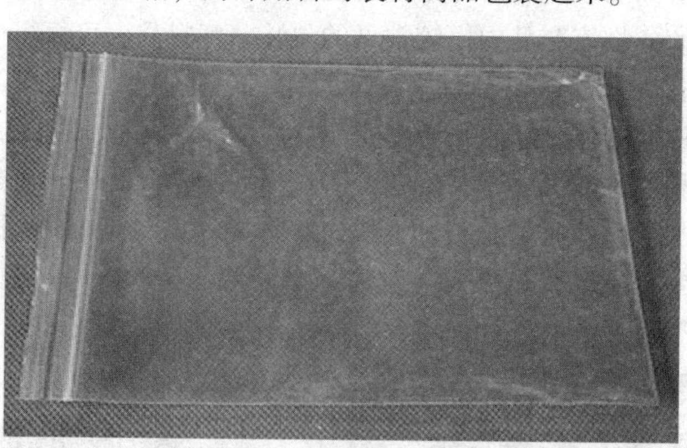

图 5-13　塑料薄膜

（2）气垫薄膜

气垫薄膜，即两层树脂薄膜真空复合成型的圆形或三角形气垫薄膜，其中有很多的小气泡（如图 5-14 所示）。它具有质量轻、柔软、可防潮、防尘、防霉、可热封等特点。良好的抗冲击性和柔软的质地使其被广泛地应用于包装的填充材料，或制成包装袋。

（3）气囊袋

气囊袋，即单独或连体的充气密封袋（如图 5-15 所示）。它具有质量轻、抗缓冲性强、清洁、环保等特点。多被用作精密仪器、电子产品的抗缓冲填充物。

图 5-14 气垫薄膜

图 5-15 气囊袋

（4）聚苯乙烯泡沫塑料板

聚苯乙烯泡沫塑料是以聚苯乙烯树脂为主体，加入发泡剂等添加剂制成，是目前使用较多的一种缓冲材料（如图 5-16 所示）。它具有闭孔结构，吸水性小，有优良的抗水性；密度小，一般为 0.015~0.03；机械强度好，缓冲性能优异；加工性好，易于模塑成型。由于该包装材料的体积较大，回收成本很高，所以废弃了的聚苯乙烯泡沫塑料板不能得到有效的回收利用。聚苯乙烯泡沫塑料板俗称“白色污染”，应该制定相应法规限制使用此辅助物或强制回收。

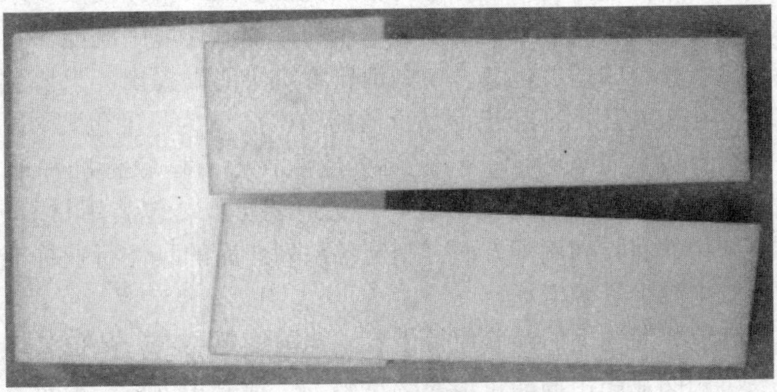

图 5-16 聚苯乙烯泡沫塑料板

5.1.5 包装的发展趋势

在电子商务物流环境中，包装被大量使用，在保护物品、方便储运方面起了巨大的作用。电子商务物流也对包装提出了更高的要求，未来电子商务物流环境中包装的发展趋势如下：

1. 适量包装

目前，电子商务物流中存在大量过度包装现象。过度包装（如图 5-17 所示）是指包装的耗材过多、分量过重、体积过大、成本过高、装潢过于华丽、说词过于溢美等。例如在某快递企业，一袋 1300 毫升的洗衣液，包两层气泡袋、卷两圈胶带，加上气泡枕放入纸箱，再在纸箱上卷四圈胶带作“井”字形固定。这样做固然可以保护运输中的物品，但会使用大量的包装材料，造成包装资源的浪费。以包装的用纸量为例，制作一吨快递包装箱需要用 20 棵树龄为 20~40 年的树；一个不超过 50 克的普通纸箱，则需要消耗 2000 克水和木材，而这只是冰山一角。快递过度包装其实是消费者—商家—快递企业这条利益链上的各方相互博弈的结果。快递“里三层外三层”，商家可以因此得到消费者“包装严实”的好评，消费者也能获得某种安全感和满足感。另外，严实的包装之所以大量出现，还是为了避免快递企业的“暴力”分拣。

图 5-17 过度包装

过度包装造成资源能源的严重浪费，不符合人类社会的可持续发展要求，与建立资源节约型和环境友好型社会相背离。我们鼓励在电子商务物流环境中既能保护商品满足物流储运要求又不浪费包装材料的适度包装。中国消费者协会明确提出，只要包装体积明显超过商品本身的 10% 和包装费用明显超出商品价值的 30%，就为过度包装。

中国包装联合会有关负责人表示，行业协会也应在已有国家标准和地方法规的基础上，按照减量化、再利用、资源节约化的原则，从包装层数、包装用材、包装有效容积、包装成本比重、包装物的回收利用等方面，制定各系列产品的具体行业标准，引导企业在包装设计和生产环节中减少资源消耗。

德国在抑制过度包装问题上的经验值得借鉴。德国法规要求，凡包装体积明显超过商品本身 10% 或包装费用明显超出商品价值 30% 的行为，应判定为侵害消费者权益的“商业欺诈”行为。同时，德国还设立了对传统塑料袋征收 1.27 欧元/公斤的税，完全生物降解的塑料袋免税。

2. 绿色包装和包装回收

电子商务一路高歌猛进，快递垃圾处理也不应被甩得太远。针对快递垃圾处理的议题，人们对以下两条解决路径已基本达成共识：一是绿色化，即推行快递绿色包装，设立包装绿色“国标”，规模化使用环境友好型的包装材料；二是回收，即政府和企业合力搭建包装垃圾回收系统，对不可避免的一些快递垃圾进行再利用或再循环，使其变成资源。

绿色包装又称为“无公害包装”和“环境友好包装”，指对生态环境和人类健康无害，能重复使用和再生，符合可持续发展的包装。它的理念有两个方面的含义：一个是保护环境，另一个就是节约资源。这两者相辅相成，不可分割。其中保护环境是核心，节约资源与保护环境又密切相关，因为节约资源可减少废弃物，其实也就是从源头上对环境进行保护。

包装回收是指将快递送到客户手中后，把快递箱收回再重复使用。目前，电商交易量巨大，大量的产品在通过物流送到客户手中后，客户对产品的包装多是直接丢弃，造成了大量包装资源的浪费，所以对这些包装进行回收利用成为节约包装资源的一个好的办法。2017 年 4 月 18 日，苏宁推出了快递“漂流箱”，即可循环的塑料箱（如图 5-18 所示），长约 0.3 米，宽 0.2 米，用它代替普通纸箱装载消费者购买的产品，由快递员进行“最后一公里”投递。用户可以在苏宁自提点、社区代收点自提快递，取出商品后将塑料箱放回自提点回收。此外，用户还可以选择送货上门，当面拆箱验货签收后，将漂流箱交由快递员带回作循环使用。

图 5-18 漂流箱

3. 重用户体验

电商企业更注重功能性包装以及用户体验。良好的用户体验可使客户有愉悦的购物感受，为下次购买该商品打下好的基础。如京东目前使用的可多次使用快递袋（如图 5-19 所示），快递袋封口有裂线，裂线下有手挽孔，客户收到快递后，撕开裂线即可拆封快递袋，手挽孔可方便客户手提。还有诸如连卷带孔快递袋，无需封口胶，用机器打包、封口，既节约包装成本，又提升包装效率，这些功能性包装备受电商客户的喜爱。

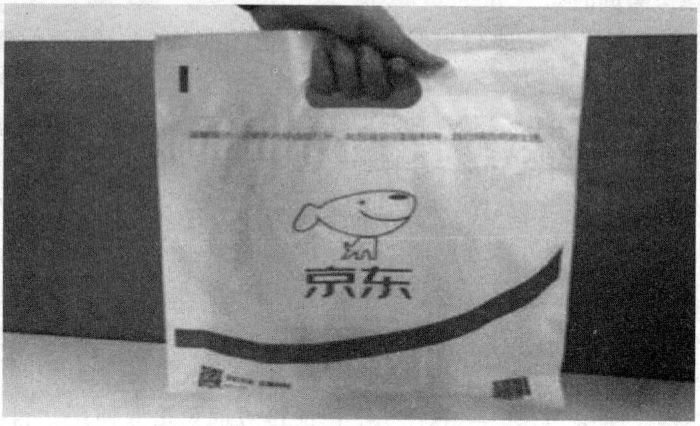

图 5-19　京东快递袋

4. 多定制要求

电商企业对包装有一定的定制要求，要求包装印刷精美，但在数量上不如快递公司大。电商公司依赖于网络而存在，相较传统实体店，电商公司更依靠回头客购买。为了在顾客心中营造良好的口碑，在自己的包装物料上定制能体现公司实力、产品特色的信息，是非常经济而又有效的宣传手段。如图 5-20 所示的澳橙包装，既展示了橙子的原产地为澳洲，又说明了该产品是农夫山泉的产品，以精美的包装给顾客留下深刻的印象。

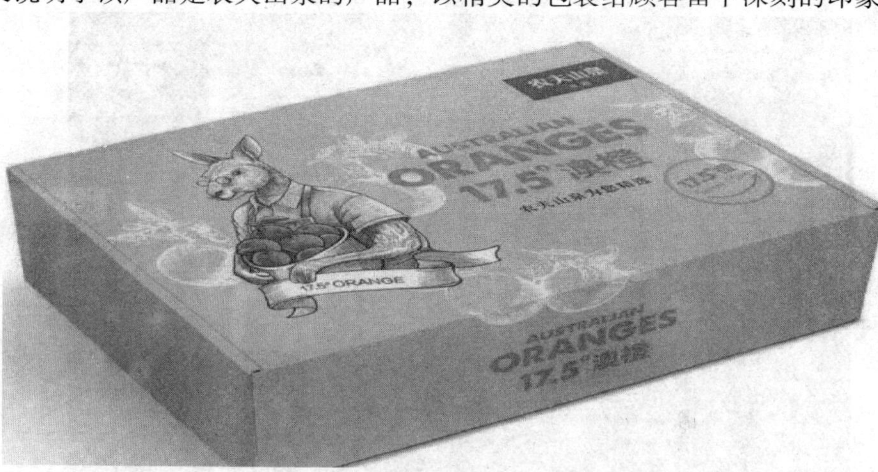

图 5-20　澳橙包装

5. 智慧、互动与智能包装

智能、互动、能连接手机的包装使产品与消费者之间的联系变得可以计量，品牌可利用未来感十足的包装技术来轻松展现表达产品理念，鼓励、取悦和教育消费者。这类包装在食品饮料领域中运用较多，比如全球最大的威士忌品牌 Johnnie Walker 曾为他们的 Blue-Lable-Whisky 发布了全新的结合新科技的酒瓶包装（如图 5-21 所示）。瓶身上装有带有 NFC（近场通信技术感应器）的标签，当有手机靠近瓶身时，所有关于威士忌的详细信息都可以在手机上展现。

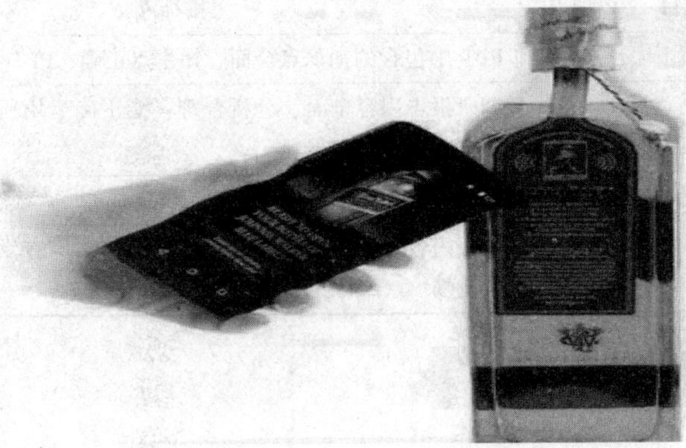

图 5-21 威士忌酒瓶包装

随着智能手机的普及，更容易读取的二维码在电商包装上的防伪应用也越来越广泛。消费者扫描包装上的二维码就可以读取产品信息、防伪编码，甚至追溯物流信息，有效起到防伪作用。另外，有的商家已为产品包装上的二维码赋予了购买链接，消费者通过扫码即可直接进行复购，将消费者和品牌商简单、有效地连接起来，极大增强了复购的便利性。

伴随着电子商务的迅猛发展，企业需要跳出固有的思维模式，立足市场，着眼于成本控制和绿色环保，设计出更加科学合理的包装，在安全规范的物流环境下，维护电商行业健康稳定的发展。

任务实施

第一步：将全班学生分成若干组，每组 3~5 人。

第二步：每组同学选出一位组长，负责协调本小组同学的工作。

第三步：小组同学根据所学的知识，查阅资料并实施以下任务：

（1）掌握包装的定义和包装的要素。

（2）掌握包装的功能。

（3）理解包装的分类。

（4）熟悉电子商务物流中常用的包装材料。

（5）了解电子商务包装的发展趋势。

（6）将上述任务所学知识和调研情况做成 PPT，进行小组汇报。

（7）调研大学生网上购物快递包装的情况，并从快递包装的材料、快递包装的功能、快递包装的分类、快递包装的优劣等方面撰写快递包装调研报告。

任务成果

配送中心调研报告，小组汇报 PPT。

任务考核

序号	考核项目	考核标准	分值
1	小组汇报 PPT	PPT 中包含的知识点全面、知识点正确、PPT 美观	30
2	调研报告	调研报告内容全面、分析合理，能正确运用所学知识解决问题，排版工整美观	30
3	小组成员合作情况	分工明确，团结合作，集体荣誉感强	20
4	汇报情况	汇报内容详细，逻辑清晰，语速恰当，声音洪亮，表达自然流畅	20

任务小结

本任务主要讲述了电子商务物流环境下包装的定义、包装的功能、包装的分类、包装材料、包装的发展趋势等知识，目的是使读者对电子商务物流环境下的包装有准确的认识，并能根据物品的特性和运输方式选择适合的包装。

任务 5.2　流通加工管理

任务描述

流通加工是电子商务物流的主要环节和重要功能之一。一般认为，流通加工是在物品进入流通领域后，到达最终消费者、使用者之前，为了促进商品销售、维护商品质量和实现物流效率化，对商品所进行的物理性或化学性的加工。本任务主要介绍了流通加工的定义、流通加工的类型、流通加工的合理化、流通加工的任务分配和流通加工的管理指标等流通加工管理中的知识。

任务知识

5.2.1　流通加工的定义

流通加工是为了提高物流速度和物品的利用率，在物品进入流通领域后，按客户的要求进行的加工活动，即在物品从生产者向消费者流动的过程中，为了促进销售、维护商品质量和提高物流效率，对物品进行一定程度的加工。流通加工通过改变或完善流通对象的形态来实现“桥梁和纽带”的作用，流通加工是流通中的一种特殊形式。随着经济的增长，国民收入的增多，消费者的需求出现多样化，促使流通领域开展流通加工越来越多。

1. 流通加工的定义

流通加工是指物品在生产地到使用地的过程中，根据需要施加包装、切割、计量、分拣、刷标志、拴标签、组装等简单作业的总称。流通加工是流通中的一种特殊形式，是物品从生产领域向消费领域流动的过程中，为了促进销售、维护产品质量和提高物流效率，对物品进行的加工，使物品发生物理、化学或形状的变化。

随着电子商务的发展，网络购物打破了时间空间限制。在网络购物中，全天制的在线购物服务已经非常普遍，消费者无论何时只要通过各种移动终端进行浏览和搜索就可以找到自己想要购买的产品。另外，无论你在什么地方，即使相隔千里，只要有网络覆盖，就能通过移动终端实现顾客和商家的实时交流，这种沟通大大缩短了买卖双方的空间距离。网络购物客户需要的商品呈现少量化、差异化和个性化的特点。生产企业生产出来的大量同质化的商品已经不能满足客户多样化的需求，这就需要在商品流通过程中根据客户的要求进行流通加工，流通加工变得越来越重要。

2. 流通加工与生产加工的区别

流通加工具有生产制造活动的一般性质，与一般的生产型加工在加工方法、加工组织、生产管理等方面并无显著区别，但是在加工对象、加工程度等方面却差别较大。

（1）加工对象的区别

流通加工的对象是进入流通过程的物品，具有商品的属性，以此来区别多环节生产加工中的一环。流通加工的对象是商品，而生产加工对象不是最终产品，是原材料、零配件、半成品。生产加工处于生产制造环节，而流通加工则处于流通环节。

（2）加工程度的区别

流通加工程度大多是简单加工，而不是复杂加工。一般来讲，如果必须进行复杂加工才能形成人们所需的商品，那么这种复杂加工应专设生产加工过程。生产过程理应完成大部分加工活动，流通加工对生产加工则是一种辅助及补充。特别需要指出的是，流通加工绝不是对生产加工的取消或代替。

（3）附加价值的区别

从价值观点看，生产加工目的在于创造价值及使用价值。流通加工则在于完善其使用价值并在不做大改变情况下提高价值。

（4）加工责任人的区别

流通加工的组织者是从事流通工作的人，能密切结合流通的需要进行这种加工活动，从加工单位来看，流通加工由商业或物资流通企业完成，而生产加工则由生产企业完成。

（5）加工目的的区别

商品生产是为交换、消费而生产的，流通加工一个重要目的，是为了消费（或再生产）所进行的加工，这一点与商品生产有共同之处。但是流通加工有时候也是以自身流通为目的，纯粹是为流通创造条件。这种为流通所进行的加工与直接为消费进行的加工从目的来讲是有区别的，这又是流通加工不同于一般生产的特殊之处。

综上所述，流通加工和生产加工的区别如表 5-2 所示。

表 5-2　流通加工与生产加工对比

区别	流通加工	生产加工
加工对象	进入流通过程的商品	原材料、零配件、半成品，而非最终产品
加工程度	简单的、辅助的、补充性的加工	复杂的、完成大部分加工
附加价值	完善其使用价值并在不做大改变情况下提高价值	创造价值和使用价值
加工单位（责任人）	流通加工由商业或物资流通企业完成	生产企业
加工目的	消费、流通	交换、消费
所处环节	流通过程	生产过程
加工范围	有局限性	较大

5.2.2　流通加工的类型

根据不同的目的，流通加工可以分为不同的类型：

1. 为弥补生产领域加工不足的深加工

有许多产品在生产领域的加工只能到一定程度，这是由于某些因素限制了生产领域而不能完全实现终极的加工。例如钢铁厂的大规模生产只能按标准规格生产，以使产品有较强的通用性，使生产能有较高的效率和效益；木材如果在产地完成成材制成木制品的话，就会造成运输的极大困难，所以生产领域只能加工到原木、板方材（如图 5-22 所示）这个程度。进一步地下料、切裁、处理等加工则是由流通加工完成的。

图 5-22　板方材

这种流通加工实际上是生产的延续，是生产加工的深化，对弥补生产领域加工不足有重要的意义。

2. 为满足需求多样化进行的服务性加工

从需求角度看，需求存在着多样化和变化两个特点。为满足这种要求，经常是用户自己设置加工环节，例如客户对茶叶的需求是多样的，可以根据客户的不同需求对同一种茶叶进行多样化的包装加工服务，如图 5-23 所示。

图 5-23　多样化的茶叶包装

就用户来讲，现代生产的要求，是生产型用户能尽量减少流程，尽量集中力量从事较复杂的技术性较强的劳动，而不愿意将大量初级加工包揽下来。这种初级加工带有服务性，由流通加工来完成，生产型用户便可以缩短自己的生产流程，使生产技术密集程度提高。对一般消费者而言，则可省去繁琐的预处置工作，而集中精力从事较高级的、能直接满足需求的劳动。

3. 为保护产品所进行的加工

在物流过程中，直到用户投入使用前都存在对产品的保护问题，防止产品在运输、储存、装卸、搬运、包装等过程中遭到损失，使使用价值能顺利实现。和前两种加工不同，这种加工并不改变进入流通领域的“物”的外形及性质。这种加工主要采取稳固、改装、冷冻、保鲜、涂油等方式。例如，为保证大虾的新鲜，将其进行冷冻加工，如图 5-24 所示。

图 5-24　大虾的冷冻加工

4. 为提高物流效率，方便物流加工

由于一些产品本身的形态，使之难以进行物流操作。如鲜鱼的装卸、储存操作困难，过大设备搬运、装卸困难，气体物运输、装卸困难等。进行流通加工，可以使物流各环节易于操作，如鲜鱼冷冻、过大设备解体、气体液化（如图 5-25 所示）等。这种加工往往改变“物”的物理状态，但并不改变其化学特性，并最终仍能恢复原物理状态。

图 5-25　液化石油气

5. 为促进销售的流通加工

流通加工可以从若干方面起到促进销售的作用。如将大包装或散装物（这是提高物流效率所要求的）分装成适合一次销售的小包装的分装加工，将原以保护产品为主的运输包装改换成以促进销售为主的装潢性包装以起到吸引消费者、指导消费的作用，将零配件组装成用具、车辆以便于直接销售（如图 5-26 所示），将蔬菜、肉类洗净切块以满足消费者要求等等。这种流通加工可能是不改变“物”的本体，只进行简单改装的加工，也有许多是组装、分块等深加工。

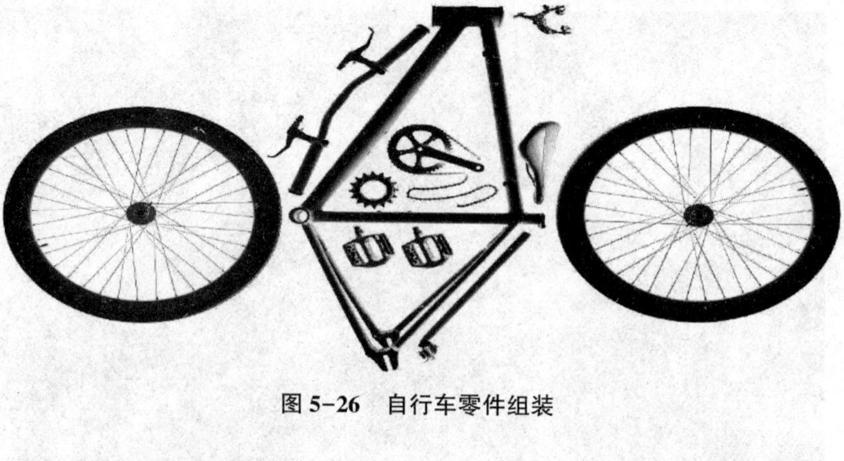

图 5-26　自行车零件组装

6. 为提高加工效率的流通加工

很多生产企业的初级加工由于数量有限加工效率不高，也难以投入先进科学技术。流通加工以集中加工的形式，解决了单个企业加工效率不高的弊病。以一家流通加工企业代替了若干生产企业的初级加工工序，促使生产力水平有一个发展。例如，一般的使用部门在对钢板下料时采用气割的方法，需要留出较大的加工余量，不但出材率低，而且热加工容易改变钢板的组织，加工质量也不好。集中加工后可设置高效率的裁剪设备，在一定程度上防止了上述缺点。而且高效率的全自动剪切机还配备自动上料送料、自动剪切、自动计数及自动称重等功能，大大提高了钢材加工的效率。

7. 为提高原材料利用率的流通加工

流通加工利用其综合性强、用户多的特点，可以实行合理规划、合理套裁、集中下料的办法，这就能有效提高原材料的利用率，减少损失浪费。例如，根据各个客户对钢板的要求，合理规划后，对钢板进行集中下料切割，可以减少对钢材的浪费。集中下料可以优材优用、小材大用、合理套裁，有很好的技术经济效果。

8. 衔接不同运输方式，使物流合理化流通加工

在干线运输及支线运输的结点，设置流通加工环节，可以有效解决大批量、低成本、长距离干线运输与多品种、少批量、多批次末端运输和集货运输之间的衔接问题，在流通加工点与大生产企业间形成大批量、定点运输的渠道；然后以流通加工为核心，组织多用户的配送，也可在流通加工点将运输包装转换为销售包装，从而有效衔接不同目的的运输方式。如图 5-27 所示，苹果由运输包装经流通加工后转化为销售包装。

图 5-27　苹果的包装

9. 以提高经济效益，追求企业利润为目的的流通加工

流通加工的一系列优点，可以形成一种“利润中心”的经营形态，这种类型的流通加工是经营的一环，在满足生产和消费要求基础上取得利润，同时在市场和利润引导下使流通加工在各个领域中能有效地发展。

10. 生产—流通一体化的流通加工形式

依靠生产企业与流通企业的联合，或者生产企业涉足流通，或者流通企业涉足生产，形成的对生产与流通加工进行合理分工、合理规划、合理组织，统筹进行生产与流通加工的安排，这就是生产—流通一体化的流通加工形式。这种形式可以促成产品结构及产业结构的调整，充分发挥企业集团的经济技术优势，是目前流通加工领域的新形式。

5.2.3 流通加工合理化

流通加工合理化指实现流通加工的最优配置，不仅做到避免各种不合理流通加工，使流通加工有存在的价值，而且综合考虑流通加工与配送、运输、商流等的有机结合，做到最优的选择，以达到最佳的流通加工效益。

1. 加工和配送相结合

加工和配送相结合就是将流通加工点设置在配送点中，一方面按配送的需要进行加工；另一方面，加工又是配送业务流程中分货、拣货或配货作业的一环，加工后的产品直接投入配货作业。这就无须额外单独设置一个加工的中间环节，使流通加工有别于独立的生产加工，而使流通加工与中转流通巧妙地结合在一起。同时，由于配送之前有加工，可使配送服务水平大大提高。这是当前对流通加工合理选择的重要形式，在煤炭、水泥等产品的流通中被广泛使用，并已表现出较大的优势。

2. 加工和配套相结合

“配套”是指对使用上有联系的用品集合成套地供应给用户使用。例如，方便食品的配套。在对配套要求较高的流通中，配套的主体来自各个生产单位，但完全配套有时无法全部依靠现有的生产单位。进行适当的流通加工，可以有效地促成配套，大大提高流通作为连接生产与消费的桥梁和纽带作用。

3. 加工和合理运输相结合

流通加工能有效地衔接干线与支线运输，促进两种运输形式的合理化。利用流通加工，在支线运输转干线运输或干线运输转支线运输这些本来就必须停顿的中转物流环节，按照干线或支线运输的合理要求进行流通加工，加工完成后再进行中转作业，从而大大提高运输效率及运输转载水平。

4. 加工和商流相结合

通过流通加工有效地促进销售，提高商流的合理化程度，也是流通加工合理化的考虑方向之一。流通加工与配送的结合，提高了配送水平，强化了销售，也是流通加工与合理商流相结合的一个成功例证。

此外，通过简单地改变包装形成方便的购买量，通过组装加工解除用户使用前进行组装、调试的麻烦或困难，这些都是流通加工有效促进商流的例子。

5. 加工和节约相结合

节约能源、节约设备、节约人力、节约耗费是流通加工合理化的重要考虑因素，也是目前我国设置流通加工时考虑其合理化的比较普遍的形式。

对于流通加工合理化的最终判断，应看其能否实现社会和企业本身的两方面效益，而且是否取得了最优效益。对流通加工企业而言，与一般生产企业一个重要的不同之处是，流通加工企业更应把社会效益放在首位。如果片面追求企业的微观效益，不适当地进行加工，甚至与生产企业争利，不仅有违流通加工的初衷，而且其本身已不属于流通加工的范畴了。

5.2.4 加工任务的分配

在企业劳动组织过程中，为了提高人力资源配置的有效性，通常可以采用运筹学的数量分析方法。例如，在解决员工任务指派问题时，企业普遍采用的一种方法是匈牙利法，是实现人员与工作任务配置合理化、科学化的典型方法。

在应用匈牙利法解决员工任务合理指派问题时，应当具备以下两个约束条件：第一，员工数目与任务数目相等；第二，求解的是最小化问题，如加工时间最小化、费用最小化等。

1. 匈牙利法的步骤

（1）以各个员工完成各项任务的时间构造矩阵。

（2）对矩阵进行行约减，即每一行数据减去本行数据中的最小数。

（3）检查上述矩阵，若矩阵各行各列均有“0”，则跳过此步，否则进行行列约减，即每一列数据减去本列数据中的最小数。

（4）画“盖 0”线，即画最少的线将上述矩阵中的 0 全部覆盖住。操作技巧：从含“0”最多的行或列开始画“盖 0”线。

（5）数据转换。若“盖 0”线的数目等于矩阵的维数则直接跳到第（7）步，若“盖 0”线的数目小于矩阵的维数则进行数据转换。操作步骤如下：

①找出未被“盖 0”线覆盖的数中的最小值 A；

②将未被“盖 0”线覆盖住的数减去 A；

③将“盖 0”线交叉点的数加上 A。

（6）重复第（4）步和第（5）步，直到“盖 0”线的数目等于矩阵的维数。

（7）求最优解。找出不同行、不同列的“0”，每个“0”的位置代表一对配置关系。具体步骤如下：

①先找只含有一个“0”的行（或列），将该行（或列）中的“0”打“√”。

②将带“√”的“0”所在列（或行）中的“0”打“×”。

③重复①和②步至结束。若所有行列均含有多个“0”，则从“0”的数目最少的行或列中任选一个“0”打“√”。

2. 匈牙利法应用案例

某配送中心接到甲、乙、丙、丁四个客户的加工请求，要求在指定的时间内完成任务。甲客户的加工任务为将苹果由运输包装转换为销售包装，乙客户的加工任务为将订购的火龙果贴上该公司专用的销售标签，丙客户的加工任务为将订购的西红柿清洗并分拣，丁客户的任务为将公司购买的荔枝进行冷冻加工。接到任务后，主管可以安排 A、B、C 和 D 四个人来完成上述四个客户的加工任务，他们完成各加工任务的工时如表 5-3 所示。假如你是主管，如何安排上述加工任务能使总的加工时间最短？

表 5-3 人员完成不同加工任务的工时表

人员 / 任务	甲客户 改包装	乙客户 贴标签	丙客户 清洗分拣	丁客户 冷冻加工
A	3	10	6	7
B	14	4	13	8
C	13	14	12	10
D	4	15	13	9

此案例符合匈牙利法的求解条件。采用匈牙利法求解的步骤如下：

（1）列出人员工时矩阵如下：

$$\begin{bmatrix} 3 & 10 & 6 & 7 \\ 14 & 4 & 13 & 8 \\ 13 & 14 & 12 & 10 \\ 4 & 15 & 13 & 9 \end{bmatrix}$$

（2）逐行缩减矩阵。在每一行中选择一个最小元素，本例中各行最小元素分别是：3、4、10、4，然后将每一行中的各元素均减去这个最小元素，得到以下矩阵：

$$\begin{bmatrix} 0 & 7 & 3 & 4 \\ 10 & 0 & 9 & 4 \\ 3 & 4 & 2 & 0 \\ 0 & 11 & 9 & 5 \end{bmatrix}$$

（3）再逐列缩减矩阵。现在的矩阵每一行都有 0，但除第三列外每列全有 0。第三列中各元素均减去最小元素 2 得到如下矩阵：

$$\begin{bmatrix} 0 & 7 & 1 & 4 \\ 10 & 0 & 7 & 4 \\ 3 & 4 & 0 & 0 \\ 0 & 11 & 7 & 5 \end{bmatrix}$$

（4）检查是否可以分配。采用 0 元素最小覆盖线的检验法，当覆盖线的维数等于矩阵的阶数时，则最优方案已经找到。此时只有三条覆盖线，尚未找到最优方案。

（5）为增加 0 元素进行变换。找出没有覆盖线的行与列中的最小元素。本例是 1，将不在覆盖线上的元素都减去 1，而在有两条覆盖线的交点上的每一个元素都加上 1，其余元素不变，则矩阵变为：

$$\begin{bmatrix} 0 & 7 & 0 & 3 \\ 10 & 0 & 6 & 3 \\ 4 & 5 & 0 & 0 \\ 0 & 11 & 6 & 4 \end{bmatrix}$$

（6）重新检查覆盖线。重复（4）的做法，经检查已可以分配。

（7）确定最优方案。按 0 元素所占位置进行分配，可得最优流通加工任务分配方案，即完成任务用的总工时最小的分配方案。如下所示：

$$\begin{matrix} A \\ B \\ C \\ D \end{matrix}\begin{bmatrix} 0 & 7 & 0\oplus & 3 \\ 10 & 0\oplus & 6 & 3 \\ 4 & 5 & 0 & 0\oplus \\ 0\oplus & 11 & 6 & 4 \end{bmatrix}$$

最优分配方案是：A（3）、B（2）、C（4）、D（1）。

此方案所需总工时为：6+4+10+4＝24（小时）。

5.2.5 流通加工日常管理指标

衡量流通加工的可行性，对流通加工环节进行有效的管理，可考虑采用以下两类指标：

1. 流通加工建设项目可行性指标

流通加工仅是一种补充性加工，规模、投资都必须远低于一般生产性企业。其投资特点是：投资额较低，投资时间短，建设周期短，投资回收速度快且投资收益较大。因此，投资可行性可采用静态分析法。

2. 流通加工环节日常管理指标

由于流通加工的特殊性，不能全部搬用考核一般企业的指标。对流通加工较为重要的是劳动生产率、成本及利润指标。此外，还有反映流通加工特殊性的指标。

（1）增值指标

反映经流通加工后单位产品的增值程度，以百分率计。

增值率＝（产品加工后价值－产品加工前价值）/产品加工前价值×100%

（2）品种规格增加额及增加率

反映某些流通加工方式在满足用户、衔接产需方面的成就，增加额以加工后品种、规格、数量与加工前之差决定。

品种规格增加率＝品种规格增加额/加工前品种规格×100%

（3）资源增加量指标

反映某些类型流通加工在增加材料利用率、出材率方面的效果指标。这个指标不但可提供证实流通加工的重要性数据，而且还可具体用于计算微观及宏观经济效益。其具体指标分新增出材率和新增利用率两项：

新增出材率＝加工后出材率－原出材率

新增利用率＝加工后利用率－原利用率

任务实施

第一步：将全班学生分成若干组，每组3~5人。

第二步：每组同学选出一位组长，负责协调本小组同学的工作。

第三步：小组同学根据所学的知识，查阅资料并实施以下任务：

（1）掌握流通加工的定义和流通加工和生产加工的区别。

（2）掌握流通加工的类型。

（3）理解流通加工的合理化。

（4）掌握流通加工任务的分配方法。

（5）了解流通加工日常管理的。

（6）将上述任务所学知识做成PPT，进行小组汇报。

（7）调研本地一家流通加工企业的情况，从流通加工的类型、流通加工的合理化、流通加工任务的安排、流通加工管理的指标、目前该流通企业遇到的问题及改进方向等方面撰写该流通加工企业的调研报告。

任务成果

小组汇报 PPT，流通加工企业调研报告。

任务考核

序号	考核项目	考核标准	分值
1	小组汇报 PPT	PPT 中包含的知识点全面、正确，图文美观。	30
2	调研报告	调研报告内容全面、分析合理、能正确运用所学知识解决问题，排版工整美观。	30
3	小组成员合作情况	分工明确，团结合作，集体荣誉感强。	20
4	汇报情况	汇报内容详细，逻辑清晰，语速恰当，声音洪亮，表达自然流畅。	20

任务小结

本任务主要讲述了流通加工的定义、流通加工的类型、流通加工的合理化、流通加工的任务分配和流通加工的管理指标等知识，目的是使读者对电子商务环境下的流通加工的特点有正确的认识，并能应用正确的方法分配流通加工任务，提高流通加工管理的效率。

项目综合实训

某车间产品装配组有甲、乙、丙、丁四位员工。现有 A、B、C、D 四项任务，在现有生产技术组织条件下，每位员工完成每项工作所需要的工时如表 5-4 所示。请用匈牙利法求出员工与任务的配置情况，以保证完成任务的总时间最短，并求出完成任务的最短时间。

表 5-4　员工完成每项工作所需要的工时

任务 \ 员工	甲	乙	丙	丁
A	10	5	9	18
B	13	18	6	12
C	3	2	4	4
D	18	9	10	16

项目能力测试

一、单项选择题

1.（　　）是指为在流通过程中保护产品、方便储运、促进销售，按一定技术方法而采用的容器、材料及辅助物等的总体名称。

1. 包装　　B. 流通加工　　C. 包装材料　　D. 加工方法

2. (　　) 是包装中最主要的构成要素，应在包装整体上占据突出的位置。

A. 包装颜色　　B. 包装形状　　C. 商标或品牌　　D. 产品的标签

3. 以包装在商品流通中的作用作为分类标志，可分为 (　　)。

A. 专用包装和通用包装　　B. 个包装和组合包装

C. 运输包装和销售包装　　D. 普通包装和精包装

4. 一般是包装件小，对包装的技术要求是美观、安全、卫生、新颖、易于携带，印刷装潢要求较高的包装是 (　　)。

A. 运输包装　　B. 销售包装　　C. 专用包装　　D. 通用包装

5. (　　) 起着保护商品、方便运输、装卸和储存等方面的作用。

A. 销售包装　　B. 个包装　　B. 中包装　　D. 外包装

6. (　　) 指对生态环境和人类健康无害，能重复使用和再生，符合可持续发展的包装。

A. 回收包装　　B. 循环包装　　C. 绿色包装　　D. 新材料包装

7. 在物品从生产者向消费者流动的过程中，为了促进销售、维护商品质量和提高物流效率，对物品进行一定程度的加工称为 (　　)。

A. 生产加工　　B. 流通加工　　C. 定置加工　　D. 售后加工

8. 以下属于为弥补生产领域加工不足的深加工的是 (　　)。

A. 对原木加工　　B. 茶叶多样化包装

C. 海鲜冷冻　　D. 食品装潢性包装

9. 下列属于为保护产品所进行的加工是 (　　)。

A. 对原木加工　　B. 茶叶多样化包装

C. 海鲜冷冻　　D. 食品装潢性包装

10. 对使用匈牙利法约束条件的理解正确的是 (　　)。

A. 员工数必须大于任务数　　B. 员工数等于任务数

C. 求解最大化问题　　D. 求出的结果非最优解

二、多项选择题

1. 一般来说，包装具有 (　　) 三大功能。

A. 保护产品　　B. 方便流通　　C. 方便装卸　　D. 促进销售

2. 按包装的层次不同可将包装分为个包装、中包装和外包装。

A. 个包装　　B. 中包装　　C. 外包装　　D. 销售包装

3. 瓦楞纸的优点是 (　　)。

A. 成本低廉　　B. 具有较好的防震、缓冲抗压特性

C. 质地软，质量轻　　D. 切割性比较好，易于加工

4. 包装发展的趋势有 (　　)。

A. 过度包装　　B. 绿色包装　　C. 回收包装　　D. 重用户体验的包装

5. 下列属于流通加工的是（　　）。

A. 切割　　B. 计量　　C. 分拣　　D. 生产零件

6. 生产加工的目的在于（　　）。流通加工则在于（　　）并在不做大改变情况下（　　）。

A. 创造价值及使用价值　　B. 完善其使用价值

C. 创造剩余价值　　D. 提高价值

7. 实现流通加工合理化主要考虑的是（　　）。

A. 加工和配套相结合　　B. 加工和配送相结合

C. 加工和合理商流相结合　　D. 加工和合理运输相结合

三、简答题

1. 常用的包装材料有哪些？
2. 电子商务物流中常用的塑料包装材料有哪些？
3. 简述电子商务物流中包装发展的趋势。
4. 流通加工有哪些类型？
5. 流通加工合理化有哪些形式？
6. 简述匈牙利法的计算步骤。

项目6 电子商务物流信息管理

项目描述

电子商务物流活动连接着销售和采购，要实现将合适的产品，以适当的数量、合适的价格、在合适的时间送达到合适的地点，没有强大的物流信息的支持是无法完成的。现代信息技术改变了世界，也改变了物流管理。本项目主要介绍电子商务物流中信息管理的知识，包含信息与信息管理、物流信息技术的种类和应用两个任务。

项目要求

1. 理解数据和信息的概念与区别。
2. 掌握物流信息的概念和物流信息管理的内容。
3. 理解各种信息技术的原理和特点。
4. 掌握各种信息技术的应用。
5. 根据项目知识的学习完成项目后的综合实训。

项目目标

【知识目标】

1. 理解数据和信息的概念与区别。
2. 掌握物流信息的概念和物流信息管理的内容。
3. 理解各种信息技术的原理和特点。
4. 掌握各种信息技术的应用案例。

【技能目标】

1. 能正确区分知识和信息，并能根据要求将数据转换成信息。
2. 能正确使用物流信息系统进行物流信息的管理工作。
3. 能在物流活动中正确地选择物流信息技术。
4. 能正确使用各种物流信息技术。

【职业能力目标】

1. 具有较强的沟通能力，能正确高效地采集数据和信息。
2. 具有较强的学习能力，能快速地学习新的技术和知识。
3. 具有较强的团队合作精神，爱岗敬业。

引导案例

2017 年 7 月 8 日，马云的第一家无人超市“淘咖啡”开业了。该超市 24 小时营业，更神奇的是该超市没有一个收银员。“淘咖啡”是一个占地达 200 平方米的线下实体店，集商品购物、餐饮于一身，可容纳客户达 50 人以上，而实际容纳规模可随场地面积而增加。在“淘咖啡”购物需要三个步骤：第一步，扫码进店，顾客进入“淘咖啡”要使用手机淘宝或者支付宝扫码，扫码完成后闸机门就会自动打开让顾客进入。第二步，选购商品，这一点与传统超市并无不同。顾客在超市内选择自己想要购买的商品，然后把它们放入购物车或购物篮即可。第三步，自动结算走人，顾客拿着商品走出超市门，系统会自动在超市门处识别顾客所购买的商品，自动从支付宝扣款。当支付成功时，系统会告诉你本次购物扣款多少元，手机也会受到扣款信息。“淘咖啡”的整个购物过程无收银员结账，也不需要花费太多的时间排队等待。

（何茜茹：《马云的无人超市来了!》，2017 年 7 月 10 日，http：//www. sohu. com/a/155899699_ 355791)

想一想，无人超市运营过程中需要哪些信息技术支撑，这些信息技术各起到什么作用?

任务 6.1 信息与信息管理

任务描述

电子商务物流活动中会产生大量的信息，这些信息指导着物流活动和商流活动的进行，对物流企业有重要的作用。认识到信息的重要性并对信息进行科学的管理可以使企业受益。本任务主要讲述了物流信息的概念、物流信息的分类、物流信息管理的内容以及物流信息管理系统等知识。

任务知识

6.1.1 物流信息的概念

在学习物流信息的概念之前，我们首先来学习数据、信息和数据处理的概念。

1. 数据

数据是指对客观事件进行记录并可以鉴别的符号，是对客观事物的性质、状态以及相互关系等进行记载的物理符号或这些物理符号的组合，是可识别的、抽象的符号。它不仅指狭义上的数字，而且还可以是具有一定意义的文字、字母、数字符号的组合、图形、图像、视频、音频等，也是客观事物的属性、数量、位置及其相互关系的抽象表示。例如，“0，1，2，…”“阴、雨、下降、气温”“学生的档案记录、货物的运输情况”等都是数据。数据经过加工后就成为信息。

数据的表现形式还不能完全表达其内容，需要经过解释，数据和关于数据的解释是不可分的。例如，93是一个数据，可以是一个同学某门课的成绩，也可以是某个人的体重，还可以是计算机系2018级的学生人数。数据的解释是指对数据含义的说明，数据的含义称为数据的语义，数据与其语义是不可分的。

2. 信息

信息，指音讯、消息、通信系统传输和处理的对象，泛指人类社会传播的一切内容。人通过获得、识别自然界和社会的不同信息来区别不同事物，得以认识和改造世界。在一切通信和控制系统中，信息是一种普遍联系的形式。数学家香农在题为《通信的数学理论》的论文中指出："信息是用来消除随机不定性的东西。"

信息与数据既有联系，又有区别。数据是信息的表现形式和载体，可以是符号、文字、数字、语音、图像、视频等。而信息是数据的内涵，信息是加载于数据之上、对数据作具有含义的解释。数据和信息是不可分离的，信息依赖数据来表达，数据则生动具体表达出信息。数据是符号，是物理性的；信息是对数据进行加工处理之后所得到的并对决策产生影响的数据，是逻辑性和观念性的。数据是信息的表现形式，信息是数据有意义的表示。数据是信息的表达、载体；信息是数据的内涵，是形与质的关系。数据本身没有意义，数据只有对实体行为产生影响时才成为信息。

3. 数据处理

数据处理是从大量的原始数据中抽取出有价值的信息，即数据转换成信息的过程。主要是对所输入的各种形式的数据进行加工整理，其过程包含对数据的收集、存储、加工、分类、归并、计算、排序、转换、检索和传播的演变与推导全过程。

4. 物流信息

物流信息是指与物流活动（商品包装、商品运输、商品储存、商品装卸等）有关的一切信息。物流信息是反映物流各种活动内容的知识、资料、图像、数据、文件的总称。物流信息是物流活动中各个环节生成的信息，一般是随着从生产到消费的物流活动的产生而产生的信息流，与物流过程中的运输、保管、装卸、包装等各种职能有机结合在一起，是整个物流活动顺利进行所不可缺少的。

物流信息可以分为狭义的物流信息和广义的物流信息。从狭义的范围来看，物流信息是指与物流活动有关的信息。从广义的范围看，物流信息不仅指与物流活动有关的信息，而且包括与物流其他活动有关的信息，如商品交易信息和市场信息等。

6.1.2 物流信息的特征

在电子商务时代，随着人们需求向着个性化的方向发展，物流过程也在向着多品种、少数量和高频度、小批量配送的方向发展，因此，物流信息在物流的过程中也呈现出很多不同的特征。和其他领域信息比较，物流信息特殊性主要表现在如下几方面：

第一，由于物流是一个大范围内的活动，物流信息源也分布于一个大范围内，信息源点多、信息量大。如果这个大范围未能实现统一管理或标准化，则信息便缺乏通用性。

第二，物流信息动态性特别强，信息的价值衰减速度很快，这就对信息工作及时性要求较高。在大系统中，强调的是及时性，信息收集、加工、处理应速度快。

第三，物流信息种类多，不仅本系统内部各个环节有不同种类的信息，而且由于物流系统与其他系统，如生产系统、销售系统、消费系统等密切相关，因而还必须收集这些类别的信息。这就使物流信息的分类、研究、筛选等难度增加。

第四，不同类别的物流信息还有一些不同特点，例如，物流系统产生的信息，由于需要向社会提供，因而收集信息力求全面、完整。而收集的其他系统信息，则要根据物流要求予以选择。

6.1.3 物流信息分类

1. 按管理层次分类

(1) 操作管理信息

操作管理信息产生于操作管理层，反映和控制企业的日常生产和经营工作，例如每天的产品质量指标，用户订货合同、供应厂商原材料信息等。这类信息通常具有量大且发生频率高等特点。

(2) 知识管理信息

知识管理信息是知识管理部门相关人员对企业自己的知识进行收集、分类、存储和查询，并进行知识分析得到的信息。例如专家决策知识、物流企业相关业务知识、工人的技术和经验形成的知识信息等。

(3) 战术管理信息

战术管理信息是部门负责人做关系局部和中期决策所涉及的信息，例如月销售计划完成情况、单位产品的制造成本、库存费用、市场商情信息等。

(4) 战略管理信息

战略管理信息是企业高层管理决策者制定企业年经营目标、企业战略决策所需要的信息，例如企业全年经营业绩综合报表、消费者收入动向和市场动态、国家有关政策法规等。

2. 按信息来源分类

(1) 物流系统内信息

物流系统内信息是伴随物流活动而发生的信息，包括物料流转信息、物流作业层信息，具体包括运输信息、储存信息、物流加工信息、配送信息、定价信息等以及物流控制层信息和物流管理层信息。

(2) 物流系统外信息

物流系统外信息是在物流活动以外发生但提供给物流活动使用的信息，包括供货人信息、顾客信息、订货合同信息、社会可用运输资源信息、交通和地理信息、市场信息、政策信息，还有来自企业内生产、财务等部门的与物流有关的信息。

3. 按信息沟通方式分类

(1) 口头信息

口头信息是指通过面对面的口头交谈而进行传递的信息。这类信息可以直接而迅速地传播，与其他传播方式相比速度较快。但它在传播过程中也容易掺和进传播者的主观理解而产生信息失真。物流活动中的各种现场调查和研究是获得口头信息的最简单方法。

(2) 书面信息

书面信息是指为了保证物流信息的客观性，便于重复说明和反复检查而用书面文字进行描述的一种信息类型。各种物流环节中出现的数据报表、文字说明和技术资料等都属于这类信息。

4. 按信息的变动程度分

(1) 固定信息

所谓固定信息是相对而言的。这种信息通常具备相对稳定的特点。一般来说，物流生产标准信息、物流计划信息和物流查询信息等都是物流固定信息。

(2) 流动信息

与固定信息相反，流动信息是指物流系统中经常发生变动的信息，这种信息以物流各作业统计信息为基础。例如，某一时刻物流任务的实际进度、计划完成情况、各项指标的对比关系等都是流动信息。

6.1.4 物流信息管理

物流信息管理就是对物流信息资源进行统一规划和组织，并对物流信息的收集、加工、存储、检索、传递和应用的全过程进行合理控制，从而使物流供应链各环节协调一致，实现信息共享和互动，减少信息冗余和错误，辅助决策支持，改善客户关系，最终实现信息流、资金流、商流、物流的高度统一，达到提高物流供应链竞争力的目的。其主要内容如下：

1. 政策制定

为了实现不同区域、不同国度、不同企业、不同部门间物流信息的相互识别和利用，实现物流供应链信息的通畅传递与共享，必须确定一系列共同遵守和认同的物流信息规则或规范，这就是物流信息政策的制定，如信息的格式与精度、信息传递的协议、信息共享的规则、信息安全的标准、信息存储的要求等等，这是实现物流信息管理的基础。

2. 信息规划

信息规划，即从企业或行业的战略高度出发，对信息资源的管理、开发、利用进行长远发展的计划，确定信息管理工作的目标与方向，制订出不同阶段的任务，指导数据库系统的建立和信息系统的开发，保证信息管理工作有条不紊地进行。

3. 信息收集

信息收集，即应用各种手段、通过各种渠道进行物流信息的采集，以反映物流系统及其所处环境情况，为物流信息管理提供素材和原料。信息收集是整个物流信息管理中工作量最大、最费时间、最占人力的环节，操作时注意把握以下要点：第一，收集工作前要进行信息的需求分析。明确了解企业各级管理人员在进行管理决策和开展日常管理活动过程中何时、何处以及如何需要哪些信息，确定信息需求的层次、目的、范围、精度、深度等要求，实现按需收集，避免收集的信息量过大，造成人、财、物的浪费，或收集的信息过于狭窄影响使用效果等。第二，收集工作要具有系统性和连续性。要求收集到的信息能客观地、系统地反映物流活动的情况，并能随一定时间的变化，记录经济活动的状况，为预测未来物流发展提供依据。第三，要合理选择信息源。信息源的选择与信息内容及收集目的有关，为实现既定目标，必须选择能提供所需信息的最有效信息源。信息源一般较多，应进行比较，选择提供信息数量大、种类多、质量可靠的信息源，建立固定信息源和渠道。第四，信息收集过程的管理工作要有计划，使信息收集过程成为有组织、有目的的活动。

4. 信息处理

信息处理工作，就是根据使用者的信息需求，对收集到的信息进行筛选、分类、加工及储存等活动，加工出对使用者有用的信息。信息处理的内容如下：

（1）信息分类及汇总。按照一定的分类标准或规定，将信息分成不同的类别进行汇总，以便信息的存储和提取。

（2）信息编目（或编码）。所谓编目（或编码）指的是用一定的代号来代表不同信息项目。用普通方式（如资料室、档案室、图书室）保存信息则需进行编目，用电子计算机保存信息则需确定编码。在信息项目、信息数量很大的情况下，编目及编码是将信息系统化、条理化的重要手段。

（3）信息储存。应用电子计算机及外部设备的储存介质，建立有关数据库进行信息的存储，或通过传统的纸质介质如卡片、报表、档案等对信息进行抄录存储。

（4）信息更新。信息具有有效的使用期限，失效的信息需要及时淘汰、变更、补充等，才能满足使用者的需求。

（5）数据挖掘。信息可区分为显性信息和隐性信息。显性信息是可用语言明确表达出来的、可编码化的信息，隐性信息则存在于人头脑中的个人的行为、世界观、价值观和情感之中，往往很难以某种方式直接表达出来或直接发现，也难于传递与交流，但隐性信息具有可直接转化为有效行动的重要作用，其价值高于和广于显性信息。因此，为了充分发挥信息的作用，需要对显性信息进行分析、加工和提取等，挖掘出隐藏在后面的隐性信息，这就是数据挖掘的任务。数据挖掘包括数据准备、数据挖掘、模式模型的评估与解释、信息巩固与应用等几个处理过程。首先通过数据准备对数据库系统中的积累数据进行处理，包括选择、净化、推测、转换、缩减等操作，然后进入数据挖掘阶段，依据有关目标，选取相应算法参数，分析数据，得到形成隐性信息的模式模型，并通过模式模型的评估与解释，依据评估标准完成对模式模型的评估，剔除无效、无用的模式模型，最后在隐性信息的巩固与运用中，对形成模式模型的隐性信息做一致性检查，消除其中的矛盾与冲突，然后运用数据分析手段对挖掘出的信息做二次处理，形成专业化、可视化、形象化的数据表现形式，这个过程是一个不断循环、反馈、完善的过程。

5. 信息传递

信息传递是指信息从信息源发出，经过适当的媒介和信息通道输给接收者的过程。信息传递方式有许多种，一般可从不同的传递角度来划分信息传递方式。（1）从信息传递方向看，有单向信息传递方式和双向信息传递方式。单向信息传递是指信息源只向信息接收源传递信息，而不是双向沟通交流信息；双向信息传递是指信息发出者与信息接收者共同参与信息传递，双方相互交流传递信息，信息流呈双向交流传递。（2）从信息传递层次看，有直接传递方式和间接传递方式。两种传递方式的区别是信息源与信息接收者之间，信息是直接传递还是经其他人员或组织进行传递。（3）从信息传递时空来看，有时间传递方式和空间传递方式。信息的时间传递方式指信息的纵向传递，即通过对信息的存储方式，实现信息流在时间上连续的传递。空间传递方式指信息在空间范围的广泛传递。由于现代通信技术的发展，电视传真、激光通信、卫星通信等手段，为信息的空间传递创造了条件。（4）从信息传递媒介看，有人工传递和非人工的其他媒体传递方式。

6. 服务应用

服务与应用是物流信息资料重要的特性，信息工作目的就是将信息提供给有关方面使用。物流信息的服务工作的主要内容有以下几方面：

(1) 信息发布和传播服务。按一定要求将信息内容通过新闻、出版、广播、电视、报纸杂志、音像影视、会议、文件、报告、年鉴等形式予以发表或公布，便于使用者搜集、使用。

(2) 信息交换服务。通过资料借阅、文献交流、成果转让、产权转移、数据共享等多种形式进行信息的交换，以起到交流、宣传、使用信息的作用。

(3) 信息技术服务。这包括数据处理、计算机、复印机等设备的操作和维修及技术培训、软件提供、信息系统开发服务等活动。

(4) 信息咨询服务。这包括公共信息提供、行业信息提供、政策咨询、管理咨询、工程咨询、信息中介、计算机检索等，实现按用户要求收集信息、查找和提供信息，或就用户的物流经营管理问题，进行针对性信息研究、信息系统设计与开发等，帮助用户提高管理决策水平，实现信息的增值和放大，以信息化水平的提高带动用户物流管理水平的提高。

6.1.5　物流信息管理系统

随着电子商务的飞速发展，物流的重要性对电子商务活动的影响也日益明显。现代物流企业在运作过程中具有信息量大、时空跨度大、处理过程复杂等特点，急需建立功能完善、操作方便、安全、及时的物流信息管理系统。

1. 物流信息管理系统的定义

物流信息管理系统是企业的物流管理包括第三方物流的信息管理系统，系统涉及仓储作业管理、运输及配载管理、财务管理、人力资源管理等内容，通过使用计算机技术、通信技术、网络技术等手段，建立物流信息化管理，以提高物流信息的处理和传递速度，使物流活动的效率和快速反应能力得到提高，并提供更人性化的服务，完善实时物流跟踪，减少物流成本。物流信息管理系统的界面如图6-1所示。

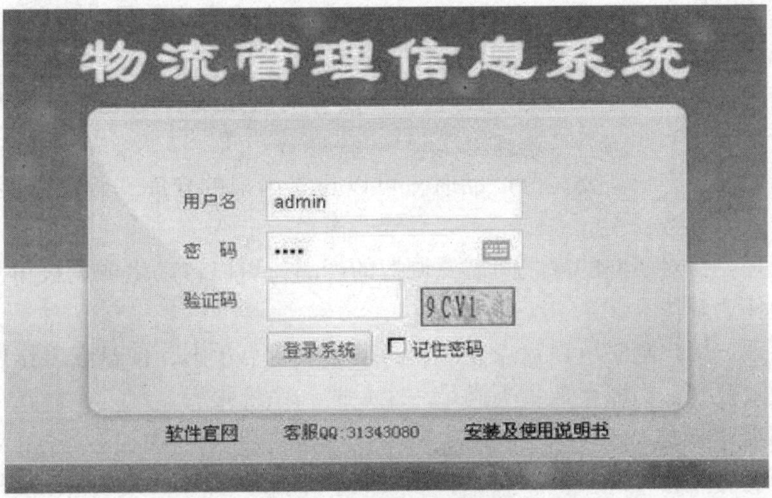

图6-1　物流信息管理系统

2. 物流信息管理系统的功能

物流信息管理系统根据应用的领域分为仓储信息管理系统、运输信息管理系统、订单信息管理系统、电子订货系统和销售时点系统等。每种信息系统管理信息的种类和流程不同，信息系统的功能也就不同。现以物流中用的比较多的仓储信息管理系统为例讲解物流信息管理系统的功能。

仓储信息管理系统提供了高效的仓储管理方案、强大的业务处理能力、灵活的部署机制，为企业级的业务管理提供了高性能的仓储管理方案。它利用了当前先进的 RFID 技术，结合现今成熟的条码技术，为企业级用户提供了灵活而强大的管理方案和数据分析能力，使得用户不需要掌握复杂的技术，减少了管理过程中人为因素造成的误差，真正实现企业仓储管理的自动化、业务管理的灵活化。

一般来说，仓储管理信息系统包含以下功能模块：

（1）系统功能设定模块

自定义整个系统的管理规则，包括定义管理员及其操作口令的功能。

（2）基本资料维护模块

对每批产品生成唯一的基本条码序列号标签，用户可以根据自己的需要定义序列号，每种型号的产品都有规定的编码规则，在数据库中可以对产品进行添加、删除和编辑等操作。

（3）采购管理模块

①采购订单：当需要采购的时候，可以填写采购订单，此时并不影响库存。

②采购收货：当采购订单被批准，完成采购后到货的时候，首先给货物贴上条形码序列号，然后在采购收货单上扫描此条形码，保存后，库存自动增加。

③其他入库：包括借出货物归还、退货等只需要填写采购收货单。

（4）仓库管理模块

①产品入库：采购入库或者其他入库，自动生成入库单号，货品即可选择方便快捷，可以区分正常入库、退货入库等不同的入库方式。

②场频出库：销售出库或者其他出库，可以自动生成出库单号，可以区分正常出库、赠品出库等不同的出库方式。

③库存管理：不需要手工管理，当入库和出库时，系统自动生成每类产品的库存数量，查询方便。

④特殊品库：当客户需要区分产品时，可以建立虚拟的仓库，管理需要区分的产品，各功能和正常品库一致。

⑤调拨管理：针对不同的库之间需要调拨的产品，可以自动生成调拨单号，支持货品在不同仓库中任意调拨。

⑥盘点管理：用户随时可以盘点仓库，自动生成盘点单据，使盘点工作方便快捷。

⑦库存上限报警：当库存数量不满足一个量时，系统报警。

（5）销售管理模块

当销售出库的时候，首先要填写销售出库单，此时不影响库存。当销售出库的时候，将销售出库产品序列号扫描至该出库单上，保存之后，库存报表自动减少该类产品。

（6）报表自动生成模块

月末、季度末以及年末销售报表、采购报表以及盘点报表等的自动生成功能，用户可自定义需要统计的报表。

（7）查询模块

查询模块包括采购单查询、销售单查询、单个产品信息查询、库存查询等。查询都是按照某个条件如条形码序列号、出库日期、出库客户等来查询。

仓储信息管理系统上述各功能模块如图 6-2 所示。

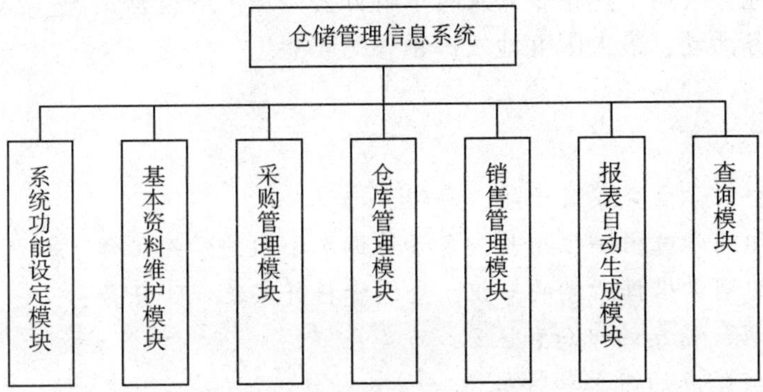

图 6-2　仓储信息管理系统功能模块

3. 物流信息管理系统的意义

（1）物流信息管理系统能为企业的管理提供科学的计划决策

计划是管理的首要功能，它通过对实际情况的分析来认识发展道路，对未来作出预测，并制定相应的行动方案。电子商务物流中会产生大量的数据和信息，物流信息管理系统可以全方位地为企业管理这些数据和信息，确保企业计划所需要的数据和信息准确完整的获取。建立计划信息数据库还可完整地保存计划数据，实现计划制定自动化，利用计算机指挥调度生产，提高生产效率。

（2）物流信息管理系统拥有强大的统计分析功能

统计的主要功能是对信息进行加工，以准确反映经营活动的效果及未来发展方向和即将出现的问题，是制定科学计划的必要条件。物流信息管理系统具有强大的统计分析功能，可为科学制定各种管理计划和预测未来提供依据。

（3）物流信息管理系统可以实现实时信息在内部共享

物流信息管理系统不仅有助于企业内部各部门之间、员工之间的沟通，而且还可以使各种实时信息在内部实现共享。在此基础上，企业可更加方便地收集客户的需求信息、竞争对手的动态和市场信息，制定生产计划和销售计划。物流信息管理系统大大缩短了企业获取信息的时间，提高了领导层的决策质量，达到“运筹帷幄之中，决胜千里之外”的效果。

（4）物流信息管理系统有助于协调企业内部的工作系统

利用计算机信息技术制定最优的生产、经营和管理方案，使各种人力资源、生产资金流动达到最合理的状态，不断缩小成本投入，提高利润，这是使用物流信息管理系统的最终效果。从资金流动方面看，它能提高资金运转速度和资金利用的效果，从而减少对银行的利息支付。

（5）物流信息管理系统促进了企业管理的领导职能的发挥

物流信息管理系统正在成为企业管理的重要战略手段和企业文化的一部分。多媒体和综合业务数字网的利用，可以使企业通过声音、图像和文字来本地或远程控制产品生产或服务的全过程，从而减少产品的不良率并提高顾客的满意度。通过计算机网络和运行其上的应用系统，可以高效、便捷、经济地管理跨地域的分公司。公司总经理坐在计算机前就可以快速地对外地分公司下达指令并及时了解分公司当天的运营情况。总公司能更加容易控制分公司的业务活动，最大限度地发挥领导的职能。

任务实施

第一步：将全班学生分成若干组，每组3~5人。

第二步：每组同学选出一位组长，负责协调本小组同学的工作。

第三步：小组同学根据所学的知识，查阅资料并实施以下任务：

（1）掌握数据、信息的概念和区别。

（2）掌握物流信息的概念和特征。

（3）理解物流信息的分类，掌握物流信息管理的内容，了解物流信息管理系统。

（4）调研一家本地物流企业的信息管理情况，主要包括该企业的主要物流信息有哪些，是否使用物流信息管理系统对信息进行管理，目前的信息管理的优势和不足等方面。

（5）将上述任务所学知识和调研情况做成PPT，进行小组汇报。

任务成果

物流企业信息管理情况调研报告，小组汇报PPT。

任务考核

序号	考核项目	考核标准	分值
1	小组汇报PPT	PPT中包含的知识点全面、正确，图文美观。	30
2	调研报告	调研报告内容全面、分析合理，能正确运用所学知识解决问题，排版工整美观。	30
3	小组成员合作情况	分工明确，团结合作，集体荣誉感强。	20
4	汇报情况	汇报内容详细，逻辑清晰，语速恰当，声音洪亮，表达自然流畅。	20

任务小结

本任务主要讲述了物流信息的概念、物流信息的分类、物流信息管理的内容以及物流信息管理系统等知识。通过对本任务的学习，我们应该认识到物流信息对物流企业的重要性，并能根据物流信息的特点进行科学合理的物流信息管理，提高物流信息的利用率。

任务6.2 物流信息技术的种类和应用

任务描述

物流信息在物流中的广泛应用离不开先进的物流信息技术的支持，本任务主要讲述目前在物流行业应用比较多的条形码技术、射频识别技术、GPS技术、GIS技术、EDI技术以及比较前沿的物流大数据技术、物流云技术等。

任务知识

6.2.1 条形码技术

条形码技术在物流中货物分类、库位分配、库位查询、产品查询、货物进出库、货物盘点等方面都有广泛的应用。条形码操作方便简单，维护成本低，并且可大大提高物流工作的效率。

1. 条码的定义

条形码（bar code）是将宽度不等的多个黑条和空白，按照一定的编码规则排列，用以表达一组信息的图形标识符。常见的条形码是由反射率相差很大的黑条（简称“条”）和白条（简称“空”）排成的平行线图案。条形码可以标出物品的生产国、制造厂家、商品名称、生产日期、图书分类号、邮件起止地点、类别、日期等许多信息，因而在商品流通、图书管理、邮政管理、银行系统等许多领域都得到广泛的应用。

2. 一维条码

一维条码是指只在横向方向上表达信息的条码。

（1）一维条码的种类

①UPC码：1973年，美国率先在国内的商业系统中应用UPC码，之后加拿大也在商业系统中采用UPC码。UPC码是一种长度固定的连续型数字式码制，其字符集为数字0~9。它采用四种元素宽度，每个条或空是1、2、3或4倍单位元素宽度。UPC码也有两种类型，即UPC-A码和UPC-E码，如图6-3、图6-4所示。

图6-3 UP-A码

图6-4 UPC-E码

②EAN码：1977年，欧洲经济共同体各国按照UPC码的标准制定了欧洲物品编码

EAN 码，它与 UPC 码兼容，而且两者具有相同的符号体系。它采用四种元素宽度，每个条或空是 1、2、3 或 4 倍单位元素宽度。EAN 码有两种类型，即 EAN-13 码和 EAN-8 码，如图 6-5、图 6-6 所示。

图 6-5　EAN-13 码

图 6-6　EAN-8 码

③128 码：128 码出现在 1981 年，是一种长度可变的连续型自校验数字式码制。它采用四种元素宽度，每个字符由 3 个条和 3 个空组成，共 11 个单元元素宽度，又称（11，3）码。它有 106 个不同条码字符，每个条码字符有三种含义不同的字符集，分别为 A、B、C。使用这 3 个交替的字符集可将 128 个 ASCII 码编码，如图 6-7 所示。

图 6-7　128 码

（2）一维条码的编码规则

以 EAN-13 码和 128 码为例，介绍条码的编码规则。EAN-13 码是国际物品编码协会在全球推广应用的一种商品条码，128 码是物流领域中应用最广泛的储运单元条码之一。

①EAN-13 码：EAN-13 码又称“标准版 EAN 商品条码”，主要用于超市、商场或一些自动销售系统的单件商品。以听装健力宝饮料为例，它的代码为 6901010101098，其中 690 代表中国 EAN 组织，1010 代表广东健力宝公司，10109 是听装饮料的商品代码。这样的编码方式就保证了无论在何时何地，6901010101098 就唯一对应该种商品。

EAN-13 条码由 13 位数字组成。中国 EAN-13 代码分三种结构，每种代码结构由四部分组成，见表 6-1。

表 6-1　EAN-13 代码结构

结构种类	前缀码	厂商识别代码	商品项目代码	校验码
结构一	X13X12X11	X10X9X8X7	X6X5X4X3X2	X1
结构二	X13X12X11	X10X9X8X7X6	X5X4X3X2	X1
结构三	X13X12X11	X10X9X8X7X6X5	X4X3X2	X1

前缀码：前缀码由 2～3 位数字（X13X12 或 X13X12X11）组成，是 EAN 分配给国家（或地区）编码组织的代码。前缀码由 EAN 统一分配和管理，目前，国际上共有 90 多个国家和地区的编码组织加入 EAN，成为 EAN 的成员组织。

需要指出的是，前缀码并不代表产品的原产地，而只能说明分配给管理有关厂商标识代码的国家（或地区）编码组织。EAN分配给中国物品编码中心的前缀码由3位数字组成。目前，EAN已将“690～695”分配给中国物品编码中心使用，今后，EAN还将根据中国物品编码中心的申请，分配X13X12X11三位前缀码。

当前缀码为690、691时，EAN/UCC-13的代码结构采用结构一；当前缀码为692、693时，EAN/UCC-13的代码结构采用结构二；当前缀码为694、695时，EAN/UCC-13的代码结构采用结构三。

厂商识别代码：厂商识别代码（包括前缀码在内）由7～9位数字组成，由中国物品编码中心负责分配和管理。由于厂商识别代码是由中国物品编码中心统一分配、注册，因此该编码中心有责任确保每个厂商识别代码在全球范围内的唯一性。

根据《商品条码管理办法》规定，具有企业法人营业执照的可以申请注册厂商识别代码。任何厂商不得盗用其他厂商的识别代码，不得共享和转让，更不得伪造代码。

当厂商生产的产品品种很多，超过了“真品项目代码”的服码容量时，允许厂商申请注册一个以上的识别代码，但只有在商品项目代码完全用完时，才可再次申请。

商品项目代码：商品项目代码由3～5位数字组成，由厂商负责编制。由于厂商识别代码是由中国物品编码中心统一分配注册，因此，在使用同一厂商识别代码的前提下，厂商必须确保每个商品项目代码的唯一性。厂商在编制商品项目代码时，产品的基本特征不同，其商品项目代码不同。

由3位数字组成的商品项目代码有000～999共有1000个编码容量，可标识1000种商品；由4位数字组成的商品项目代码可标识10000种商品，由5位数字组成的商品项目代码可标识100000种商品。

校验码：校验码为1位数字，用来校验X13到X2的编码正确性。校验码是根据X13到X2的数值按一定的数学计算法计算而得。商品条码系统成员在对商品项目编码时，不必计算校验码的值，该值由制作条码原版胶片或直接打印条码符号的设备自动生成。

②128码：128码是一种长度可变、连续性的字母数字条码。与其他一维条码比较起来，128码是较为复杂的条码系统，其所能支持的字符也相对比其他一维条码多，又有不同的编码方式可供交互运用，因此其应用弹性也较大。128码大致分为起始码、资料码、终止码和检查码等四部分内容，其中检查码是可有可无的。

128码有三种不同类型的编码方式，对于选择何种编码方式，则取决于起始码的内容。128码采用三个字符集，分别为字符集A、字符集B、字符集C。字符集A包括所有标准的大写英文字母、数学字符、控制字符、特殊字符及辅助字符；字符集B包括所有标准的大写和小写英文字母、数字字符、特殊字符及辅助字符；字符集C包括00～99的100个数字以及辅助字符。因为字符集C中的一个条码字符表示两个数字字符，所以使用该字符集表示信息可以比其他字符集的信息量增加一倍，即条码符号的密度提高一倍。这三个字符集的交替使用可将127个ASCII码编码。

无论是采用A、B、C何种编码方式，128码的终止码均为一种固定的形态，其逻辑型态皆为1100011101011。

目前，我国所推行的128码是EAN-128码，EAN-128码是根据EAN/UCC-128码定义标准将资料转变成条码符号，并采用128码逻辑，具有完整性、紧密性、连结性及高可靠度的特性。辨识范围涵盖生产过程中一些补充性质且易变动的信息，如生产日期、批号、计量等，可应用于货运托盘标签、携带式资料库、连续性资料段、流通配送标签等。EAN-128码的结构如图6-8所示，与EAN-13类似，条码由A、B、C、D、E、F、G七部分组成，各部分的含义如表6-2所示。

图6-8 EAN-128码的结构

表6-2 EAN-128码内容说明

代号	码别	长度	说明
A	应用识别码	18	00代表其后的资料内容为运送容器序号，为固定18位数字
B	包装性能指示码	1	3代表无定义的包装指示码
C	前置码与公司码	7	代表EAN前置码与公司码
D	自行编订序号	9	由公司指定序号
E	检查码	1	检查码
F	应用识别码		420代表其后的资料内容为配送邮政编码
G	配送邮政编码		代表配送邮政编码

2. 二维条码

二维条码是用某种特定的几何图形按一定规律在平面（二维方向上）分布的黑白相间的图形记录数据符号信息的。代码编制巧妙地利用构成计算机内部逻辑基础的“0”“1”比特流的概念，使用若干个与二进制相对应的几何形体表示文字数值信息，通过图像输入设备或光电扫描设备自动识读，以实现信息自动处理。它具有条码技术的一些共性，每种码制有其特定的字符集，每个字符占有一定的宽度，且具有一定的校验功能，同时还具有对不同行的信息自动识别功能及处理图形旋转变化的特定功能。

常见的二维条码有QR Code、Data Matrix和PDF417（三种条码如图6-9所示）。QR Code全称Quick Response Code，是近几年移动设备上超流行的一种编码方式，它比传统的Bar Code条形码能存更多的信息，也能表示更多的数据类型。

码制	QR Code	Data Matrix	PDF 417
研制公司	Denso Corp（日本）	I.D Matrix Inc.（美国）	Symbol Technolgies Inc（美国）
研制分类	矩阵式		行排式
识读速度	30个/每秒	2～3个/秒	3个/秒
识读方向	全方位（360°）		+/-10°
识读方法	深色/浅色模块判别		条空宽度尺寸判别
汉字表示	13bit	16bit	16bit
图片			

图 6-9 常见的二维条码

（数据来源：李兴志、张龙：《物流信息管理》，哈尔滨工业大学出版社 2018 年版，第 29 页）

二维条码依靠其庞大的信息携带量，能够把过去使用一维条码时储存于后台数据库中的信息包含在条码中，可以直接通过阅读条码得到相应的信息，并且二维条码还有错误修正技术及防伪功能，增加了数据的安全性。

二维码可以把照片和指纹录于其中，可以有效地解决证件的可机读和防伪问题。因此，它可以广泛应用于生活中的各种证件中，如图 6-10 是二维码应用在火车票中的式样。

图 6-10 二维条码火车票式样

3. 条形码的优势

条形码是迄今为止最经济、实用的一种自动识别技术。条形码技术具有以下几个方面的优点：

（1）输入速度快

与键盘输入相比，条形码输入的速度是键盘输入的 5 倍，并且能实现“即时数据输入”。

（2）可靠性高

键盘输入数据出错率为三百分之一，利用光学字符识别技术出错率为万分之一，而采用条形码技术误码率低于百万分之一。

（3）采集信息量大

利用传统的一维条形码一次可采集几十位字符的信息，二维条形码更可以携带数千个字符的信息，并有一定的自动纠错能力。

（4）灵活实用

条形码标识既可以作为一种识别手段单独使用，也可以和有关识别设备组成一个系统实现自动化识别，还可以和其他控制设备连接起来实现自动化管理。

（5）易于制作，成本低

条形码标签易于制作，对设备和材料没有特殊要求，识别设备操作容易，不需要特殊培训，且设备也相对便宜，成本非常低。在零售业领域，因为条码是印刷在商品包装上的，所以其成本几乎为“零”。

6.2.2 射频识别技术

射频识别技术目前在物流货物跟踪、货物出入库、货物防盗等方面应用广泛，其方便性和高效性受到广泛好评。

1. 射频识别技术的定义

射频识别（Radio Frequency Identification，RFID）技术，又称“无线射频识别”，是一种通信技术，可通过无线电讯号识别特定目标并读写相关数据，而无需识别系统与特定目标之间建立机械或光学接触。

从概念上来讲，RFID 类似于条码扫描。对于条码技术而言，它是将已编码的条形码附着于目标物，并使用专用的扫描读写器，利用光信号将信息由条形码传送到扫描读写器；而 RFID 则使用专用的 RFID 读写器及专门的可附着于目标物的 RFID 标签，利用频率信号将信息由 RFID 标签传送至 RFID 读写器。

2. 射频识别系统的组成部分

（1）应答器（标签）

应答器由天线、耦合元件及芯片组成，一般来说都是用标签作为应答器，每个标签具有唯一的电子编码，附着在物体上标识目标对象。

（2）阅读器

阅读器由天线、耦合元件、芯片组成，读取（有时还可以写入）标签信息的设备，可设计为手持式 RFID 读写器或固定式读写器。

（3）应用软件系统

应用软件系统是应用层软件，主要是把收集的数据进一步处理，并为人们所使用。

射频识别系统的组成如图 6-11 所示。

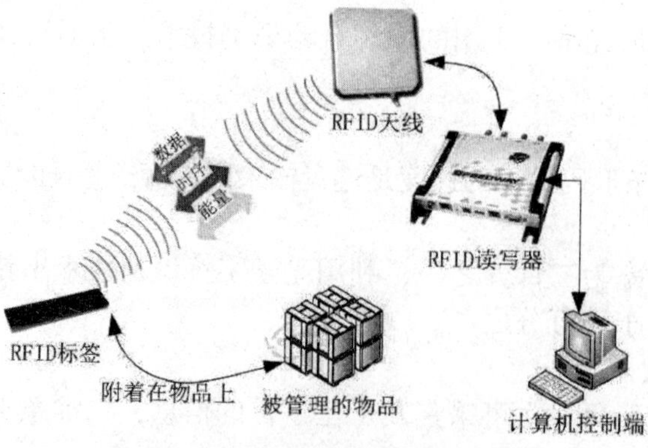

图 6-11 射频识别系统的组成

3. 射频识别技术的原理

标签进入磁场后，接收解读器发出的射频信号，凭借感应电流所获得的能量发送出存储在芯片中的产品信息（Passive Tag，无源标签或被动标签），或者由标签主动发送某一频率的信号（Active Tag，有源标签或主动标签），解读器读取信息并解码后，送至中央信息系统进行有关数据处理。

4. 射频识别技术的特点

（1）快速扫描

RFID辨识器扫描速度快并可同时辨识读取多个RFID标签。

（2）体积小型化，形状多样化

RFID在读取上并不受尺寸大小与形状限制，不需为了读取精确度而配合纸张的固定尺寸和印刷品质。此外，RFID标签更可往小型化与多样形态发展，以应用于不同产品。

（3）抗污染能力和耐久性

传统条形码的载体是纸张，因此容易受到污染，但RFID对水、油和化学药品等物质具有很强抵抗性。此外，条形码由于是附于塑料袋或外包装纸箱上，所以特别容易受到折损；RFID卷标是将数据存在芯片中，因此可以免受污损。

（4）可重复使用

现今的条形码印刷上去之后就无法更改，RFID标签则可以重复地新增、修改、删除RFID卷标内储存的数据，方便信息的更新。

（5）穿透性和无屏障阅读

在被覆盖的情况下，RFID能够穿透纸张、木材和塑料等非金属或非透明的材质，并能够进行穿透性通信。而条形码扫描机必须在近距离而且没有物体阻挡的情况下，才可以辨读条形码。

（6）数据的记忆容量大

一维条形码的容量是几十字符，二维条形码最大的容量可储存几千字符，RFID最大的容量则有数兆字符。随着记忆载体的发展，数据容量也有不断扩大的趋势。未来物品所需携带的资料量会越来越大，对卷标所能扩充容量的需求也相应增加。

（7）安全性

由于RFID承载的是电子式信息，其数据内容可经由密码保护，使其内容不易被伪造及变造。

RFID因其所具备的远距离读取、高储存量等特性而备受瞩目。它不仅可以帮助一个企业大幅度提高货物、信息管理的效率，而且还可以让销售企业和制造企业互联，从而更加准确地接收反馈信息，控制需求信息，优化整个供应链。

5. 射频识别技术的应用

（1）射频门禁

门禁系统应用射频识别技术，持有效电子标签的车可以不停车就能通过，方便通行又节约时间，提高了路口的通行效率，更重要的是可以对小区或停车场的车辆出入进行实时的监控，准确验证出入车辆和车主身份，维护区域治安，使小区或停车场的安防管理更加人性化、信息化、智能化、高效化。

（2）电子溯源

溯源技术大致有三种：一种是 RFID 无线射频技术，在产品包装上加贴一个带芯片的标识，产品进出仓库和运输就可以自动采集和读取相关的信息，产品的流向都可以记录在芯片上；一种是二维码，消费者只需要通过带摄像头的手机拍摄二维码，就能查询到产品的相关信息，查询的记录都会保留在系统内，一旦产品需要召回就可以直接发送短信给消费者，实现精准召回；还有一种是条码加上产品批次信息（如生产日期、生产时间、批号等），采用这种方式，生产企业基本不增加生产成本。

电子溯源系统可以实现所有批次产品从原料到成品、从成品到原料 100% 的双向追溯功能。这个系统最大的特色功能就是数据的安全性，每个人工输入的环节均被软件实时备份。

（3）食品溯源

采用 RFID 技术进行食品药品的溯源在一些城市已经开始试点，包括宁波、广州、上海等地，食品药品的溯源主要解决食品来路的跟踪问题，如果发现了有问题的产品，可以简单地追溯，直到找到问题的根源。

（4）产品防伪

RFID 技术经历几十年的发展应用，技术本身已经非常成熟，在我们日常生活中随处可见，应用于防伪实际就是在普通的商品上加一个 RFID 电子标签，标签本身相当于一个商品的身份证，伴随商品生产、流通、使用各个环节，在各个环节记录商品各项信息。

6.2.3 GPS 技术

通过 GPS 技术可以实时获取车辆和物品所在的具体位置，因而在物流配送和运输中 GPS 技术得到广泛的应用。

1. GPS 的定义

利用 GPS 定位卫星，在全球范围内实时进行定位、导航的系统，称为全球卫星定位系统，简称 GPS。GPS 是由美国国防部研制建立的一种具有全方位、全天候、全时段、高精度的卫星导航系统，能为全球用户提供低成本、高精度的三维位置、速度和精确定时等导航信息，是卫星通信技术在导航领域的应用典范，它极大地提高了全球的信息化水平，有力地推动了数字经济的发展。

2. GPS 的组成部分

GPS 全球卫星定位系统由三部分组成（如图 6-12 所示）：空间部分——GPS 星座，地面控制部分——地面监控系统，用户设备部分——GPS 信号接收机。

（1）空间部分

GPS 的空间部分是由 24 颗工作卫星组成，它位于距地表 20200 千米的上空，均匀分布在 6 个轨道面上（每个轨道面 4 颗），轨道倾角为 55°。此外，还有 3 颗在轨备用卫星。卫星的分布使得在全球任何地方、任何时间都可观测到 4 颗以上的卫星，并能保持良好定位、计算精度的几何图像。这就提供了在时间上连续的全球导航能力。

（2）地面部分

地面控制部分由一个主控站、5 个全球监测站和 3 个地面控制站组成。监测站均配装有精密的铯钟和能够连续测量到所有可见卫星的接收机。监测站将取得的卫星观测数据，包括电离层和气象数据，经过初步处理后，传送到主控站。主控站从各监测站收集跟踪数据，计算出卫星的轨道和时钟参数，然后将结果送到 3 个地面控制站。地面控制站在每颗卫星运行至上空时，把这些导航数据及主控站指令注入卫星。这种注入对每颗 GPS 卫星每天进行一次，并在卫星离开注入站作用范围之前进行最后的注入。如果某地面站发生故障，那么在卫星中预存的导航信息还可用一段时间，但导航精度会逐渐降低。

（3）设备部分

用户设备部分即 GPS 信号接收机，其主要功能是能够捕获到按一定卫星截止角所选择的待测卫星，并跟踪这些卫星的运行。当接收机捕获到跟踪的卫星信号后，即可测量出接收天线至卫星的伪距离和距离的变化率，解调出卫星轨道参数等数据。根据这些数据，接收机中的微处理计算机就可按定位解算方法进行定位计算，计算出用户所在地理位置的经纬度、高度、速度、时间等信息。接收机硬件和机内软件以及 GPS 数据的后处理软件包构成完整的 GPS 用户设备。GPS 接收机的结构分为天线单元和接收单元两部分。

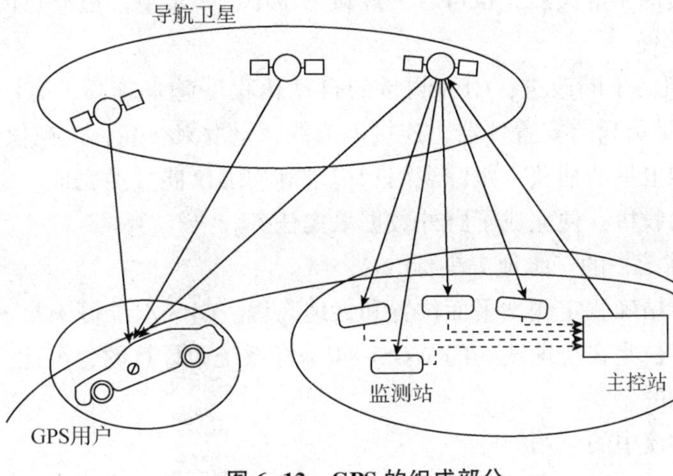

图 6-12　GPS 的组成部分

3. GPS 的工作原理

卫星不断地发射自身的星历参数和时间信息，GPS 信号接收机接收到信号后，根据三角公式计算可以得到接收机的位置，三颗卫星可进行 2D 定位（经度、纬度），四颗卫星则可进行 3D 定位（经度、纬度及高度）。通过接收机多次不断地更新接收信息，就可以计算出移动方向和速度。由于目前全球 24 颗 GPS 导航卫星分布在 6 条轨道上，在任意时刻在水平线以上至少有 4 颗卫星，最多有 11 颗卫星，所以 GPS 定位可以得到很好的保证。

4. GPS 技术的特点

（1）全球全天候定位

GPS 卫星的数目较多，且分布均匀，保证了地球上任何地方任何时间至少可以同时观测到 4 颗 GPS 卫星，确保实现全球全天候连续的导航定位服务（除打雷有闪电时不宜观测外）。

（2）定位精度高

应用实践已经证明，GPS 相对定位精度在 50 千米以内可达 10~6 米，100~500 千米可达 10~7 米，1000 千米可达 10~9 米。在 300~1500 米工程精密定位中，1 小时以上观测时解其平面位置误差小于 1 毫米，与 ME-5000 电磁波测距仪测定的边长比较，其边长校差最大为 0.5 毫米，校差中误差为 0.3 毫米。

（3）观测时间短

随着 GPS 系统的不断完善，软件的不断更新，20 千米以内相对静态定位，仅需 15~20 分钟；快速静态相对定位测量时，当每个流动站与基准站相距在 15 千米以内时，流动站观测时间只需 1~2 分钟；采取实时动态定位模式时，每站观测仅需几秒钟，因而使用 GPS 技术建立控制网，可以大大提高作业效率。

（4）测站间无需通视

GPS 测量只要求测站上空开阔，不要求测站之间互相通视，因而不再需要建造觇标。这一优点既可大大减少测量工作的经费和时间（一般造标费用占总经费的 30%~50%），同时也使选点工作变得非常灵活，也可省去经典测量中的传算点、过渡点的测量工作。

（5）仪器操作简便

随着 GPS 接收机的不断改进，GPS 测量的自动化程度越来越高，有的已趋于“傻瓜化”。在观测中，测量员只需安置仪器，连接电缆线，量取天线高，监视仪器的工作状态，而其他观测工作，如卫星的捕获、跟踪观测和记录等均由仪器自动完成。结束测量时，仅需关闭电源，收好接收机，便完成了野外数据采集任务。

（6）可提供全球统一的三维地心坐标

GPS 测量可同时精确测定测站平面位置和大地高程。GPS 水准可满足四等水准测量的精度。另外，GPS 定位是在全球统一的 WGS-84 坐标系统中计算的，因此全球不同地点的测量成果是相互关联的。

5. GPS 技术在物流中的应用

（1）导航功能

三维导航既是 GPS 的首要功能，也是它的最基本功能，其他功能都要在导航功能的基础上才能完全发挥作用。飞机、船舶、地面车辆以及步行者都可利用 GPS 导航接收器进行导航。

（2）车辆跟踪功能

GPS 导航系统与 GIS 技术、无线移动通信系统（GSM）及计算机车辆管理信息系统相结合，可以实现车辆跟踪功能。利用 GPS 和 GIS 技术可以实时显示出车辆的实际位置，并任意放大、缩小、还原、换图；可以随目标移动，使目标始终保持在屏幕上；还可实现多窗口、多车辆、多屏幕同时跟踪，利用该功能可对重要车辆和货物进行跟踪运输。

目前，已开发出把 GPS/GIS/GSM 技术结合起来对车辆进行实时定位、跟踪、报警、通信等的技术，能够满足掌握车辆基本信息、对车辆进行远程管理的需要，有效避免车辆的空载现象，同时客户也能通过互联网技术，了解自己货物在运输过程中的细节情况。

(3) 货物配送路线规划功能

货物配送路线规划是 GPS 导航系统的一项重要辅助功能，包括自动线路规划。由驾驶员确定起点和终点，由计算机软件按照要求自动设计最佳行驶路线，包括最快的路线、最简单的路线、通过高速公路路段次数最少的路线等。人工线路设计，由驾驶员根据自己的目的地设计起点、终点和途经点等，自动建立线路库。线路规划完毕后，显示器能够在电子地图上显示设计线路，并同时显示汽车运行路径和运行方法。

(4) 信息查询

信息查询为客户提供主要物标，如旅游景点、宾馆、医院等数据库，用户能够在电子地图上根据需要进行查询。查询资料可以文字、语言及图像的形式显示，并在电子地图上显示其位置。同时，监测中心可以利用监测控制台对区域内任意目标的所在位置进行查询，车辆信息将以数字形式在控制中心的电子地图上显示出来。

(5) 话务指挥

指挥中心可以监测区域内车辆的运行状况，对被监控车辆进行合理调度。指挥中心也可随时与被跟踪目标通话，实行管理。

(6) 紧急援助

通过 GPS 定位和监控管理系统可以对遇有险情或发生事故的车辆进行紧急援助。监控台的电子地图可显示求助信息和报警目标，规划出最优援助方案，并以报警声、光提醒值班人员进行应急处理。

6.2.4 GIS 技术

GIS 技术在物流中通常和 GPS 技术一起使用，为配送和运输提供准确的地理信息和位置服务。

1. GIS 技术的定义

地理信息系统（Geographic Information System，GIS）有时又称为“地学信息系统”。它是一种特定的十分重要的空间信息系统，是在计算机硬、软件系统支持下，对整个或部分地球表层（包括大气层）空间中的有关地理分布数据进行采集、储存、管理、运算、分析、显示和描述的技术系统。

地理信息系统是一门综合性学科，结合地理学与地图学以及遥感和计算机科学，已经广泛地应用在不同的领域，是用于输入、存储、查询、分析和显示地理数据的计算机系统。随着 GIS 的发展，也有称 GIS 为“地理信息科学”（Geographic Information Science），近年来，也有称 GIS 为“地理信息服务”（Geographic Information Service）。GIS 是一种基于计算机的工具，可以对空间信息进行分析和处理（简而言之，是对地球上存在的现象和发生的事件进行成图和分析）。GIS 技术把地图这种独特的视觉化效果和地理分析功能与一般的数据库操作（例如查询和统计分析等）集成在一起。

2. GIS 的组成

GIS 可以分为以下五部分（如图 6-13 所示）：

（1）人员——GIS 中最重要的组成部分。开发人员必须定义 GIS 中被执行的各种任务，开发处理程序。熟练的操作人员通常可以克服 GIS 软件功能的不足，但是相反的情况就不成立。最好的软件也无法弥补操作人员对 GIS 的一无所知所带来的副作用。

（2）数据——精确的可用的数据可以影响到查询和分析的结果。

（3）硬件——硬件的性能影响到软件对数据的处理速度、使用是否方便及可能的输出方式。

（4）软件——不仅包含 GIS 软件，而且还包括各种数据库、绘图、统计、影像处理及其他程序。

（5）过程——GIS 要求使用明确的定义、一致的方法来生成正确并可验证的结果。

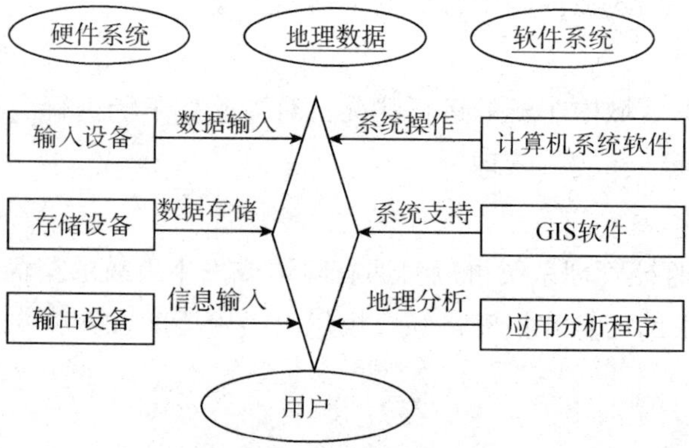

图 6-13　GIS 组成部分

3. GIS 在物流中的应用

GIS 在物流系统中主要有以下功能：

（1）物流网络布局和运输路线的模拟与决策

寻求最优分配货物路径问题，也就是物流网点布局问题。可利用长期客户、车辆、订单和地理数据等建立模型来进行对物流网络的布局进行模拟，根据实际的需求分布规划出运输线路，使显示器能够在电子地图上显示设计线路，并同时显示汽车运行路径和运行方法；同时利用 GIS 的网络分析模型优化具体运行路径，使资源消耗最小化，并以此来建立决策支持系统，以提供更有效而直观的决策依据。

（2）车辆和货物跟踪和导航

利用 GPS 和电子地图可以实时显示出车辆或货物的实际位置，从而对车辆提供导航服务，并能查询出车辆和货物的状态，以便进行合理调度和管理，在时间紧迫的情况下，找出可替代的行车路线，使所从事的物流活动可以安排在恰当的时间出发并按照规定的时间到达目的地。

（3）配送区域划分

企业可以参照地理区域，根据各个要素的相似点把同一层上的所有或部分要素分为几个组，用以解决确定服务和销售市场范围等问题。如某一公司要设立若干个分销点，要求这些分销点覆盖某一地区，而且要使每个分销点的顾客数目大致相等。

（4）客户定位

使用 GIS 对某个城市或地区按管理的要求建立电子地图，准确地反映出街道、道路等情况。由于地理地图已具有了地理坐标，通过对地理坐标的描述，可以在地图上对新客户进行地理位置的定位或者修改老客户的地理位置，从而使企业能精确地确定配送点和客户的位置。

（5）信息查询

对配送范围内的主要建筑、运输车辆、客户等进行查询，查询资料可以以文字、语言及图像的形式显示，并在电子地图上显示其位置。

6.2.5 EDI 技术

1. EDI 技术定义

EDI 是英文 Electronic Data Interchange 的缩写，中文可译为“电子数据交换”，港、澳及海外华人地区称作“电子资料通”。EDI 商务是指将商业或行政事务按一个公认的标准，形成结构化的事务处理或文档数据格式，从计算机到计算机的电子传输方法。简单地说，EDI 就是按照商定的协议，将商业文件标准化和格式化，并通过计算机网络，在贸易伙伴的计算机网络系统之间进行数据交换和自动处理，俗称“无纸化贸易”。

EDI 的定义至今没有一个统一的标准，但是有三个方面是相同的：

（1）资料用统一的标准；

（2）利用电信号传递信息；

（3）计算机系统之间的连接。

2. EDI 系统的构成

（1）数据标准

EDI 标准是由各企业、各地区代表共同讨论、制定的电子数据交换共同标准，可以使各组织之间的不同文件格式，通过共同的标准达到彼此之间文件交换的目的。

（2）EDI 硬件及软件

实现 EDI 需要配备相应的 EDI 软件和硬件。EDI 软件能将用户数据库系统中的信息译成 EDI 的标准格式以供传输交换的需要。EDI 软件主要有转换软件、翻译软件、通信软件。EDI 所需的硬件设备有计算机、调制解调器及电话线。由于使用 EDI 进行电子数据交换需通过通信网络，目前采用电话网络进行通信是很普遍的方法，因此 modem（调制解调器）是必备的硬件设备。此外，如果传输时效及资料传输量上有较高要求，可以考虑租用专线。

（3）通信网络

通信网络是实现 EDI 的手段。EDI 通信方式有多种：第一种是点对点，这种方式只有在贸易伙伴数量较少的情况下使用。随着贸易伙伴数目的增多，当多家企业直接电脑通信时，会由于计算机厂家不同、通信协议相异以及工作时间不易配合等而出现问题。为了克服这些问题，许多公司逐渐采用第三方网络，即增值网络（VAN）方式。它类似于邮局，为发送者与接收者维护邮箱并提供存储转送、记忆保管、格式转换、安全管制等功能。因此，通过增值网络传送 EDI 文件，可以大幅度降低相互传送资料的复杂度和困难度，并提高 EDI 效率。

EDI 系统的模型如图 6-14 所示。

图 6-14　EDI 系统模型

3. EDI 系统的工作流程

（1）映射——生成 EDI 平面文件

EDI 平面文件是通过应用系统将用户的应用文件（如：单证、票据）或数据库中的数据转变成一种标准的中间文件，这一过程称为映射。

（2）翻译——生成 EDI 标准格式文件

其功能是将平面文件通过翻译软件生成 EDI 标准格式文件，即所谓的 EDI 电子单证或电子票据。它是 EDI 用户之间进行贸易和业务往来的依据，是一种只有计算机才能阅读的 ASCII 文件。

（3）通信

这一过程由计算机通信软件完成，即通过通信网络接入 EDI 电子信箱系统，将 EDI 电子单证投递到对方的信箱中。

（4）接受

接收方从 EDI 信箱收取 EDI 电子单证，即获取 EDI 标准格式文件。

（5）翻译

接收方调用翻译软件，将 EDI 标准格式文件翻译成平面文件。

（6）还原

接收方将平面文件转换成应用文件，再交由应用系统对应用文件进行编辑、处理和回复。

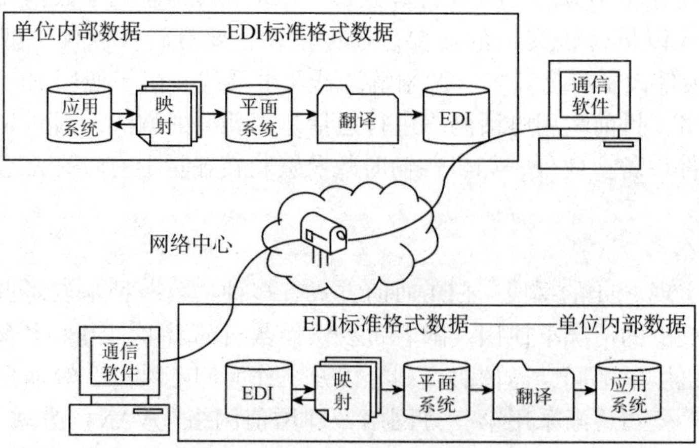

图 6-15　EDI 系统工作的流程

EDI 系统的上述工作流程如图 6-15 所示。

4. EDI 的特点

（1）EDI 使用电子方法传递信息和处理数据

EDI 一方面用电子传输的方式取代了以往纸单证的邮寄和递送，从而提高了传输效率，另一方面通过计算机处理数据取代人工处理数据，从而减少了差错和延误。

（2）EDI 是采用统一标准编制数据信息

这是 EDI 与电传、传真等其他传递方式的重要区别，电传、传真等并没有统一格式标准，而 EDI 必须有统一的标准方能运作。

（3）EDI 是计算机应用程序之间的连接

EDI 实现的是计算机应用程序与计算机应用程序之间的信息传递与交换。由于计算机只能按照给定的程序识别和接收信息，所以电子单证必须符合标准格式并且内容完整准确。在电子单证符合标准且内容完整的情况下，EDI 系统不但能识别、接收、存储信息，而且还能对单证数据信息进行处理，自动制作新的电子单据并传输到有关部门。在有关部门就自己发出的电子单证进行查询时，计算机还可以反馈有关信息的处理结果和进展状况。在收到一些重要电子邮件时，计算机还可以按程序自动产生电子收据并传回对方。

（4）EDI 系统采用加密防伪手段

EDI 系统有相应的保密措施。EDI 系统传输信息通常是采用密码进行加密，各用户掌握自己的密码，可打开自己的“邮箱”取出信息，外人却不能打开这个“邮箱”，有关部门和企业发给自己的电子信息均自动进入自己的“邮箱”。一些重要信息在传递时还要加密，即把信息转换成他人无法识别的代码，接收方计算机按特定程序译码后还原成可识别信息。为防止有些信息在传递过程中被篡改或防止有人传递假信息，还可以使用证实手段，即将普通信息与转变成代码的信息同时传递给接收方，接收方把代码翻译成普通信息进行比较，如二者完全一致，可知信息未被篡改，也不是伪造的信息。

将 EDI 的特点与传真或电子邮件比较，区别如表 6-3 所示。

表 6-3　EDI 与传真或电子邮件的区别

比较项目	EDI	传真或电子邮件
传输内容	格式化的标准文件	自由格式的文件
使用过程	计算机系统自动处理，不需要人工干预	需要人工干预
安全保密	安全保密性高	安全保密性低
通信网络	增值网、互联网	互联网

5. EDI 技术在物流中的应用

（1）EDI 在生产企业的应用

相对于物流公司而言，生产企业与其交易伙伴间的商业行为大致可分为接单、出货、催款及收款作业，其间往来的单据包括采购进货单、出货单、催款对账单及付款凭证等。①生产企业引入 EDI 是为数据传输时，可选择低成本的方式引入采购进货单，接收客户传来的 EDI 订购单报文，将其转换成企业内部的订单形式。②如果生产企业应用 EDI 的目的是为改善作业，可以同客户合作，依次引入采购进货单、出货单及催款对账单，并与企业内部的信息系统集成，逐渐改善接单、出货、对账及收款作业。

（2）EDI 在批发商中的应用

批发商因其交易特性，其相关业务包括向客户提供产品以及向厂商采购商品。①批发商如果是为了数据传输而引入 EDI，可选择低成本方式。②批发商若为改善作业流程而引入 EDI，可逐步引入各项单证，并与企业内部信息系统集成，改善接单、出货、催款的作业流程，或改善订购、验收、对账、付款的作业流程。

（3）EDI 在系统运输业务中的应用

运输企业以其强大的运输工具和遍布各地的营业点在流通业中扮演了重要的角色。①运输企业若为数据传输而引入 EDI，可选择低成本方式。先引入托运单，接收托运人传来的 EDI 托运单报文，将其转换成企业内部的托运单格式。②运输企业若引入 EDI 是为改善作业流程，可逐步引入各项单证，且与企业内部信息系统集成。进一步改善托运、收货、送货、回报、对账、收款等作业流程。

6.2.6 大数据技术

电子商务物流活动中产生的数据量越来越庞大，传统的数据处理技术已经很难处理这些数据，大数据技术成为解决该问题的有效方法。

1. 大数据的定义

大数据技术是指从各种各样的巨量数据中，快速获得有价值信息的技术。解决大数据问题的核心是大数据技术。大数据技术主要有数据采集技术、数据存储技术、数据管理技术和数据分析与挖掘技术等。

（1）数据采集：数据抽取工具（ETL）负责将分布的、异构数据源中的数据如关系数据、平面数据文件等抽取到临时中间层后进行清洗、转换、集成，最后加载到数据仓库或数据集市中，成为联机分析处理、数据挖掘的基础。

（2）数据存取：关系数据库、NoSQL、SQL 等。

（3）数据处理：自然语言处理技术。

（4）统计分析：假设检验、显著性检验、差异分析、相关分析、多元回归分析、逐步回归、回归预测与残差分析等。

（5）数据挖掘：分类（Classification）、估计（Estimation）、预测（Prediction）、相关性分组或关联规则（Affinity grouping or association rules）、聚类（Clustering）、描述和可视化（Description and Visualization）、复杂数据类型挖掘（Text、Web、图形图像、视频、音频等）。

（6）模型预测：预测模型、机器学习、建模仿真。

（7）结果呈现：云计算、标签云、关系图等。

2. 大数据的特征

首先要从“大”入手，“大”是指数据规模，大数据一般指 10TB（1TB = 1024GB）规模以上的数据量。大数据同过去的海量数据有所区别，其基本特征可以用 4 个 V 来总结（Volume、Variety、Value 和 Velocity，即体量大、多样性、价值密度低、速度快）。

第一个 V 是 Variety，数据类别多，海量数据有不同格式。数据来自多种数据源，数据种类和格式日渐丰富，已冲破了以前所限定的结构化数据范畴，囊括了半结构化和非结构化数据。现在的数据类型不仅是文本形式，而且更多的是图片、视频、音频、地理位置信息等多类型的数据，个性化数据占绝对多数。

第二个 V 就是 Volume，数据体量大，指大型数据集，一般在 10TB 规模左右。但在实际应用中，很多企业用户把多个数据集放在一起，已经形成了 PB 级的数据量；百度资料表明，其新首页导航每天需要提供的数据超过 1.5PB（1PB=1024TB），这些数据如果打印出来将超过 5000 亿张 A4 纸。有资料证实，到目前为止，人类生产的所有印刷材料的数据量仅为 200PB。

第三个 V 是 Velocity，因为数据化会存在时效性，需要快速处理，并得到结果。在数据处理速度方面，有一个著名的“1 秒定律”，即要在秒级时间范围内给出分析结果，超出这个时间，数据就失去了价值。例如，IBM 有一则广告，讲的是“1 秒能做什么”？1 秒，能检测出台湾的铁道故障并发布预警；能发现得克萨斯州的电力中断，避免电网瘫痪；能帮助一家全球性金融公司锁定行业欺诈，保障客户利益。英特尔中国研究院首席工程师吴甘沙认为，快速度是大数据处理技术和传统的数据挖掘技术最大的区别。大数据是一种以实时数据处理、实时结果导向为特征的解决方案，它的快包含数据产生的快和数据处理的快两个层面。

第四个 V 是 Value，数据价值真实性高但价值密度低。数据的重要性就在于对决策的支持，数据的真实性和质量才是获得真知和思路的最重要的因素，是制定成功决策最坚实的基础。大数据来源于企业日常运营中发生的实时数据，因而真实度较高。但是在大数据的采集过程中，大量不相关的信息会同时存在，故大数据整体价值密度低。以视频为例，连续不间断监控过程中，可能有用的数据仅仅有一两秒。

总的来说，“大量化（Volume）、多样化（Variety）、快速化（Velocity）、价值真实性高密度低（Value）”就是“大数据”的显著特征（如图 6-16 所示），具有这些特点的数据，才是大数据。

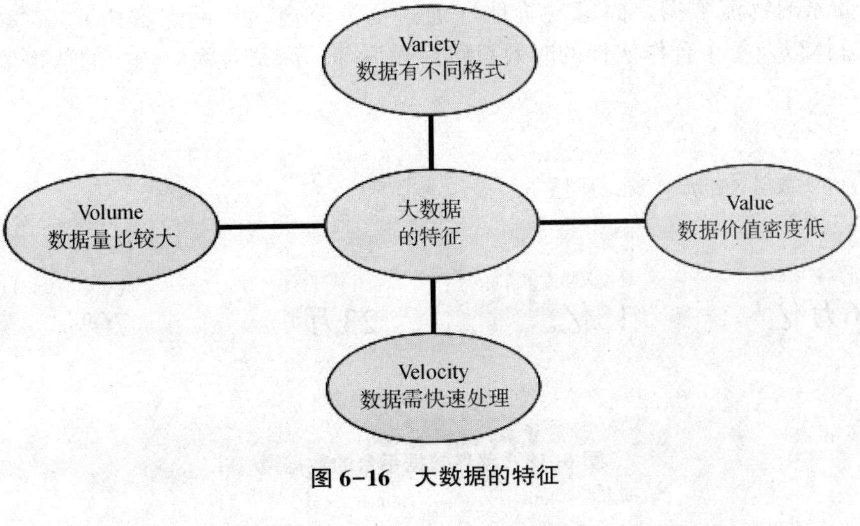

图 6-16 大数据的特征

3. 大数据在物流中的应用案例——菜鸟物流数据平台

菜鸟网络的物流数据平台（如图 6-17 所示），汇集商家、物流公司以及来自于第三方的数据资源，对阿里平台上海量的商品、交易和用户等信息以及社会物流网络信息的深度挖掘，实现物流过程的数字化、可视化，对全国各大物流公司进行“中转站—线路—网点”整个包裹流转链路的运输预测和运输预警，让物流公司实时掌握整张物流网络每个环节的“未来包裹量预测”和“繁忙度实况预警”；同时也让商家能够了解物流公司的状况，选择合适的物流公司进行商品配送，实现智选物流的目标。

图 6-17　菜鸟数据平台

（图片来源：https：//www. cainiao. com/菜鸟官网）

菜鸟物流数据平台，汇集的数据源除了阿里自身体系之外，还引入包括消费者、商家、物流公司以及其他社会机构相关数据等（如图 6-18 所示），主要包括以下几个方面：

（1）消费者的物流数据。消费者收货地址、服务选择、对物流公司的评价数据等。

（2）商家的物流数据。商家发货地（通过物流公司揽收网点解析）、商家的发货速度、商家总体以及每个合作伙伴的时效/评分/投诉等、商家对物流公司的选择偏好等。

图 6-18　菜鸟数据平台的数据量

（数据来源：https：//www. cainiao. com/ 菜鸟官网）

（3）物流公司数据。全国主要物流公司都向菜鸟实时推送包裹跟踪数据，菜鸟通过对包裹跟踪数据进行分析挖掘，解析出中通、申通、韵达等大物流公司的路由网络。

（4）其他社会数据气象数据。通过和国家气象局的合作，采集了全国的天气预测和实况的数据；交通实况的数据通过和高德地图的合作，采集了全国交通实况的数据。

目前，菜鸟网络已基于海量大数据系统和阿里云系统，以菜鸟电子面单为载体，推出了大数据智能分单项目，通过大数据分单来替代人工分单，不但路线可以达到最优化，而且还大大减少了错误操作。中通、圆通、申通、韵达等国内主流企业陆续使用，使得包裹在分拨中心流转的效率大大提升。

6.2.7 云计算技术

1. 云计算的定义

对云计算的定义有多种说法。对于到底什么是云计算，至少可以找到 100 种解释。现阶段广为接受的是美国国家标准与技术研究院（NIST）定义：云计算是一种按使用量付费的模式，这种模式提供可用的、便捷的、按需的网络访问，进入可配置的计算资源共享池（资源包括网络、服务器、存储、应用软件、服务），这些资源能够被快速提供，只需投入很少的管理工作，或与服务供应商进行很少的交互。

2. 云计算的特点

云计算是通过使计算分布在大量的分布式计算机上，而非本地计算机或远程服务器中，企业数据中心的运行将与互联网更相似。这使得企业能够将资源切换到需要的应用上，根据需求访问计算机和存储系统，好比是从古老的单台发电机模式转向了电厂集中供电的模式。它意味着计算能力也可以作为一种商品进行流通，就像煤气、水电一样，取用方便，费用低廉。最大的不同在于，它是通过互联网进行传输的。

被普遍接受的云计算特点如图 6-19 所示。

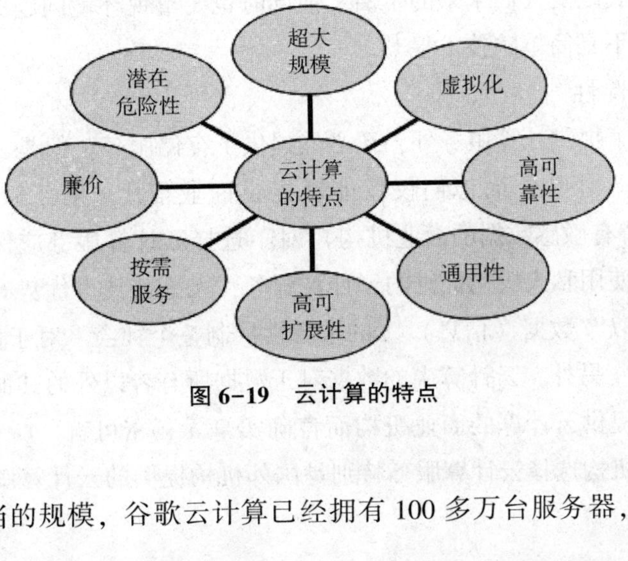

图 6-19 云计算的特点

（1）超大规模

“云”具有相当的规模，谷歌云计算已经拥有 100 多万台服务器，亚马孙、IBM、微软、雅虎等的“云”均拥有几十万台服务器。企业私有云一般拥有数百上千台服务器。“云”能赋予用户前所未有的计算能力。

(2) 虚拟化

云计算支持用户在任意位置、使用各种终端获取应用服务。所请求的资源来自“云”，而不是固定的有形的实体。应用在“云”中某处运行，但实际上用户无需了解，也不用担心应用运行的具体位置。只需要一台笔记本或者一个手机，就可以通过网络服务来实现客户需要的一切，甚至包括超级计算这样的任务。

(3) 高可靠性

“云”使用了数据多副本容错、计算节点同构可互换等措施来保障服务的高可靠性，使用云计算比使用本地计算机可靠。

(4) 通用性

云计算不针对特定的应用，在“云”的支撑下可以构造出千变万化的应用，同一个“云”可以同时支撑不同的应用运行。

(5) 高扩展性

“云”的规模可以动态伸缩，满足应用和用户规模增长的需要。

(6) 按需服务

“云”是一个庞大的资源池，客户按需购买；云可以像自来水、电、煤气那样计费。

(7) 极其廉价

由于“云”的特殊容错措施可以采用极其廉价的节点来构成云，“云”的自动化集中式管理使大量企业无需负担日益高昂的数据中心管理成本，“云”的通用性使资源的利用率较之传统系统大幅提升，因此用户可以充分享受“云”的低成本优势，经常只要花费几百美元、几天时间就能完成以前需要数万美元、数月时间才能完成的任务。

云计算可以彻底改变人们未来的生活，但同时也要重视环境问题，这样才能真正为人类进步做贡献，而不是简单的技术提升。

(8) 潜在的危险性

云计算服务除了提供计算服务外，还必然提供了存储服务。但是云计算服务当前垄断在私人机构（企业）手中，而他们仅仅能够提供商业信用。对于政府机构、商业机构（特别像银行这样持有敏感数据的商业机构）对于选择云计算服务应保持足够的警惕。一旦商业用户大规模使用私人机构提供的云计算服务，无论其技术优势有多强，都不可避免地让这些私人机构以“数据（信息）”的重要性挟制整个社会。对于信息社会而言，“信息”是至关重要的。另外，云计算中的数据对于数据所有者以外的其他用户云计算用户是保密的，但是对于提供云计算的商业机构而言确实毫无秘密可言。所有这些潜在的危险，是商业机构和政府机构选择云计算服务特别是国外机构提供的云计算服务时，不得不考虑的一个重要的前提。

3. 云计算在物流中的应用

(1) 云计算在快递行业的应用

从快递业应用云物流的实例看，云物流的作用主要体现在物流信息方面。在实际运作中，快递行业中的某个企业首先搭建一个“行业云”的平台，集中行业中的私有数据，即集中来自全球发货公司的海量货单；然后，对海量货单和货单的目的路径进行整理，指定运输公司发送到快递公司，最后送达收件人。在这一过程中，云物流对快递行业的收货、运输、终端配送的运作模式进行了整合，实现了批量运输，部分解决了我国运输行业长期存在的空驶（或是半载）问题，提高了运输公司的效率，降低了成本。但是，快递行业只是物流行业中的一小部分。

(2) 云计算在整个物流行业的应用

在业务重构过程中，云计算是可以利用的工具。目前，物流领域有些运作已经有“云”的身影，如车辆配载、运输过程监控等。借助云计算中的“行业云”，多方收集货源和车辆信息，并使物流配载信息在实际物流运输能力与需求发生以前得以发布，加快了物流配载的速度，提高了配载的成功率。

“云存储”也是可以发展的方向之一，利用移动设备将在途物资作为虚拟库存，即时进行物资信息交换和交易，将物资直接出入库，并直接将货物运送到终端用户手中。

任务实施

第一步：将全班学生分成若干组，每组3~5人。

第二步：每组同学选出一位组长，负责协调本小组同学的工作。

第三步：小组成员根据所学的知识，查阅资料并实施以下任务：

(1) 掌握条形码、RFID、GPS、GIS、EDI、大数据、云计算等信息技术的概念。

(2) 理解条形码、RFID、GPS、GIS、EDI、大数据、云计算等信息技术的特点和工作原理。

(3) 掌握条形码、RFID、GPS、GIS、EDI、大数据、云计算等信息技术在物流中的应用。

(4) 调研一家本地物流企业的信息技术使用情况，主要包括该企业使用的信息技术有哪些，这些信息技术给企业带来哪些帮助，对企业今后使用信息技术的建议等。

(5) 将上述任务所学知识和调研情况做成PPT，进行小组汇报。

任务成果

物流企业信息技术使用情况调研报告，小组汇报PPT。

任务考核

序号	考核项目	考核标准	分值
1	小组汇报 PPT	PPT 中包含的知识点全面、正确，图文美观。	30
2	调研报告	调研报告内容全面、分析合理，能正确运用所学知识解决问题，排版工整美观。	30
3	小组成员合作情况	分工明确，团结合作，集体荣誉感强。	20
4	汇报情况	汇报内容详细，逻辑清晰，语速恰当，声音洪亮，表达自然流畅。	20

任务小结

本任务主要讲述了条形码、RFID、GPS、GIS、EDI、大数据、云计算七种信息技术的定义、原理及在物流中的应用情况，通过本任务的学习，我们应该理解各种信息技术的原理和特点，并能在物流活动中学会正确选择和使用各种信息技术。

项目综合实训

实训目的：

通过实训让学生了解 EDI 的结构和流程，能看懂并绘制 EDI 工作原理图，通过教学软件能创建贸易商业票据，并把它们转换成标准报文。

实训条件：

计算机、互联网、交换机及 EDI 软件（如 EDI Express、Simtrade、德意电子商务实验室等）

实训内容与步骤：

1. EDI 中心信息初始化

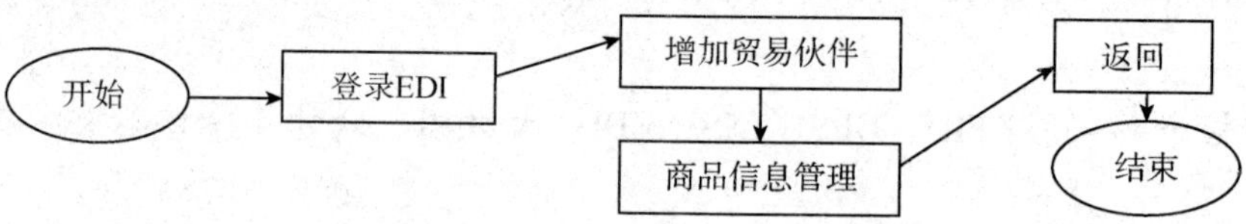

进入 EDI 仿真软件，注册身份成为 EDI 会员，然后浏览 EDI 软件的系统结构，新增贸易伙伴，对贸易伙伴中的商品进行管理，包括添加、删除和查询商品等操作。

2. EDI 单证处理

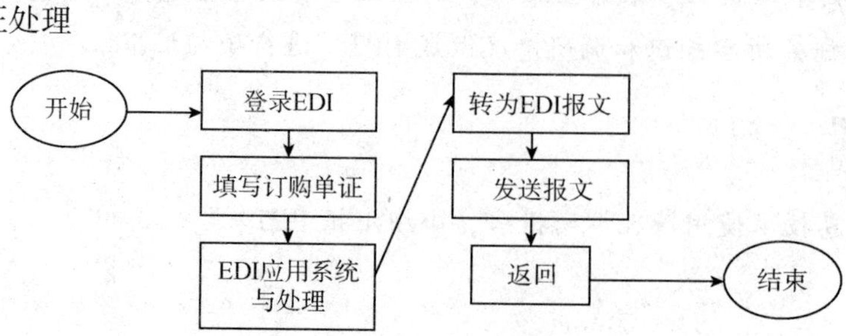

在EDI系统中制作订购单证，包括添加卖主信息和商品信息，然后将订购单证转化为平面文件，再将平面文件转换为EDI报文，最后将报文发送出去并对回执信息进行查询。

实训结果：

完成实训步骤，并撰写实训报告。

项目能力测试

一、单项选择题

1.（　　）是指对客观事件进行记录并可以鉴别的符号，是对客观事物的性质、状态以及相互关系等进行记载的物理符号或这些物理符号的组合。

1. 信息　　B. 消息　　C. 数据　　D. 数据处理

2. 信息是（　　）。

A. 对客观事物的描述　　B. 用来消除随机不定性的东西

C. 用来表达某些意思　　D. 用来排除确定性的东西

3.（　　）是反映和控制企业的日常生产和经营工作，例如每天的产品质量指标，用户订货合同，供应厂商原材料信息等。

A. 知识管理信息　　B. 战术管理信息

C. 战略管理信息　　D. 操作管理信息

4.（　　）是将宽度不等的多个黑条和空白，按照一定的编码规则排列，用以表达一组信息的图形标识符。

A. 条形码　　B. 一维条码　　C. 二维条码　　D. RFID

5.（　　）码又称"标准版商品条码"。它主要用于超市、商场或一些自动销售系统的单件商品。

1. EAN-8　　B. EAN-13　　C. UPC-8　　D. UPC-13

6.（　　）是一种通信技术，可通过无线电讯号识别特定目标并读写相关数据，而无需识别系统与特定目标之间建立机械或光学接触。

A. EDI　　B. GPS　　C. GIS　　D. RFID

7. GPS的（　　）由一个主控站、5个全球监测站和3个地面控制站组成。

A. 空间部分　　B. 监控部分　　C. 设备部分　　D. 地面控制部门

8.（　　）是在计算机硬、软件系统支持下，对整个或部分地球表层（包括大气层）空间中的有关地理分布数据进行采集、储存、管理、运算、分析、显示和描述的技术系统。

A. GIS　　B. GPS　　C. EDI　　D. RFID

9. EDI平面文件是通过应用系统将用户的应用文件（如单证、票据）或数据库中的数据转变成一种标准的中间文件，这一过程称为（　　）。

A. 翻译　　B. 接收　　C. 还原　　D. 映射

10.（　　）是实现EDI的手段。

A. 数据标准　　B. EDI硬件　　C. EDI软件　　D. 通信网络

11.（　　）是指从各种各样类型的巨量数据中，快速获得有价值信息的技术。

A. 大数据技术　　B. 云计算技术

C. 移动互联网技术　　D. 数据挖掘技术

12. 云计算支持用户在任意位置、使用各种终端获取应用服务指的是云计算的（　　）。

A. 按需服务　　B. 超大规模　　C. 虚拟化　　D. 通用性

二、多项选择题

1. 以下数据与信息的关系正确的有（　　）。

A. 数据是信息的表现形式和载体

B. 信息是数据的内涵

C. 数据和信息是不可分离的

D. 数据是逻辑性和观念性的

2. 下列属于一维条码的是（　　）。

A. EAN　　B. UPC　　C. QR码　　D. 128码

3. 射频识别系统的组成部分有（　　）。

A. 应答器　　B. 阅读器　　C. 应用软件系统　　D. 计算机网络

4. 射频识别技术的特点有（　　）。

A. 快速扫描　　B. 可重复使用

C. 数据记忆量大　　D. 穿透性和无屏障阅读

5. 以下属于GIS的组成部分的是（　　）。

A. 人员　　B. 数据　　C. 计算机网络　　D. 过程

6. EDI系统的工作流程有（　　）。

A. 映射　　B. 翻译　　C. 通信　　D. 还原

7.（　　）是“大数据”的显著特征。

A. 高密度性　　B. 大量化　　C. 多样化　　D. 快速化

8. 被普遍接受的云计算特点有（　　）。

A. 超大规模　　B. 虚拟化　　C. 按需服务　　D. 高可扩展性

三、简答题

1. 简述物流信息的特征。

2. 简述物流信息管理系统的定义。

3. 简述条码的优势。

4. GPS在物流中的应用有哪些？

5. 比较EDI与传真或电子邮件的区别。

6. 简述云计算在物流中的应用。

项目 7　电子商务物流服务管理

项目描述

现代物流管理的实质就是在客户满意的基础上，向物流需求方迅速、有效地提供产品和服务。也就是说，现代电子商务物流管理以客户满意为第一目标，在企业经营战略中首先要确立客户服务目标，然后通过服务实现差别化的战略。本项目根据电子商务物流企业客户服务的主要工作任务及任职要求，结合电子商务物流质量管理的相关理论知识，重点培养学生职业化的工作技能，打造其职业化的工作态度、职业化的工作道德及职业化的工作形象。

项目要求

通过本项目的学习，掌握电子商务物流服务的内涵、特性、目的、优势、内容标准等内容，掌握物流质量管理的相关理论知识及方法，具备物流客户服务岗位所要求的技能、素质和能力，获得从事电子商务物流客户服务工作的职业素养。

项目目标

【技能目标】

1. 掌握电子商务物流服务管理的基本理论。
2. 掌握电子商务物流质量管理的方法应用。
3. 掌握客户关系管理系统的基本操作。

【知识目标】

1. 了解电子商务物流服务的内涵、特性及内容。
2. 了解电子商务物流服务的目的及优势。
3. 掌握客户关系管理。
4. 了解物流质量管理的基本理论知识。
5. 掌握提升质量管理的途径。

【职业能力目标】

1. 培养学生树立以客户为中心的服务意识。
2. 增强学生对新理论、新思想、新技术的接受和应用能力。
3. 引导学生认识电子商务物流服务管理对企业的意义，培养学生利用 CRM 及相关质量管理理论完成工作的意识。

引导案例

京东商城客户关系管理案例分析

一、京东商城介绍

京东商城是中国B2C市场最大的3C网购专业平台，是中国电子商务领域最受消费者欢迎和最具影响力的电子商务网站之一。京东商城目前拥有遍及全国各地2500多万注册用户，近6000家供应商，在线销售家电、数码通信、电脑、家居百货、服装服饰、母婴、图书、视频等11大类数万个品牌百万种优质商品。日订单处理量超过30万单，网站日均PV超过5000万。2010年，京东商城跃升为中国首家规模超过百亿元的网络零售企业，连续六年增长率超过200%，现占据中国网络零售市场份额35.6%，连续10个季度蝉联行业头名。

图7-1　商城首页

网站内容：在线销售家电、数码通信、电脑、家居百货、服装服饰、母婴、图书、食品等11大类商品。

网站定位：秉承“以人为本”的服务理念，适合所有年龄段人群，主打3C产品，目前国内罕有网站能与之匹敌。

网站功能：京东商城提供网上购物系统，网站内容管理系统/新闻管理系统，产品展示系统，信息/商品检索系统，会员注册系统，留言反馈系统。京东商城在为消费者提供正品行货、机打发票、售后服务的同时，还推出了“价格保护”“延保服务”等措施，京东商城通过不断优化的服务引领电子商务企业零售市场，率先为中国电子商务行业树立了诚信经营的标杆。

网站风格：以白色为基础色，配以产品颜色综合布局。

二、京东成长关键驱动因素

1. 发展高差异化品类商品，降低3C产品折扣率，提高公司盈利水平

差异化低的商品，容易发生价格战，使交战各方俱伤；而高差异化品类商品，价格与

价值之间难以把握，不同品牌之间也难以比较价格，可以获取较高的毛利率。于是，京东开始销售服饰、箱包、母婴用品等商品品类。尽管刘强东在不同的场合强调销售百货类商品，是加强以家庭为中心的顾客“粘性”，但我们认为，目前京东该是加大高差异化品类商品销售的时候了。京东降低了3C产品的价格折扣，公司盈利水平也将有较大的提升。

2. 从3C产品入门，通过“正品、低价”获得顾客的认可

京东商城借助于3C商品，快速成长，既有创始人刘强东发家于中关村的因素，也与其准确地把握3C商品（计算机/computer、通信/communication 和消费类电子产品/consumer electronics）特点有关系——3C产品具有高标准化的特点，产品容易比较，同一产品，价格为客户选择的关键因素。刘强东抓住了当时人们购买3C产品的价格敏感特性，以大幅低于传统销售渠道的价格，通过互联网销售产品，同时宣称“正品”，提供质量保障。

3. 提供提升配送效率，摆脱对手价格竞争

完全寄托于价格战，所能建立的“壁垒”是比较单薄的。因此，京东不急于盈利，而是将融资和获取的利润，投入到配送网络的建设之上，让消费者充分享受了“足不出户，坐享其成”的便捷。目前，京东商城分布在华北、华东、华南、西南、华中的五大物流中心覆盖了全国各大城市。2010年，京东商城就提出了“211限时达”配送服务。

4. 纵深服务，建立行业标杆

对于消费品，特别是“3C”类别的产品，售后服务是增强客户忠诚度、获取附加价值的重要工作。京东商城在为消费者提供正品行货、机打发票、售后服务的同时，还推出了价格保护、退换货、上门服务等举措，针对投诉难、售后服务请求难等问题，提出了“售后服务100分：自京东售后服务部收到返修品并确认属于质量故障开始计时，在100分钟内处理完一切售后问题”的服务承诺，售后服务响应速度已快于大部分实体销售渠道。这一系列的售后服务，成为了京东商城“新服务体系”一部分，也建立了电子商务行业全新的整体服务标准。

三、京东客户关系管理

京东商城在“以人为本”的理念下，不断为消费者提供个性化服务，不断丰富客户体验，不断保持客户关系，这主要体现在以下几个方面：

1. 打造全国客服中心

京东商城建立全国客服中心，目前拥有150个呼叫座席，提供7×12小时的服务。客服中心以呼入、呼出、IVR服务为主要的服务形式，服务于广大京东客户、准客户，包括订单咨询业务、修改、取消、价格保护、售后服务等各类咨询服务项目。

2. “211限时达”与特色上门服务

京东把服务当作一个品牌来经营，为消费者提供“211限时达”配送服务和“售后100分”“全国免费上门取件”等售后服务举措，并尝试推出一系列特色上门服务，包括上门装机服务、电脑故障诊断服务、家电清洗服务等。

3. 京东承诺在运输“保价费”上永久免费

在配送环节上京东承担保险费用，运输过程的风险一律由京东承担。客户收到货物如果有损坏、遗失等情形，只要当场提出声明，京东立即发送全新商品先行予以更换。

4. 建立专业博客系统

京东建立产品博客系统，为广大网友提供了发表产品技术或者使用方面的评论、增强购物体验、提高购买满意度提供了一个交流平台，同时也为经营者听取消费者呼声、改进服务质量提供了一个良好的途径。

（《京东商城客户案例分析》，2012 年 9 月 17 日，https：//www. docin. com/p-483289948. html）

任务 7.1 物流服务管理

任务描述

现代物流管理的实质就是在客户满意的基础上，向物流需求方迅速、有效地提供产品和服务。也就是说，现代物流管理以客户满意为第一目标，在企业经营战略中首先要确立客户服务目标，然后通过服务实现差别化的战略。

任务知识

7.1.1 电子商务物流服务的内涵及特性

1. 电子商务物流服务的内涵

（1）服务

服务是企业为客户的需要提供的一切活动，服务是人或组织的活动，从贸易角度上讲，服务是个人或社会组织为消费者直接或凭借某种工具、设备、设施和媒体等所做的工作或进行的一种经济活动，是向消费者个人或企业提供的、旨在满足对方某种特定需求的一种活动和好处。其生产可能与物质产品有关，也可能无关，是对其他经济单位的个人、商品或服务增加价值，并主要以活动形式表现的使用价值或效用。

从相关定义可以看出，服务的目的就是为了满足顾客的需要，服务的条件是必须与顾客接触，服务的内容是供方的一种活动。

（2）物流服务

物流服务是从接收顾客订单开始到将商品送到顾客手中为止所发生的所有服务活动，可使交易的产品或服务实现增值。物流服务本身并不创造商品的形式效用，而是产生空间效用和时间效用。

物流服务的本质是更好地满足顾客需求，即保证顾客需要的商品在顾客要求的时间内准时送达，服务能达到顾客所要求的水平等。

（3）电子商务物流服务

电子商务物流服务是电子商务企业为了满足服务客户的物流需求，开展的一系列物流活动的效果。

物流服务源于客户服务。所谓客户服务是一个以成本有效性方式为供应链提供显著的增值利益的过程。

2. 特性

电子商务物流服务除了具备服务无形性、差异性、不可分离性等一般特性外，还具有以下几个特性：

（1）从属性。由于货主企业的物流需求是以商流为基础，伴随商流产生的，因此物流服务必须从属于货主企业物流系统，表现在流通货物的种类、流通时间、流通方式、提货配送方式等，这些都是由货主决定，物流按照货主的要求提供相应的物流服务。

（2）即时性。电子商务物流服务因为是无形的产品，因此，是属于非物质形态的劳动，是一种伴随着销售和消费同时发展的即时性服务。

（3）移动性和分散性。电子商务物流服务以分布广泛、大多数不固定的客户为对象，所以它具有移动性以及面广、分散的特性。它的移动性和分散性会使产业局部的供需不平衡，也会给管理带来一定的难度。

（4）需求的波动性。电子商务物流服务是以数量多而又不固定的客户为对象，他们的需求在方式上和数量上是多变的，有较强的波动性，为此容易造成供需失衡，成为在经营上劳动效率低、费用高的重要原因。

7.1.2 电子商务物流服务的目的

物流服务的目的，就是提供更多能满足客户要求的服务，扩大与竞争对手之间的差距，从而通过销售额的增加来获得或增加企业的利润。具体来说，目的有以下两个：

1. 有效地完成商品的供应。

2. 提高作业效率，减轻客户的物流作业负担。

7.1.3 电子商务物流服务的内容

1. 电子商务物流的基本服务

（1）工商企业的物流服务内容

物流服务可以分为三种类型：

①作为功能活动的物流服务，比如接受订单、存储、配送等。

②作为执行标准的物流服务，比如库存保有率、订货周期、商品完好率等。

③作为经营理念的物流服务，通过准确设定物流服务与物流成本的最佳结合，找到企业经营与客户之间的结合点，在取得合理利润的前提下，为客户提供满意的产品或服务。

（2）专业物流企业的物流服务内容

物流企业服务的内容包括运输、储存、配送、包装、流通加工、物流系统设计、网络化物流服务以及物流信息服务。

①运输。运输是物流服务的基本内容之一。物流的主要目的就是要满足客户对时间和地点两个条件下对一定货物的要求，时间的变化和地点的转移是实现物流价值的基本因素。企业既可以通过拥有自己车辆的方式自己设计运输系统，也可以将这项物流业务外包给第三方专业的物流公司。专业物流公司一般自己拥有或掌握一定规模的运输工具，具有

竞争优势的第三方物流经营者的物流设施不仅仅只在一个点上，而是一个覆盖全国或一个大的区域的网络，因此，第三方物流服务公司首先可能要为客户设计最合适的物流系统，选择满足客户需要的运输方式，然后具体组织网络内部的运输作业，在规定的时间内将客户的商品运抵目的地。除了在指定交货地点的交货需要客户配合外，整个运输过程，包括最后的市内配送都可由第三方物流经营者完成。

②储存。对于货主企业来说储存是商品在生产经营过程中的短暂停滞，是资源的一种浪费。为此，物流服务商尽可能地选择连贯的运输方式，并通过在储存体系中配备高效率的分拣、传送、保管设备、多种物流作业同时交叉进行，以减少货主企业的库存量和库存时间。物流服务商还可以按照JIT管理思想，利用电子商务的信息网络，尽可能地通过完善的信息网络，用信息（虚拟库存）代替实物库存，实现在不降低物流服务水平的前提下尽可能地减少实物库存水平。

③配送。物流服务商的配送任务是其配送部门（或与独立的配送中心合作）在为客户制定完善的配送规划的前提下完成的。经过对计划的配送作业进行运行效率的模拟分析，选定最佳配送方案，并进行合理的车辆调度，在最短的时间内完成货主物品的市内配送。近来，出现一种准时配送服务方式，客户在订货时就能确定到货时间，而JIT配送体系中，配送中心并不承诺货物可以在最短时间内到达，而是以双方协商明确的客户需要的时间为准时配送时间。

④包装。商品包装是为了便于销售和运输管理，并保护商品在流通过程中不受到毁损，保持完好。为便利运输和保管将商品分装为一定的包装单位以及保护商品免受损毁而进行包装，这些都是物流服务内容。

⑤流通加工。流通加工的主要目的是方便生产或销售，专业化的物流中心常常与固定的制造商或分销商进行长期合作，为制造商完成一定的加工作业，比如贴标签、制作并粘贴条形码等。

⑥物流系统设计及网络化物流服务。在以提高客户满意度为主要目标的综合物流服务中应把客户的需求作为一个整体，在以各方面综合绩效最优作为目标时，牺牲某部分局部利益是必要的。物流服务商要充当客户的物流专家，因而必须能够为客户设计物流系统，代替它选择和评价运输商、仓储商以及其他物流服务提供商，为企业提供多种物流管理和决策服务，创造新的盈利机会。

⑦信息咨询。现代物流是物流服务功能的集成，管理和控制这些功能必然反映到对物流各环节的信息整合上来。物流服务商要依靠货主跟踪系统、电子订货系统、运价咨询系统等与物流网络整合，进行信息采集与运输业务管理、客户查询与跟踪，有效地减少物流中间环节和费用，大幅度地提高客户服务水平。

此外，在整个服务体系中，物流服务商还应该能够为货主企业提供其他的增值性服务，如一条龙门对门服务，市场调查与预测，库存控制决策建议，订货指导，业务运作过程诊断，各种代办业务和物流全过程追踪等服务。

2. 电子商务物流服务的增值服务

增值服务的范围涉及大量的外围业务活动。承担增值服务的专业人员可完成以下四个主要的服务领域：

（1）以顾客为核心的增值服务。以顾客为核心的增值服务是由第三方物流提供的、以满足买卖双方对于配送产品的要求为目的的各种可供选择的方式。例如，美国 UPS 公司开发的独特服务系统，专门为批发商配送纳贝斯克食品公司的快餐食品，这种配送方式不同于传统的糖烟配送服务。这些增值活动的内容包括：处理顾客向制造商的订货，直接送货到商店或顾客家以及按照零售商的需求及时的持续补充送货。这类专门化的增值服务可以被有效地用来支持新产品的引入以及基于当地市场的季节性配送。

（2）以促销为核心的增值服务。以促销为核心的增值服务是指刺激销售而独特配置的销售点展销台及其他各种服务。销售点展销包含来自不同供应商的多种产品，组合成一个多节点的展销单元，以便于适合特定的零售商品。在许多情况下，以促销为核心的增值服务还包括对储备产品提供特别介绍、直接邮寄促销、销售点广告宣传和促销材料的物流支持等。

（3）以制造为核心的增值服务。以制造为核心的物流服务是通过独特的产品分类和递送来支持制造活动的物流服务。每一个客户进行生产的实际设施和制造装备都是独特的，在理想状态下，配送和内向物流的材料、部件应进行顾客订制化。例如，有的厂商将外科手术的成套器具按需要进行装配，满足特定医师的独特要求。此外，有家仓储公司切割和安装各种长度和尺寸的软管以合适个别顾客等。这些活动在物流系统中都是由专业人员承担的。这些专业人员能够在客户的订单发生时对产品进行最后定型，利用的是物流的时间延迟。

（4）以时间为核心的增值服务。以时间为核心的增值服务涉及专业人员在传递以前对存货进行分类、组合和排序。以时间为核心的增值服务的一种流行形式就是准时化（JIT）。在准时化概念下，供应商先把商品送进工厂附近的仓库，当需求产生时，仓库就会对由多家供应商提供的产品进行重新的分类、排序，然后送到配送线上。以时间为基础的服务，其主要的一个特征就是排除不必要的仓库设施和重复劳动，以便能最大限度地提高服务速度。因此，基于时间的物流战略是竞争优势的一种主要形式。

7.1.4　电子商务环境下的物流服务优势

电子商务环境下物流服务的一大优势就是计算机信息网络的广泛应用，为企业降低成本提供了诸多便利因素。

1. 信息网络可以降低原材料采购成本

一个德国的经济学家说过，在网络经济时代，比任何时候做生意都难。对于竞争性产品来说，所有企业在网络上所公布的销售价格都会是最低价格，买方可以非常方便地在网络上寻找价格低、质量好、服务周到的产品，从而避免因为信息不对称及信息闭塞所导致的高价购买原材料现象的发生。

例如，由 38 家内地及外资铁路货运代理组建的中铁联合物流有限公司，计划投入 500 万元人民币，建立“首铁在线”网站，为顾客提供在线一站式物流服务。成立只有一年多的中铁联合物流以信息技术提升物流档次

图 7-2　首铁在线

服务为目标，引进全球最先进的网络通信技术，使得企业与客户可以在中铁联合物流提供的网络平台上直接对话，甚至可以直接在网上签订协议。公司利用信息技术对物流要素进行整合，通过互相整合提升资源实力，为顾客提供更高档次的物流服务。

2. 信息网络可以降低库存成本

网络将整个供应链有机联系起来，可以及时把需求信息传递给供应商，而不必为了适应意外的市场变化而储备很多的存货，进而减少因为过多库存造成的资金积压以及由于降价处理存货造成的损失。

著名的计算机直销商戴尔公司就是凭借着因特网实现了零库存的生产战略，以比竞争对手低的价格提供给消费者高质量的产品，从而迅速占领了 PC 市场。短短几年时间，就跃居美国市场占有率首位。

3. 信息网络可以降低营销成本

山东某酒厂曾经在 1999 年用天价的广告费（1 亿元人民币/秒）在中央电视台的黄金时段为自己产品打广告。据统计，营销和销售成本平均占总成本的 15%～35%。这也就意味着，一种产品的定价更多的是反映与营销有关的服务而不是原材料和劳动力。电子商务时代全天候、范围广、价格低、用户群大等特点，使得企业可以以非常低的投入就能在世界范围内宣传自己的产品，而且与客户保持密切的联系，及时把握市场的动态等。

目前来讲，企业只需要投入几万元就可以建立自己的 Web 站点，通过该站点，企业不仅可以宣传自己的产品，还可以为顾客提供互动的、个性化的各种服务。这是传统媒体无法做到的。

4. 信息网络可以降低人力资源成本

企业计算机网络的建立和应用，许多处理工作都可以由计算机系统自动完成，而且处理效率和质量都远远高于人工操作，从而节省了大量的人力资源。与此同时，由于员工使用先进的技术手段处理业务数据，提高了数据处理的能力，工作效率大大提高。计算机网络的互联性、方便性和开放性，为信息的传递提供了便捷的手段，信息技术又为信息的深加工提供了技术保证，使得信息的附加值大大增加，为企业带来机会和利润。

5. 信息网络可以节约资本

信息替代资本主要体现在电子转账系统、电子货币的出现及普及上。以信用卡为载体的现代社会经济活动由货币媒介交换方式演变信息交换方式。这一演变是继物物交换转变为以货币媒介交换之后人类经济活动的又一次重大变化。金融业推广使用电子转账系统后，把货币流和票据流的资金运动变为信息流的运动，这样可以减少在途资金，加快资金的周转。

以上各个方面都体现了电子商务条件下物流能够以更低的成本提供更高效的服务。

7.1.5 客户关系管理 CRM

1. 客户关系管理的定义

CRM 是 Customer Relationship Management 的简写，即客户关系管理。

企业为提高核心竞争力，利用相应的信息技术以及互联网技术协调企业与顾客间在销售、营销和服务上的交互，从而提升其管理方式，向客户提供创新式的个性化的客户交互和服务的过程。其最终目标是吸引新客户、保留老客户以及将已有客户转为忠实客户，增加市场份额。它不仅仅是一个软件，更是方法论、软件和 IT 能力的综合，是商业策略。

图 7-3 为客户关系管理示意图。

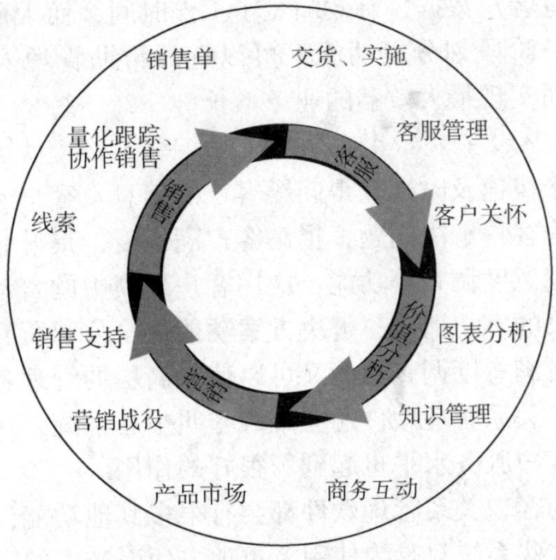

图 7-3 客户关系管理示意图

2. 客户关系管理的分类

根据客户的类型不同，CRM 可以分为 BtoB CRM 和 BtoC CRM。BtoB CRM 管理的客户是企业客户，而 BtoC CRM 管理的客户则是个人客户。提供企业产品销售和服务的企业需要是 BtoB 的 CRM，也就是市面上大部分 CRM 的内容，而提供个人及家庭消费的企业需要的是 BtoC 的 CRM。

从软件关注的重点来看，CRM 软件分为操作型、分析型两大类，当然也有两者并重的。操作型更加关注业务流程、信息记录，提供便捷的操作和人性化的界面；而分析型往往基于大量的企业日常数据，对数据进行挖掘分析，找出客户、产品、服务的特征，从而修正企业的产品策略、市场策略。

从软件的技术层面来看，CRM 软件分为预置型和托管型两类。而如何解决数据安全方面的担忧，是托管型 CRM 面临的最大难题；如何说服一个成熟企业并将核心数据放置在企业可控制范围之外，是托管型 CRM 能走多远的重点。

3. 客户关系管理的功能

客户关系管理的功能可以归纳为三个方面：市场营销中的客户关系管理、销售过程中的客户关系管理、客户服务过程中的客户关系管理，以下简称为市场营销、销售、客户服务。

（1）市场营销

客户关系管理系统在市场营销过程中，可有效帮助市场人员分析现有的目标客户群体，如主要客户群体集中在哪个行业、哪个职业、哪个年龄层次、哪个地域等等，从而帮助市场人员进行精确的市场投放。客户关系管理也有效分析每一次市场活动的投入产出比，根据与市场活动相关联的回款记录及举行市场活动的报销单据做计算，就可以统计出所有市场活动的效果报表。

（2）销售

销售是客户关系管理系统中的主要组成部分，主要包括潜在客户、客户、联系人、业务机会、订单、回款单、报表统计图等模块。业务员通过记录沟通内容、建立日程安排、查询预约提醒、快速浏览客户数据，有效缩短了工作时间，而大额业务提醒、销售漏斗分析、业绩指标统计、业务阶段划分等功能又可以有效帮助管理人员提高整个公司的成单率、缩短销售周期，从而实现最大效益的业务增长。

（3）客户服务

客户服务主要是用于快速及时地获得问题客户的信息及客户历史问题记录等，这样可以有针对性并且高效地为客户解决问题，提高客户满意度，提升企业形象。主要功能包括客户反馈、解决方案、满意度调查等功能。应用客户反馈中的自动升级功能，可让管理者第一时间得到超期未解决的客户请求，解决方案功能使全公司所有员工都可以立刻提交给客户最为满意的答案，而满意度调查功能又可以使最高层的管理者随时获知本公司客户服务的真实水平。有些客户关系管理软件还会集成呼叫中心系统，这样可以缩短客户服务人员的响应时间，对提高客户服务水平也起到了很好的作用。

此外，市面上很多的客户关系管理软件都会有很多其他功能，比如办公管理、行政管理、进销存等等，但是这些系统只是为使用者更加方便而产生的，其实与真正的客户关系管理没有任何的关系。

任务实施

在教师指导下，通过网络或其他途径，查找至少两个以上电子商务企业，分析其为客户提供的物流服务现状，进一步分析其优势、存在的问题及改进的意见，分析其客户关系管理 CRM 的应用情况，并填写实训报告。

任务成果

根据调研的电子商务企业，结合理论知识，分析其服务内容，对企业物流服务给出评价，形成咨询报告，并填写实训报告。

任务考核

电子商务物流服务管理调研任务考核表

检查内容	评价标准	分值	得分
操作准备	调研两家以上电子商务物流企业，获取翔实、准确的数据信息及资源。	10	
操作过程	调研电子商务物流企业，获取翔实、准确的相关信息，结合理论知识，进行分析和评价，给出建议并完成咨询报告。	50	
实训报告	咨询报告结构合理、内容翔实、分析总结科学合理，体现出对电子商务物流服务的认知与理解。	40	
合计		100	

任务小结

物流服务水平的高低直接影响到现在市场经济条件下的企业竞争力，尤其是对于电子商务物流企业来说，在产品同质化、市场信息公开化的情况下，提高服务能够有力地帮助企业维护和开发客户。本任务在介绍物流服务的基本理论的基础上，介绍了客户关系管理CRM的相关内容。请同学们认真学习和回顾任务中的技能和理论知识，提高对物流服务管理的认知和理解。

任务7.2 物流质量管理

任务描述

目前，国内零售企业普遍采用以POS管理系统为中心的商业信息管理系统。

任务知识

7.2.1 物流质量管理概述

1. 物流质量管理的概念

物流质量管理是指科学运用先进的质量管理方法、手段，以质量为中心，对物流全过程进行系统管理，包括保证和提高物流产品质量和工作质量而进行的计划、组织、控制等各项工作。

图7-4 物流质量管理

物流质量的概念既包含物流对象质量，又包含物流手段、物流方法的质量，还包含工作质量，因而是一种全面的质量观。

2. 物流质量管理的特点

（1）全员参与。物流质量管理的全员性正是物流的综合性、物流质量问题的重要性和复杂性所决定的。

（2）全程控制。物流质量管理是对物品的包装、储存、运输、配送、流通加工等若干过程进行的全过程管理。

（3）全面管理，整体发展。影响物流质量的因素具有综合性、复杂性，加强物流质量管理就必须全面分析各种相关因素，把握内在规律。

3. 电子商务物流质量管理的内容

（1）电子商务企业商品质量管理

一般情况下，物流商品质量管理包括两个部分：一是保护商品质量，二是通过物流加工和物流过程改善商品质量。

（2）物流服务质量管理

物流服务质量管理是对物流生产过程的管理，就是按照用户的需求，把物品实体从生产者转移给消费者，即提供服务（包括增值服务）。

（3）物流工作质量管理

物流工作的质量管理是指企业内部对物流质量的控制。

（4）物流工程质量管理

物流工程质量管理是指物流系统运作中，由人员、设备、材料、方法、测量器具和环境等所体现的物流服务质量水平的管理过程。

7.2.2 物流质量管理理论

1. PDCA 质量圈理论

PDCA 循环是美国质量管理专家休哈特博士首先提出的，由戴明采纳、宣传，并获得普及，所以又称“戴明环”。全面质量管理的思想基础和方法依据就是 PDCA 循环。PDCA 循环的含义是将质量管理分为四个阶段，即计划（plan）、执行（do）、检查（check）、处理（action）。在质量管理活动中，要求把各项工作按照做出计划、计划实施、检查实施效果；然后将成功的做法纳入标准，不成功地留待下一循环去解决。这一工作方法，是质量管理的基本方法，也是企业管理各项工作的一般规律。

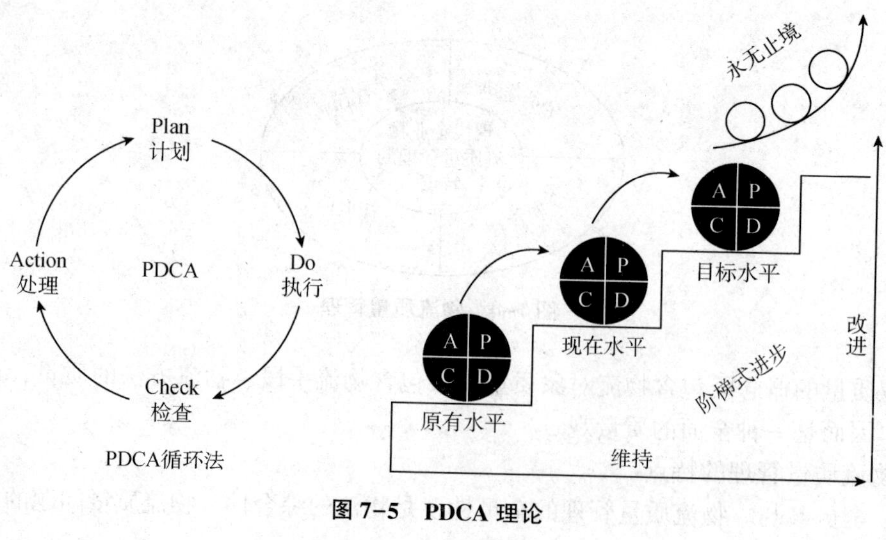

图 7-5 PDCA 理论

其中：P（plan）计划。包括方针和目标的确定以及活动计划的制定；

D（do）执行。执行就是具体运作，实现计划中的内容；

C（check）检查。就是要总结执行计划的结果，分清哪些对了，哪些错了，明确效果，找出问题；

A（action）行动（或处理）。对总结检查的结果进行处理，成功的经验加以肯定，并予以标准化，或制定作业指导书，便于以后工作时遵循；对于失败的教训也要总结，以免重现；对于没有解决的问题，应提给下一个 PDCA 循环去解决。

以上四个过程不是运行一次就结束，而是周而复始地进行，一个循环完了，解决一些问题，未解决的问题进入下一个循环，这样阶梯式上升。

PDCA 循环是全面质量管理所应遵循的科学程序。全面质量管理活动的全部过程，就是质量计划的制订和组织实现的过程，这个过程就是按照 PDCA 循环，不停顿地周而复始地运转的。

2. 朱兰的质量管理理论

约瑟夫·朱兰（Joseph M. Juran）博士是世界著名的质量管理专家，他所倡导的质量管理理念和方法始终深刻影响着世界企业界以及质量管理的发展，他的“质量计划、质量控制和质量改进”被称为“朱兰三部曲”，他最早把帕累托原理引入质量管理（见图 7-6）。

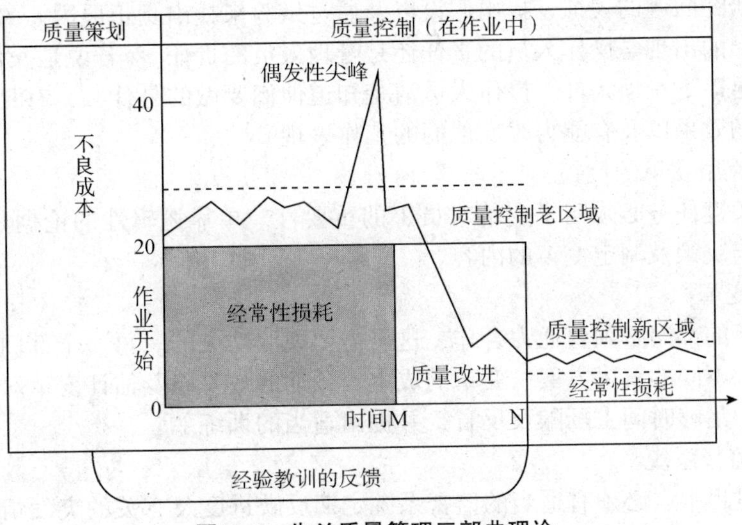

图 7-6 朱兰质量管理三部曲理论

从图 7-6 可以看出，“三部曲”的起点是质量计划，用计划来创建一个能满足既定目标，并在作业条件下运行的过程。计划的对象可以是任何一个质量体系要素。计划完成后，这个过程就移交给操作者，操作人员的职责是按质量计划进行控制。当发生偶尔性波动的“尖峰”超出限定的控制区域时，他们就会“救火”，使过程重新回归到计划规定的控制区域内。但是，如果原先的计划存在问题，经常性损耗就处于很高的水平。正如朱兰所说：“质量计划是经常性质量问题的主要滋生温床。”居高不下的经常性损耗是该计划过程的固有损耗，而按质量计划实施控制的操作者对其无能为力。解决这种计划问题的突破发生在 M-N 时段，这一突破不会自行发生，它是由上层管理者在管理职责中引入了一个新的管理过程——质量改进而产生的突破。质量改进的过程叠加在原有的质量控制过程之上，通过改进，经常性损耗可以大幅度下降。最后，改进中获得的经验教训反馈到新一轮的质量计划中。这样一来，整个质量管理过程就形成了一个有生命力的循环链。

朱兰博士所提出的“突破历程”，综合了他的基本学说。以下是此历程的七个环节：

（1）突破的势态

管理层必须证明突破的急切性，然后创造环境使这个突破能实现。要去证明此需要，必须搜集资料说明问题的严重性，而最具说服力的资料莫如质量成本。为了获得充足资源去推行改革，必须把预期的效果用货币形式表达出来，以投资回报率的方式来展示。

（2）突出关键的少数项目

在众多的问题中，找出关键性的少数；利用帕累托法分析，突出关键的少数。然后，再集中力量去优先处理。

（3）寻求知识上的突破

成立两个不同的组织去领导和推动变革——其一可称之为“策导委员会”，另一个可称为“诊断小组”。策导委员会由来自不同部门的高层人员组成，负责制定变革计划、指出问题原因所在、授权做试点改革、协助克服抗拒的阻力及贯彻执行解决方法。诊断小组则由质量管理专业人士及部门经理组成，负责寻根问底、分析问题。

（4）进行分析

诊断小组研究问题的表征、提出假设以及通过试验来找出真正原因。另一个重要任务是决定不良产品的出现是操作人员的责任还是管理人员的责任。（若说是操作人员的责任，必须是同时满足以下三项条件：操作人员清楚知道他们要做的是什么，有足够的资料数据明了他们所做的效果以及有能力改变他们的工作表现）

（5）如何克服变革的抗拒

变革中的关键任务必须明了变革对员工的重要性。单靠逻辑性的论据是绝对不够的，必须让他们参与决策及制定变革的内容。

（6）进行变革

所有要变革的部门必须要通力合作，这是需要说服功夫的。每一个部门都要清楚知道问题的严重性、不同的解决方案、变革的成本、预期的效果以及估计变革对员工的冲击和影响；必须给予足够时间去酝酿及反省，并提出适当的训练。

（7）建立监督系统

变革推行过程中，必须有适当的监督系统定期反映进度及有关的突发情况。正规的跟进工作异常重要，以监察整个过程及解决突发问题。

3. 六西格玛质量管理

六西格玛管理（Six Sigma Management）是20世纪80年代末首先在美国摩托罗拉公司发展起来的一种新型管理方式。推行六西格玛管理就是通过设计和监控过程，将可能的失误减少到最低限度，从而使企业可以做到质量与效率最高、成本最低，过程的周期最短，利润最大，全方位地使顾客满意。因此，六西格玛管理是一种近乎完美的管理策略（见图7-7）。

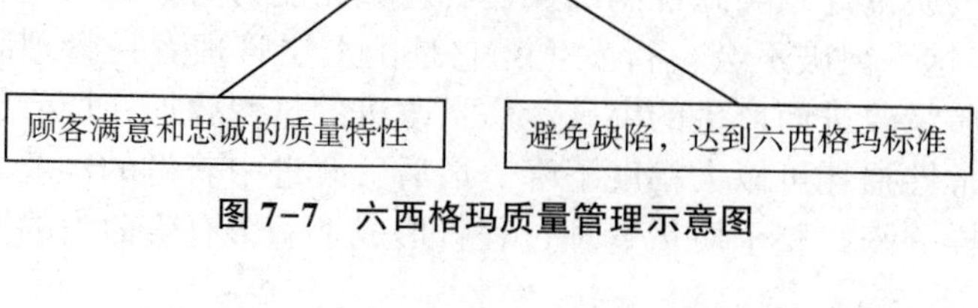

图7-7 六西格玛质量管理示意图

(1) 相关概念

西格玛 (σ) 是标准偏差，用标准偏差来衡量质量，能反映距目标值的偏移程度。在运用统计方法测量偏差时，要首先了解 6σ 中的“流程”“规格”等概念。我们举例说明相关概念。

以物流作业为例，当存货人到物流仓储部门办理货物出库时，从他进仓库开始到结束手续办理叫作一个“流程”。当顾客要求配送运输在 5 小时内完成，这 5 小时就是该顾客的“规格”。而企业如果要用 6 小时才能做完，那么就称之为“缺陷”。

如果需要为顾客分拣 7 种不同型号的物品，这项分拣任务叫作一个“单元”，有一样物品分拣错误，就叫作一个“缺陷”。在 6 西格玛中所说的“机会”是指出现缺陷的机会。要为顾客分拣 7 种物品，则这个单元的缺陷机会为 7。

若缺陷数与总的机会数的比率计算出的百万次机会不合格数是百万分之三点四 (3.4 Part Per Million，3.4PPM)，即达到 99.99966%的合格率，就叫作 6 西格玛 (6σ)。

从统计意义上讲，一个流程具有 6 西格玛能力意味着过程波动减小，超出规格界限的不合格品率为 3.4PPM。因此，作为一种衡量标准，σ 的数量越多，质量就越好。引入 6 西格玛概念后，不同的企业、流程、服务和部门之间都可以进行量化的比较。

(2) 六西格玛物流管理实施步骤

①定义 (define)：定义问题，即确认机会。6 西格玛物流管理应关注创造产品提供服务的流程，注意流程与流程之间的联结，确定顾客的关键需求并识别需要改进的过程。

②测量 (measure)：测量状态，即收集数据。通过对现有过程的测量，确定过程的基线及期望达到的目标，识别影响流程绩效的过程参数。

③分析 (analyze) 数据：在分析阶段，最应该回答的主要问题是，为什么会出现缺陷以及如何弥补缺陷，而不要只关注问题的症状。应当按照物流系统的各个构成全面分析原因，不要偏颇。

④改进 (improve)：改进状况，即开发方案。在确定了哪些关键质量特性 (CTO) 达不到期望值后，黑带团队 (受过全面训练的六西格玛专家) 就要关注于寻找优化过程输出的方案。利用分析数据所得到的因果关系，设计、改进和优化物流过程，以满足标准的需要。

⑤控制 (control)：控制新流程，即监控绩效。方案确定后，为确保项目计划能合理实施，黑带团队须监控流程，测量结果。

7.2.3 电子商务物流质量管理的途径

1. 树立企业物流整体质量管理思想

(1) 真正形成物流整体质量管理的认识

企业服务由基本服务和增值服务两部分构成，不同企业的物流服务，由于功能的构成和重要性不同，其质量也会影响顾客感觉中的整体服务质量和顾客的满意程度。强化企业物流质量管理，就必须从企业物流发展战略高度出发，真正树立整体质量管理思想。

(2) 认真做好物流服务过程的整体质量管理

物流管理人员必须深入了解物流服务全过程，尤其是电子商务物流企业的顾客，需求多样化、个性化特点尤为明显，因此，更应该根据顾客的需求，认真做好物流服务网络体系的设计工作和服务质量的管理工作，不断创造物流价值，提高顾客的满意程度。企业在物流服务过程的各个环节和阶段，都必须以优质服务组成的整体，为顾客创造更大的物流价值，增强顾客的信任感和忠诚度。

（3）整体考核企业物流服务质量管理水平

企业只有不断提高企业物流服务质量和生产效率，才能在激烈的市场竞争中取得优势并发展下去。企业应该确定好物流服务质量标准，做好每一个关键环节的质量管理工作，促使服务绩效符合并超过顾客预期。要从整体角度客观全面地衡量物流服务质量管理水平，采取积极有效的技术加强管理，提升企业物流服务的整体质量水平。在绩效考核中，要着重考核服务质量和顾客满意度。

2. 建立有效的物流质量管理信息系统

建立有效的服务质量管理信息系统能为企业提供物流服务质量改进决策必需的各种信息，激励企业内部员工改进物流服务工作。

要建立有效的物流质量管理信息系统，企业应遵循的原则是：

（1）计量顾客对物流质量的期望。企业既应计量顾客对物流服务质量的评估，也应计量顾客对物流服务的期望。顾客对服务质量的期望是顾客评估服务质量的依据。

（2）强调信息质量。企业物流质量管理信息系统强调信息质量，是根据信息的相关性、精确性、实用性、连续性、可信性来衡量的，企业为顾客提供优质服务，可增强顾客忠诚感，扩大市场份额，提高经济收益。

（3）实时监控物流质量状况。加强物流质量管理需要随时了解和掌握物流质量的现状、运行过程和发展趋势，及时发现问题，改进管理。提高企业物流服务与管理质量，一般需要对物流服务质量进行广泛深入的调查研究，建立一定的评价指标体系，实现企业物流质量管理信息的实时采集、整理、传递，有效实行监督和控制，不断提高服务与管理水平。

3. 加强企业物流质量管理的主要措施

要有效地提高质量管理工作效果，企业必须根据质量管理环境，采取适当的管理措施。

（1）根据全面质量管理理论，建立和完善企业物流质量管理的计量、评估体系，切实消除企业物流过程中的差错。尤其是对于电子商务物流企业，产品多样性较强，顾客需求不统一，因此要运用相关理论，结合实际情况，完善物流质量管理的计量和评估体系。

（2）积极引进现代质量管理理论和技术，提高质量管理水平。科学技术就是生产力，企业必须借助现代技术强化物流质量管理，认识到现代化技术对物流服务质量的推动作用，大力开展技术创新活动。

（3）运用有效的激励措施，实行全员质量管理。由于顾客需求环境的相对不确定性，企业应根据情况，运用有效的奖励和激励措施，激励员工提高学习能力和创新能力，鼓励员工承担风险，通过大胆尝试和创新，探索减少差错的方式方法。

任务实施

调研一家电子商务企业，对其质量管理状况进行分析，判断是否可以运用 PDCA 质量圈、朱兰的质量管理理论及六西格玛进行改进，选取其可以采用的理论，结合企业实际，对企业的质量管理进行优化，并给出提高管理水平的建议。

任务成果

根据调研的电子商务企业，结合理论知识，分析其质量管理水平，对企业物流质量管理给出评价，形成咨询报告，并填写实训报告。

任务考核

物流质量管理任务考核表

检查内容	评价标准	分值	得分
操作准备	调研一家以上电子商务物流企业，获取翔实、准确的数据信息及资源。	10	
操作过程	调研电子商务物流企业，获取翔实、准确的相关信息，结合理论知识，进行分析和评价，给出建议并完成咨询报告。	50	
实训报告	咨询报告结构合理、内容翔实、分析总结科学合理，体现出对电子商务物流质量管理的认知与理解。	40	
合计		100	

任务小结

服务质量是影响现代企业核心竞争力的重要因素。尤其对于电子商务企业来说，物流服务质量可以直接影响顾客满意度和忠诚度。本任务在介绍了物流质量管理基本知识后着重介绍了质量管理的三种基本理论以及提升电子商务物流质量管理的途径。

项目能力测试

一、单选题

1. 物流服务源于（　　）。

A. 客户服务　　B. 物流业务　　C. 企业发展　　D. 订单

2. 以下哪一项不是电子商务下物流服务的优势所在（　　）。

A. 信息网络可以降低原材料采购成本

B. 信息网络需要增加部分成本

C. 信息网络可以降低营销成本

D. 信息网络可以降低库存成本

3. PDCA 循环是美国质量管理专家（　　）博士首先提出的。

A. 休哈特　　B. 戴明　　C. 大野耐一　　D. 帕累托

4. 企业为提高核心竞争力，利用相应的信息技术以及互联网技术协调企业与顾客间在销售、营销和服务上的交互，从而提升其管理方式，向客户提供创新式的个性化的客户交互和服务的过程叫作（　　）。

A. EOS　　B. MRP　　C. ERP　　D. CRM

5. 当存货人到物流仓储部门办理货物出库时，从他进仓库开始到结束手续办理叫作一个“（　　）”。

A. 规格　　B. 西格玛　　C. 缺陷　　D. 流程

6. PDCA 环中的 C 指的是（　　）。

A. 计划　　B. 执行　　C. 检查　　D. 行动

二、多选题

1. 以下属于电子商务物流服务特性的是（　　）。

A. 从属性　　B. 即时性

C. 移动性和分散性　　D. 需求的波动性

2. 物流质量管理的特点有（　　）。

A. 全员控制　　B. 全面控制　　C. 全程控制　　D. 总体控制

3. 电子商务物流质量管理的内容有（　　）。

A. 电子商务企业商品质量管理　　B. 物流工程质量管理

C. 物流服务质量管理　　D. 物流工作质量管理

4. 加强企业物流质量管理的主要措施是（　　）。

A. 根据全面质量管理理论，建立和完善企业物流质量管理的计量、评估体系，切实消除企业物流过程中的差错。

B. 积极引进现代质量管理理论和技术，提高质量管理水平。

C. 运用有效的激励措施，实行全员质量管理。

D. 全面提升信息化水平。

5. 物流服务的内容包括（　　）。

A. 基本服务　　B. 增值服务　　C. 售后服务　　D. 质量服务

三、简答题

1. 简述 PDCA 理论。

2. 什么是物流服务？

3. 简述提升物流质量管理的途径。

4. 物流质量管理的基本理论有哪些？

项目 8　电子商务物流成本管理

项目描述

无论是生产企业还是商业企业，物流成本的管理和控制都是一个不可忽视的主题，对于电子商务物流企业来说，成本更是重要。本项目根据电子商务物流企业实际运营过程中所产生的各种物流费用，遵循成本管理的一般流程和规律，以物流成本区分与判定、计算与核算、管理和控制为主线，系统介绍物流成本管理的观念、思路、方法、技术和手段，能够为学生更有效地从事物流作业管理工作打下坚实的基础。

项目要求

通过本项目的学习，树立良好的物流成本节约意识，养成良好的成本节约的作业习惯，能够立足于日常物流操作和作业，进行物流成本区分与判断、计算与核算、预测与决策、预算与执行、管理和控制、分析和评估，并能够满足物流作业和作业管理等工作岗位以及电子商务物流成本专员和物流成本分析工程师等工作职位所必需的物流成本管理技能需要。

项目目标

【技能目标】

1. 能够进行电子商务物流成本的核算。
2. 能够根据实际情况有效地进行物流成本控制。

【知识目标】

1. 了解电子商务物流成本的基本理论知识。
2. 了解电子商务物流成本管理的基本知识。
3. 掌握作业成本法。
4. 掌握物流成本控制的手段和方法。

【职业能力目标】

1. 培养学生从多角度思考电子商务物流成本的思维能力。
2. 增强学生对新理论、新思想、新技术的接受和应用能力。
3. 引导学生认识进行物流成本核算和控制对企业发展的重要性，加强学生对物流成本管理的意识和观念。

引导案例

海南水果搭上电商快车　物流成本降八成

近日，果农梁子坤决定，在自家300亩火龙果园做更多投入，改善生产条件。一个更大的决定是，4月26日，是他女儿的婚礼，以后他要在海南定居了。

8年前，梁子坤坐了近30个小时的火车从东北来到海南，面对茫茫热带果园，有些懵，现在，他把自家的火龙果卖到全国各地，实现亩产7000美元。

一名果农的成长，见证着海南享有盛名的热带经济作物走向全国，从养在闺中人未识到如今成为水果爆品，这背后的力量来自以阿里巴巴为代表的电商，通过技术、品控、物流、供应链，为水果赋值，为农户赋智，为产业赋能。

这只是海南农村淘宝发展的一个缩影。

4月26日，海南省商务厅发文，邀请全省各个县域报名参与阿里巴巴农村淘宝"兴农扶贫"，推动各县分批建设"兴农扶贫县域官方品牌站"，为本地优质农产品打开网上销售和品牌建设通路，助推乡村振兴，精准脱贫。

一、电商赋能：打造爆款，海南火龙果身价翻3倍

2017年这个时候，果农梁子坤还忧心忡忡。一年能收获八次，梁子坤把火龙果做到亩产万斤，但增产了如何增收？梁子坤说起以前做果农的痛点：物流不畅，市场信息不对称。"我们不知道该生产多少，也不知道哪里有需求购买。"

阿里巴巴农村淘宝团队解决了这个痛点：2017年6月，技术人员来到东方市，提出将东方红心火龙果放到阿里巴巴电商平台上销售。在东方市，火龙果种植面积超过3万亩，是全省种植面积的1/3，果农接近300户。

要把农产品变成商品乃至品牌产品，就必须在种植、品控、物流、销售等多个环节升级。水果商家、三亚海源实业有限公司总经理文浩介绍，在农村淘宝团队的帮助和指导下，对旗下果农的种植环节制定了一系列标准：高垅种植让火龙果的水肥吸收更好；严格使用水库水灌溉，水库里微生物和鱼类产生的养分，让火龙果得到远比地下水更多的营养；沙地种植让火龙果的含糖量更高。品控环节：为了改变商品的参差不齐，分拣环节将0.8~1斤与0.5~0.7斤的果子严格分装，甜度上也严格保证正季果不低于19度，反季果不低于17度。物流上，12小时实现从枝头到快递取货，保证消费者吃到的都是最新鲜的火龙果。

直到2017年"双十一"，一组数据让梁子坤振奋。当天，海南火龙果在阿里巴巴电商平台售出15吨。15吨是什么概念？如果把这些水果一颗一颗摞起来，相当于世界最深海沟——马里亚纳海沟的深度（-11034米）。最初，红心火龙果的销售价是每颗5元左右，现在线上销售价超过15元。

农村淘宝运营人员王巍说："有段时间，海南火龙果供不应求，我们都不得不实行限

购。”从去年“双十一”开始，通过阿里电商平台卖出的每颗火龙果都成为一个广告，也打出了海南水果的名声。

二、电商建设：海南每5个农村人口，就有1人享受农村淘宝服务

红心火龙果，只是海南水果产业“四肢伸展”、四通八达的一个例证。阿里巴巴农村淘宝，将电商力量延伸到海南更广大的地区。

2015年12月28日，阿里巴巴农村淘宝与陵水黎族自治县正式签约，开启了海南省与农村淘宝的全面合作。2016年3月11日，海南省首个农村淘宝县级服务中心在白沙黎族自治县正式启动。

当时据媒体报道，白沙县31家农村淘宝服务站集体开业，开业当天成交量达38万元，成交订单1363单。“我们正在为未来铺一张网。”阿里巴巴集团副总裁、乡村事业部总经理王建勋表示。他说：“我们做的是平台经济，最大的优势是基础设施建设。”把基础设施做好了，农村发展才会有通路。农村淘宝在一个区域落地后，即着手推动电子商务培训、推进网络覆盖、改造和新建农村电子商务服务网点、物流配送体系建设、培育农村电商服务平台。

现在，这张网越铺越大，海南全省共建设9个县级服务中心，招募540个“村小二”、463个“淘帮手”，这支千人队伍，服务覆盖360个行政村。

2017年，农村淘宝村级服务站为村民提供网络交易服务近180万次。年均服务村民近90万人（次）。这意味着，海南省平均每5个农村人口中，就有1人享受到农村淘宝的电商服务。海南目前全省有900多万人，平均每10人中，就有1人在农村淘宝身上获益。

基础设施建设还包括9张物流网——农村二段物流，真正让送货车直达农村。2017年全年，农村淘宝在海南所有合作县域补贴物流成本近1200万元。一个变化是：针对商家的农村末端物流成本，相比农村淘宝落地前降低了近80%。

三、人才培养：“亩产1000美金”计划让更多人才回到乡村

电子商务深入农村，到底能怎样改变农民的生活？

农村淘宝项目落地海南后，依托阿里巴巴生态资源，很多地方村民享受到网上代买代卖、网上缴费、票务预定、阿里健康、阿里旅行、网络教育等便利服务。美国伯克利大学、斯坦福大学、中国暨南大学的联合研究报告显示，在降低村民的生活、生产成本方面，农村淘宝提供的基础服务给村民生活生产节约支出达18万元/村/年。根据海南省农村淘宝业务规模，2017年已累计为村民节支6000余万元。金融贷款服务，能够帮助农民一解燃眉之急。

阿里巴巴搭建了乡村金融服务体系：网商银行向全省农村淘宝合作县域三农用户，提供“旺农贷”无抵押信用贷款，累计放款近2.8亿元，帮助5600余位农户解决经营资金周转困难。让村民在享受到生活便利的同时，实现了减支增收。而人才的回归与聚拢，才是农村发展的未来支撑。

农村淘宝项目，为海南省农村地区提供新增就业岗位1103个。这些人分任“村小二”和淘帮手。“村小二”月均收入达3000元以上。这支队伍里，50%是大学生（含大专生），40%的人员35岁以下。海南省政府官方网站显示，截至2018年1月12日，全省农业生产经营人员的受教育程度，大专及以上的只占2%。

农村淘宝，提供了适合年轻人电商就业、创业的机会与平台，带动了大学生等年轻人才的回归，激发县域电商经济发展的活力。农村电商，让更多面朝土地的农民与互联网接驳，“省掉了中间商的环节，这部分利润还给了果农，可以增加20%的收入”。梁子坤的火龙果一年亩产是5万元，超过7000美元。

（杨涛：《海南水果搭上电商快车，物流成本降八成》，2018年4月27日，http://mini.eastday.com/a/180427094710923.html）

而海南的故事，才刚刚开始。

阿里巴巴乡村事业部大农业发展部负责人黄爱珠透露，2018年5月，农村淘宝兴农扶贫项目将正式落地海南。同样在5月，“抢空海南”为主题的线上销售活动启动。届时，将整合淘抢购、聚划算等阿里巴巴电商平台优质资源，让海南农产品直面阿里巴巴2亿消费者。一切行动，都来源于此前农村淘宝公布的“亩产1000美金”计划。黄爱珠说：上百人的技术团队将继续帮海南农户对农产品标准化、品牌化，聚力天猫、淘宝、盒马鲜生、大润发、易果生鲜等线上线下销售渠道，销售农产品，“让更多贫困地区的农民，达到亩产1000美金。”

未来，海南省农产品产业供应链将全面升级。农村淘宝帮助开拓海南省农产品销售渠道，并通过统一品牌、统一服务、统一品质、统一物流的方式，与海南省农业厅、农业龙头企业等共建海南省农产品全产业供应链的建设和升级，有效加快海南省农产品的流通、销售、运输、仓储等供应链能力。

任务8.1　电子商务物流成本概述

任务描述

长期以来，我国对物流成本不够重视，绝大部分企业并不对物流成本做专门的统计、核算，对物流成本的核算更是不到位，因此，物流方面的成本被掩盖，也加剧了物流成本的浪费。电子商务的发展把物流提高到了一个非常重要的地位，也让企业管理者认识到降低物流成本的重要意义。因此，在电子商务物流管理中，加强电子商务物流成本的管理，建立电子商务物流成本会计制度，降低成本，不仅是我国物流经济管理需要解决的重要问题，而且还是企业进行电子商务活动、开展物流配送所必须解决的一个重要问题。

任务知识

8.1.1 电子商务物流成本

1. 电子商务物流成本的含义

成本对企业的经营活动所具有的意义是不言而喻的。成本是人们在进行生产经营活动时，所耗费的活劳动与物化劳动的货币表现。成本的属性表现为以下两点：

第一，成本是商品经济的价值范畴，是商品价格的重要组成部分，是生产要素耗费的货币表现。

第二，成本具有补偿的性质。商品价格是由成本与利润以及税金所构成的，具体如图 8-1 所示。

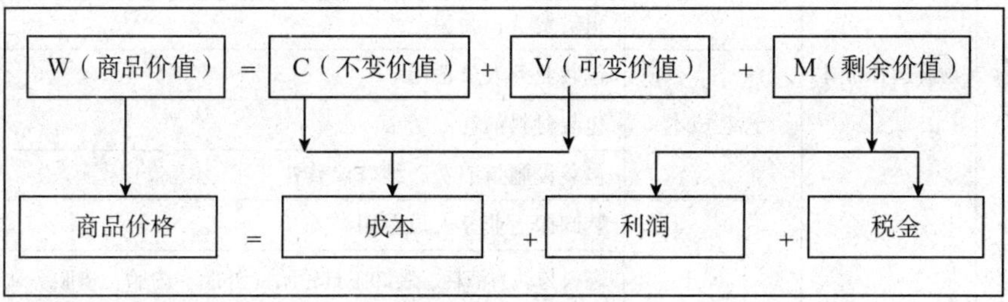

图 8-1 成本属性

上述概念及属性虽然同样适用于物流成本，但由于企业类型的不同、成本分析角度的不同以及经济分析目的的不同，会导致物流成本的概念有很大的差别。

物流成本的定义，不同的学者有不同的理解和表述，本书采用《中华人民共和国国家标准·物流术语》（GB/T18354—2006）中的定义：物流活动中所消耗的物化劳动和活劳动的货币表现。具体包括货物在运输、仓储、包装、装卸搬运、流通加工、物流信息、物流管理中所消耗的人力、物力和财力的总和以及与存货相关的流动资金占用成本、存货风险成本和存货保险成本。

电子商务物流成本是人们在进行电子商务物流活动中，所耗费的活劳动与物化劳动的货币表现。其主要包括两大部分：一部分是产品在实体运动过程中所耗费的各种活劳动和物化劳动的货币表现；另一部分是进行网络服务所耗费的各种劳动与物化劳动的货币表现。

作为成本的一个方面，电子商务物流成本也属于商品经济的价值范畴，是商品价格的重要组成部分，是生产要素耗费的货币表现，同样也具有补偿的性质。

2. 电子商务物流成本的构成

按照国家标准《企业物流成本构成与计算》，企业物流成本包括企业物流成本项目构成、企业物流成本范围构成及企业物流成本支付形态构成三种类型。

表 8-1　企业物流成本项目构成

<table>
<tr><th colspan="3">成本项目</th><th>项目内容</th></tr>
<tr><td rowspan="29">物流功能成本</td><td rowspan="22">物流运作成本</td><td rowspan="6">运输成本</td><td>从事货物运输人员费用</td></tr>
<tr><td>燃料、轮胎等材料费</td></tr>
<tr><td>车辆等运输工具的折旧、维修保养费</td></tr>
<tr><td>租赁费</td></tr>
<tr><td>车辆等保险费、年检费、过路（桥）费、事故损失费</td></tr>
<tr><td>相关税金</td></tr>
<tr><td rowspan="5">仓储成本</td><td>仓储业务人员费用</td></tr>
<tr><td>绑扎、衬垫、苫盖等材料</td></tr>
<tr><td>动力、燃料费、水电费</td></tr>
<tr><td>仓储设施的折旧及维修保养费、大修理费</td></tr>
<tr><td>租赁费及相关税金</td></tr>
<tr><td rowspan="3">包装成本</td><td>包装业务人员费用</td></tr>
<tr><td>包装材料消耗</td></tr>
<tr><td>包装设施折旧费、维修保养费</td></tr>
<tr><td rowspan="4">装卸搬运成本</td><td>装卸搬运业务人员费用</td></tr>
<tr><td>燃料与动力消耗、装卸工具轮胎（外胎、内胎、垫胎等）、备件、润滑油等、工具劳保费（工作服、手套、安保用品、防暑降温用品）等</td></tr>
<tr><td>装卸机械及工具的维修费、折旧费</td></tr>
<tr><td>租赁费</td></tr>
<tr><td rowspan="4">流通加工成本</td><td>流通加工业务人员</td></tr>
<tr><td>材料消耗、燃料与动力消耗等</td></tr>
<tr><td>加工设施折旧费、维修保养费</td></tr>
<tr><td>电费</td></tr>
<tr><td colspan="2" rowspan="4">物流信息成本</td><td>物流信息人员费用</td></tr>
<tr><td>软硬件折旧费、维修保养费</td></tr>
<tr><td>通信费</td></tr>
<tr><td>电费</td></tr>
<tr><td colspan="2" rowspan="3">物流管理成本</td><td>管理人员费用</td></tr>
<tr><td>差旅费、办公费、会议费、业务招待费、工会经费</td></tr>
<tr><td>相关税费</td></tr>
<tr><td rowspan="5">存货相关成本</td><td colspan="2" rowspan="2">资金占用成本</td><td>融资利息支出</td></tr>
<tr><td>占用资金的机会成本</td></tr>
<tr><td colspan="2">存货风险成本</td><td>物品跌价、损耗、毁损、盘亏等</td></tr>
<tr><td colspan="2" rowspan="2">存货保险成本</td><td>存货保险费</td></tr>
<tr><td>税费</td></tr>
</table>

表 8-2 企业物流成本范围构成

成本范围	内容说明
供应物流成本	经过采购活动将企业所需要的原材料从供应者的仓库运回企业仓库为止的物流过程中所发生的物流费用
企业内部物流成本	指从原材料进入仓库开始，经过出库、制造产成品以及产品进入成品库，直到产品从成品库出库为止的物流过程中所发生的物流费用
销售物流成本	指销售产品从成品库移动开始，经过流通加工环节，直到运输至中间商的仓库或消费者手中的物流活动过程中所发生的物流费用
回收物流成本	指退货、物品返修和周转使用的包装容器等从需求地返回供应地的物流活动过程中所发生的物流费用
废弃物物流成本	指将经济活动中失去原有使用价值的物品，根据实际需要进行收集、分类、加工、包装、搬运、储存等，并分送到专门处理场所的物流活动过程中所发生的物流费用

表 8-3 企业物流成本支付形态构成

成本支付形态		内容说明
自营物流成本	材料费	资材费、工具费、器具费等
	人工费	工资、福利、奖金、津贴、补贴、住房公积金等
	维护费	土地、建筑物及各类物流设施设备的折旧费、维护维修费、租赁费、保险费、燃料费、动力费等
	一般经费	办公费、差旅费、会议费、通信费、水电费、煤气费、事故损失费等
	特别经费	资金占用成本、存货风险成本、存货保险成本
委托物流成本		企业向外部物流机构所支付的各项费用

3. 电子商务物流成本的种类

电子商务物流成本依据不同的分类标准大致有如下几种分类方法：

（1）按照物流活动的功能分类

①物流环节成本。主要包括运输费、仓储费、包装费、装卸费、流通加工费等。

②信息流通成本。主要指处理和传送物流相关信息发生的费用，包括库存管理、订单处理、顾客服务等相关费用。

③物流管理成本。主要指物流计划、协调、控制等管理活动方面发生的费用。

（2）按照物流成本是否在会计核算中反映分类

①显性成本。主要指容易被人们熟知接受，也可以用定量的分析方法近似估算的成本。主要指运输成本和库存成本。

②隐形成本。主要指很难用定量分析的方法进行估算的成本。主要指物流管理成本和逆向物流成本。

（3）按照物流成本计入成本对象的方式分类

①直接成本。指与某一特定的成本对象存在直接关系，是为某一特定的成本对象所消耗的成本。

②间接成本。指与某一特定对象没有直接联系的成本，是为几种成本对象所共同耗费的成本，不能直接计入某一特定对象的成本中。

除以上几种分类之外，还可以按照物流成本是否具有可控性分类、按照物流成本的习性分类、按照成本计算的方法分类、按照物流费用的支付形态分类、按照物流活动发生的范围分类等。

8.1.2 电子商务物流成本管理

1. 电子商务物流成本管理的含义

物流成本管理是对物流成本所进行的计划、组织、指挥、协调、控制和决策的过程，是以降低物流成本、提高物流效率和经济效益为主要目的的。

电子商务物流成本管理就是以现代通信为基础，特别是以因特网为基础，应用现代信息技术对物流成本所进行的计划、组织、指挥、协调、控制和决策。

2. 电子商务物流成本管理的作用

因特网以及现代信息技术的发展为人们进行电子商务物流成本管理创造了一个有利的环境，通过电子商务，我们不仅可以对物流成本进行有效的监控，而且还可以对物流成本进行模拟，进而达到降低物流成本、提高效率和效益的目的。

其作用主要表现在以下三个方面：

（1）可以有效地对物流成本进行实时监控。在电子商务物流情况下，可以通过电子商务系统、物流信息技术等对物流成本的实际情况实时掌握，并根据物流成本的管理目标以及物流的目标，通过管理系统及时地作出科学合理的决策，降低物流成本，提高物流效率。

（2）可以有效地对物流成本进行模拟。效益背反是物流的突出特点之一，在物流的基本功能之间以及物流的服务和成本之间都存在效益背反现象。在传统的物流运作过程中，由于物流的功能被分割，缺乏统一管理，也因为物流信息系统不够健全，难以有效地实现物流整体成本的降低。而在电子商务物流的情况下，通过虚拟方式对物流过程进行模拟，依据最合理的方式调整整个物流作业过程以及作业方式，促进物流各作业环节的衔接和协调，就能有效地实现物流的合理化运作，降低物流成本，提高物流效率。

（3）可以有效地协调各方面物流成本的关系。在电子商务情况下，不管是企业还是消费者，都可以通过因特网这一开放性的网络形式有效的沟通和交流，协调各方面物流成本的关系，降低物流成本，提高物流效率。

此外，进行电子商务物流成本的管理，首先可以掌握和了解电子商务成本大小以及具体分布情况，从而提高企业内部对物流成本重要性的认识，并且从电子商务物流成本的分布情况中发现物流活动中存在的问题。其次可以根据电子商务物流成本的计算结果，制订出物流计划，调整物流活动并评价物流活动效果。再次还可以根据物流成本的计算结果，明确责任，加强物流成本的监督和管理，提高物流的管理效率。

3. 电子商务物流成本管理的内容

电子商务物流成本管理的内容涉及范围很广，但主要包括以下内容：

（1）核算。采用科学方法对发生过的各种物流成本进行计算、归集。

（2）预测。根据有关物流成本数据和企业具体的发展情况，运用一定的技术方法，对未来的成本水平及其变动趋势作出科学的估计。

(3) 决策。在物流成本预测的基础上，结合其他有关资料，运用一定的科学方法，从若干可行性方案中选择一个满意方案的过程。

(4) 预算。根据物流成本决策所确定的方案、预算期的物流任务、降低物流成本的要求以及有关资料，通过一定的程序，运用一定的方法，以货币形式规定预算期物流各环节耗费水平和成本水平，并提出保证成本预算顺利实现所采取的措施。

(5) 控制。通过对物流成本产生的整个过程进行控制，可以及时发现存在的问题，采取纠正措施，保证物流成本目标的完成和实现。

(6) 分析。首先对企业物流成本进行核算，然后在物流成本核算及其他有关资料的基础上，运用一定的方法，揭示物流成本水平变动的原因，进一步查明影响物流成本变动的各种因素，提出积极的建议，采取有效的措施，合理地控制物流成本。

(7) 评价。对物流成本效益进行分析。

此外，从财务的一般角度考虑，电子商务物流成本管理可以分为三阶段与九环节。这三个阶段九个环节是一个不断循环往复的运动过程，也是管理内容和管理方法不断提高的过程。

表 8-4 电子商务物流成本管理的三阶段九环节

三阶段	九环节
成本预算制定	成本预测
	成本决策
	成本预算
成本预算执行	成本控制
	成本核算
	成本调节
成本预算总结	成本分析
	成本检查
	成本考核

8.1.3 电子商务物流成本核算

1. 电子商务物流成本核算概述

(1) 物流成本核算的概念

物流成本核算是物流成本管理中的基础内容，是根据企业确定的成本计算对象，采用相应的成本计算方法，按照规定的成本项目，通过一系列物流费用的汇集与分配，从而计算出各物流环节计算对象的实际总成本和单位成本。

(2) 物流成本核算的意义

物流成本核算制度是企业按照物流管理目标对物流耗费进行确认、计量和报告的制度。建立企业物流核算制度，计算企业的物流成本，在电子商务物流企业管理中具有十分重要的意义。

①降低成本、增加利润的需要。在按照国家现行的会计制度规定进行物流成本的核算时，物流成本被分散在许多成本费用项目之中。在电子商务企业中，物流成本是和商品的销售费用或者管理费用合计计算的。而与物流有关的利息、税金租金等其他的耗费则被分散列于许多成本费用项目中，因此，从现行的账户记录和会计报表中，很难辨别清楚物流耗费的实际情况，不能真实地分辨和核算物流成本。

②物流管理决策的需要。在电子商务企业物流管理决策中，物流成本起着重要的作用。但由于企业的物流成本没有被纳入单独核算范围，使物流管理决策受到一定的局限，尤其在各种中长期决策中，由于成本信息的不准确，可能带来决策上的失误。通过对某一具体物流活动的成本计算，弄清物流活动中存在的问题，为物流运营决策提供依据。

③物流服务定价的需要。成本是制定价格的主要依据。物流成本则是物流部门和企业制定物流服务价格的主要依据。为了考核企业物流工作业绩，企业物流部门对外对内提供各种物流服务时，要求按一定的价格进行结算，这使得物流成本成为企业制定物流服务价格的重要依据。而物流成本本身的隐含性又使得成本的确定相对困难。只有建立了物流成本核算制度，才能为发挥价格的杠杆作用提供准确的数据。

④提升物流管理水平的需要。物流成本的高低是企业物流工作实际状况好坏的综合反映。通过企业物流成本核算，可以揭示出其物流成本的全貌，并为编制物流成本预算、制定标准物流成本提供资料。将实际物流成本与标准物流成本以及物流成本预算三方面进行比较、找出差异，并对差异产生的原因进行深入分析，可以发现造成物流成本超支以及组织管理方面的问题，明确责任，进行协调，为各物流部门的绩效评估提供依据，从而达到改善物流管理、降低成本、提高效益的目的。

⑤对客户进行优化管理。现今许多大型物流行业大多采用成本——客户管理的方法，通过对每个客户物流成本的分解核算，以更好地针对不同客户提供更有针对性和更有竞争力的物流服务，具体到不同客户的物流成本核算为物流服务收费水平的制定以及有效的客户管理提供了决策依据。

（3）物流成本核算的对象

物流成本核算对象是指成本核算过程中归集、分配物流费用的对象，即物流费用的承担者，是指企业或成本管理部门，为归集和分配各项成本费用而确定的，以一定时期和空间范围为条件而存在的成本计算实体。成本核算对象不是由人们主观随意规定的，不同的生产经营类型从客观上决定了不同的成本核算对象。企业可以根据自己生产经营的特点和管理要求的不同，选择不同的成本核算对象来归集、分配物流费用。明确成本核算对象，是设置成本明细账、分配物流费用和计算物流成本的前提。一般来说，物流成本的核算对象有以下几种：

①以某种物流功能为对象。根据需要，以包装、运输、储存等物流功能为对象进行核算。这种核算方法对于加强每个物流功能环节的管理，提高每个环节作业水平意义重大。

②以某一物流部门为对象。以某一部门比如仓储部、运输部、装配部、装卸部等，这种核算对加强责任中心的管理，开展责任成本管理方法以及对于部门的绩效考核是十分有利的。

③以某一服务客户为对象。这种方法对于加强客户服务管理、制定合理的收费价格是

有积极意义的。特别是对于服务类企业来说，在为客户提供物流服务时，应充分核算为每个客户提供服务时所发生的实际成本；有利于物流企业制定物流服务收费价格，或者为不同的客户确定差别性的物流水平提供依据。

④以某一产品为对象。以某一产品为对象进行物流成本核算，从而计算出该产品的生产和销售所花费的物流成本。由此可以进一步了解各产品的物流成本开支情况，从而进行重点管理。

此外，还可以以某一流转过程为对象进行核算，以某一物流成本项目为核算对象，以某一地区为核算对象，以某一过程为核算对象等等。

（4）企业物流成本的核算方法

①基本思路。现行会计核算已经反映，可以从会计信息中分离和计算的物流成本，企业在按照会计制度的要求进行正常成本核算的同时，可根据本企业的实际情况，选择在期中同步登记相关物流成本辅助账户，通过账外核算得到物流成本资料，或在期末（月末、季末、年末）通过对成本费用类科目再次进行归类整理，从中分离出物流成本。

现行会计核算中没有反映，需要企业在会计核算体系之外单独计算的那部分物流成本，即存货占用自有资金所产生的机会成本，需要在期末根据有关存货统计资料按一定的公式来计算。

②物流成本计算方法的选择。电子商务物流企业生产特点和成本管理的要求不同，影响成本计算对象、成本计算期以及成本计算方法的选择。传统的成本核算方法有以产品品种为成本计算对象的品种法、以产品生产步骤为成本计算对象的分步法、以产品生产批别为计算对象的分批法等。

但是传统的核算方法存在着许多问题，比如计算方法上没有切实掌握公司内部的物流成本，弄不清物流成本与制造成本、物流成本与促销费用的关系，物流成本中混有物流部门根本无法控制的成本，企业不同物流成本的计算标准也不同，企业内部计算物流成本的标准时常改变等等。

新兴的物流作业成本法从作业与成本之间的因果关系出发计算物流成本，结果更为准确和科学，是最有前途的物流成本核算方法。

2. 作业成本法

（1）作业成本法的基本概念

作业成本法（activity based costing），简称 ABC 法，是以作业作为成本计算对象，以成本动因理论为基础，通过对作业进行动态追踪，反映、计量作业和成本，评价作业业绩和资源利用情况的方法。

①作业：作业是指企业为提供一定量的产品或劳务所消耗的人力、技术、原材料、方法和环境等的集合体，或者说，作业是企业为提供一定的产品或劳务所发生的、以资源为重要特征的各项业务活动的统称。

作业是汇集资源耗费的第一对象，是资源耗费与产品成本之间的连接中介。作业成本法将作业作为成本计算的基本对象，并将作业成本分配给最终产出（如产品、服务或客户），形成产品成本。物流作业包括运输作业、仓储作业、包装作业、装卸搬运作业、流通加工作业、信息处理作业等，由这些作业构成物流整体作业。

②物流资源：资源表明了作业所消耗的成本资源。例如，物流流通加工是加工车间的一个作业，特定的机器、工具、工作人员等就是使这项工作顺利进行的资源。当一项资源只服务于一种作业时，分配成本到相应的作业比较简单；当一项资源服务于多种作业时，就必须通过资源动因把资源的消耗恰当地分配给相应的作业。

③成本动因：成本动因是指驱动或产生成本、费用的各种因素，是导致企业成本发生的各种因素。它是引起成本发生和变动的原因，或者说是决定成本发生额与作业消耗量之间内在数量关系的根本因素。

成本动因按其对作业成本的形成及其在成本分配中的作用可分为资源动因和作业动因。资源动因也称为作业成本计算的第一阶段动因，主要用于在各作业中心内部成本库之间分配资源。按照作业成本会计的规则，作业量的多少决定着资源的耗用量，资源耗用量的多少与作业量有直接关系，与最终的产品量没有直接关系。资源消耗量与作业量的这种关系称为资源动因。

资源动因反映着资源被各种作业消耗的原因和方式，反映某项作业或某组作业对资源的消耗情况，是将资源成本分配到作业中去的基础。作业动因也称为作业成本计算的第二阶段动因，主要用于将各作业中心成本库中的成本在各产品之间进行分配。它是各项作业被最终产品消耗的原因和方式，反映的是产品消耗作业的情况，是将作业中心的成本分配到产品、劳务或顾客中的标准，是资源消耗转化为最终产品成本的中介。

④作业中心与作业成本库：作业中心是成本归集和分配的基本单位，它由一项作业或一组性质相似的作业组成。一个作业中心就是生产流程的一个组成部分。根据管理上的要求，企业可以设置若干个不同的作业中心，其设立方式与成本责任单位相似。但作业中心与成本责任单位的不同之处在于：作业中心的设立是以同质作业为原则，是相同的成本动因引起的作业集合。由于作业消耗资源，所以伴随作业发生，作业中心也就成为一个资源成本库，也称为“作业成本库”。

⑤直接成本与间接成本：成本按其计入成本对象的方式分为直接成本和间接成本。直接成本是与成本对象直接相关的那一部分成本。所谓“与成本对象直接相关”是说该成本与某一特定的成本对象存在直接关系，它们之间存在明显的因果或受益关系。间接成本是与直接成本相对应的，指与成本对象相关联的成本中不能用一种经济合理方式追溯到成本对象的那一部分成本。

（2）作业成本法的基本原理

作业成本法的理论基础是成本因素理论，即企业间接制造成本的发生是企业产品生产所必需的各种作业所“驱动”的结果，其发生额的多少与产品产量无关，而只与“驱动”其发生的作业数量相关，成本驱动因素是分配成本的标准。例如，接收货物的订单驱动收货部门的成本发生，发送货物的订单驱动发货部门的成本发生。

作业成本法的基本原理是根据“作业耗用资源，产品耗用作业；生产导致作业的产生，作业导致成本的发生”的指导思想，以作业为成本计算对象，首先依据资源动因将资源的成本追踪到作业，形成作业成本，再依据作业动因将作业的成本追踪到产品，最终形成产品成本。其原理如图 8-2 所示。

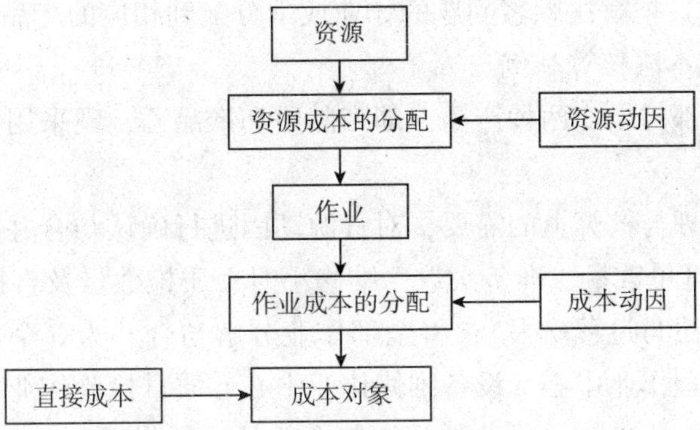

图 8-2 作业成本原理

(3) 物流作业成本核算程序

作业成本法把物流业务成本的核算深入到作业层次，将整个物流业务运作过程细分为多个作业，如运输作业或仓储作业等；以作业为单位归集成本，并把作业的成本按作业动因分配到各个物流业务。根据单位作业成本和物流项目耗用的作业量即得物流项目的作业成本。基于作业的物流成本核算可分为以下四步：

①界定企业物流系统中涉及的各项作业。作业是工作的各个单位，作业的类型和数量会随着企业的不同而不同。例如，在一个顾客服务部门，作业包括处理顾客订单、解决产品问题以及提供顾客报告三项作业。

②确认企业物流系统中涉及的资源。资源是成本的源泉，一个企业的资源包括直接人工、直接材料、生产维持成本（如采购人员的工资成本）、间接制造费用以及生产过程以外的成本（如广告费用）。资源的界定是在作业界定的基础上进行的，每项作业涉及相关的资源，与作业无关的资源应从物流成本核算中剔除。企业物流常见作业及耗用资源如表 8-5 所示。

表 8-5 企业物流常见作业及耗用资源表

作业	资源
采购	采购订单处理费用，业务招待费，差旅费
运输	运输第三方运费，车辆折旧费，汽油费
仓储	出入库检验费，仓库租赁费，资金占用费，折旧费
装卸	搬运费，设备折旧费
流通加工	包装材料费，设备折旧费，加工费，检验费
配送	分拣费用，设备折旧费，运输费

③确认资源动因，将资源分配到作业。作业决定着资源的耗用量，这种关系称作资源动因。资源动因联系着资源和作业，它把总分类账上的资源成本分配到作业。

④确认成本动因，将作业成本分配到产品或服务中。作业动因反映了成本对象对作业消耗的逻辑关系，例如，问题最多的产品会产生最多顾客服务的电话，故按照电话数的多

少（此处的作业动因）把解决顾客问题的作业成本分配到相应的产品中去。

（4）物流作业成本法核算举例

某企业的某生产部门生产两种产品，即产品甲和产品乙，现采用作业成本法对其生产费用组织核算。

①该企业根据管理与核算上的需要，对资源动因进行确认与合并。确认合并后，共有6项，即材料移动、订单数量、准备次数、维修小时、质检数量及直接工时（成本动因的确认与合并的具体做法与过程略去）；将全部作业分解与合并为6个作业中心，即材料采购作业中心、材料处理作业中心、设备维修作业中心、质量检验作业中心、生产设备作业中心以及动力与折旧作业中心（作业的分解与合并的具体做法与过程略去），并按各作业中心分别建立作业成本库。

②对于直接生产费用即直接材料费、直接人工费用，不需计入各作业成本库，可直接按产品进行归集，计入产品成本。产品甲与产品乙当期（月）产量及各项直接生产费用、共同耗用的制造费用如表8-6所示。

表8-6　产品成本（一）

项目	产品甲	产品乙
该月产量（件）	400000	200000
直接材料费（元）	380000	420000
直接人工费（元）	106000	168000
直接人工工时（时）	400000	600000
共同耗用的制造费用（元）	1864000	

③该生产部门的全部制造费用（即间接费用），均已按资源动因归集到各作业成本库（按资源动因归集的过程略去），其结果如表8-7所示。

表8-7　产品成本（二）

作业中心（作业成本库）	资源动因	资源动因数量统计结果	作业成本费用归集情况
材料处理	材料搬运	2500次	414000
材料采购	订单数量	7500张	320000
生产准备	准备次数	800次	160000
设备维修	维修小时	20000小时	310000
质量检验	检验次数	4000次	240000
动力与折旧等	直接工时	200000工时	420000
制造费用总额			1864000

④在费用归集和成本动因分析的基础上，将各作业成本库中的成本按相应作业动因（本例假定作业动因与资源动因相同）分配到各产品中去。

产品甲与产品乙的作业动因数量统计情况如表8-8所示，根据表8-8所进行的作业动因数量统计分析结果，可将制造费用在产品甲与产品乙之间进行分配。作业动因比率的计算如表8-9所示，根据计算出的作业动因比率，分配作业成本，分配过程与结果如表8-10所示。

表8-8 甲、乙产品作业动因数量统计

作业中心（作业成本库）	作业动因	作业动因数量统计结果		
		合计	产品甲	产品乙
材料处理	材料搬运	2500次	2000	500
材料采购	订单数量	7500张	5000	2500
生产准备	准备次数	800次	550	250
设备维修	维修小时	20000小时	12500	7500
质量检验	检验次数	4000次	3000	1000
动力与折旧等	直接工时	200000工时	120000	80000

表8-9 作业动因比率计算

作业中心（作业成本库）	资源动因	资源动因数量统计结果	作业成本总额	作业动因比率
材料处理	材料搬运	2500次	414000	165.6
材料采购	订单数量	7500张	320000	42.7
生产准备	准备次数	800次	160000	200.0
设备维修	维修小时	20000小时	310000	15.5
质量检验	检验次数	4000次	240000	60.0
动力与折旧等	直接工时	200000工时	420000	2.1

表8-10 作业成本的分配过程及结果

作业成本库	作业动因比率	产品甲		产品乙		作业成本合计
		动因数量	分配额	动因数量	分配额	
材料处理	165.6	2000次	331200	500次	82800	414000
材料采购	42.7	5000张	213500	2500张	106500	320000
生产准备	200.0	550次	110000	250次	50000	160000
设备维修	15.5	12500小时	193750	7500小时	116250	310000
质量检验	60.0	3000次	180000	1000次	60000	240000
动力与折旧等	2.1	120000工时	252000	80000工时	168000	420000
总计		—	1280450	—	583550	1864000

⑤计算产品成本。将产品甲与产品乙所归集的直接材料费用、直接人工费用和所分配的制造费用进行汇总，分别计算产品甲与产品乙的总成本与单位成本，如表8-11所示。

表 8-11 产品成本汇总 单位：元

成本项目	产品甲（产量 400000 件）		产品乙（产量 200000 件）	
	总成本（元）	单位成本（元）	总成本（元）	单位成本（元）
直接材料费用	380000	0.95	420000	2.10
直接人工费用	106000	0.27	168000	0.84
制造费用	1280450	3.20	583550	2.92
合计	1766450	4.42	1171550	5.86

任务实施

在教师指导下，调研一个案例，从财务角度，运用传统方法和作业成本法对电子商务物流企业的成本进行核算，对比两种结果，总结出作业成本法的优势。

任务成果

根据教师的要求，找出物流成本项目，并进行相关核算，填写实训报告记录。

任务考核

作业成本法任务考核表

检查内容	评价标准	分值	得分
操作准备	查询或走访某一企业，获取到完整、准确的数据信息。	10	
操作过程	进行物流成本项目分析，运用传统方法和作业成本法进行核算，并总结出作业成本法的优势。	50	
实训报告	调查报告结构合理、内容翔实，分析总结科学合理，体现出对作业成本法的认知与理解。	40	
合计		100	

任务小结

本任务主要讲述了电子商务物流成本的概念、构成；物流成本管理的概念内容和物流成本的核算方法——作业成本法。通过本任务的学习，使同学们了解了电子商务物流成本及管理的相关知识和现代物流成本核算的方法。又通过组织同学们调研电子商务物流企业，并进行成本分析和核算，使大家对作业成本法先进性有了更深刻的体验，请同学们认真学习和回顾任务中的技能和理论知识，提高对电子商务物流成本管理和核算的认知和理解。

任务8.2 电子商务物流成本控制

任务描述

随着人们对物流成本节约能给企业以及整个社会带来巨大效益的认识不断加深，物流成本控制问题受到普遍的关注。尤其是与欧美发达国家相比，目前我国物流成本居高不下，物流成本控制是物流管理尤其是电子商务物流管理中一个很重要的组成部分，而所谓的“第三利润源”也主要是通过降低物流成本来实现的。因此，加强电子商务物流成本的控制已成为提高电子商务物流经济效益的重要手段。

任务知识

8.2.1 电子商务物流成本控制概述

1. 电子商务物流成本控制的含义

电子商务物流成本控制是指在电子商务物流管理过程中，按照事先制定的成本控制标准，对影响成本的各种因素进行约束和调节，使各种费用开支控制在预算范围内，及时发现偏差，找出原因，采取有效措施，以实现企业的最终目标。

2. 电子商务物流成本控制的原则

为了有效地进行电子商务物流成本控制，我们必须遵循以下四项原则：

(1) 经济原则

经济原则就是要以较少的投入取得尽可能大的经济效果，即对人力、财力、物力的节约。强调效益观念，是成本控制的核心，也是物流成本控制最基本的原则。

(2) 全面原则

物流成本控制中实行的全面原则，指的是三个方面的全面。全过程控制：物流成本控制不限于生产过程，而是从生产向前延伸到投资、设计，向后延伸到用户服务成本的全过程。全员控制：物流成本控制不仅要有专职物流成本管理机构的人员参与，而且还要发挥广大员工在物流成本中的重要作用，使物流成本控制更加深入和有效。全方位控制：物流成本控制不仅对各项费用发生的数额进行控制，而且还对费用发生的时间和用途加以控制，讲究物流成本开支的经济性、合理性和合法性。

(3) 权责利相结合原则

在电子商务物流成本控制中一要做到责、权相符，避免有责无权、有权无责、权大责小或者权小责大的现象。二要奖惩结合超支者罚，节约者奖。只有各部门、各单位承担起相应的物流成本控制职责，责、权、利关系明确，才能充分调动职工在成本控制中的积极性和主动性。

（4）重点控制原则

企业日常出现的物流成本差异往往成千上万、头绪繁杂，物流成本控制主体对于发生在控制标准范围的可控成本，不必逐项过问、平均用力，而是应该把注意力集中在那些属于不正常的、不符合常规的关键性的差异上。管理人员对异常差异实行重点控制，有利于提高物流成本控制的工作效率。

2. 电子商务物流成本控制的分类

根据控制的内容，电子商务物流成本控制可以分为运输成本的控制、仓储成本的控制、包装成本的控制、采购成本控制和装卸搬运成本的控制等功能控制和采购投资等环节控制等。

根据控制的范围，电子商务物流成本控制可以分为广义的物流成本控制和狭义的物流成本控制。广义的物流成本控制，是指按照成本发生的时间划分为事前控制、事中控制、事后控制；狭义的物流成本控制仅指事中控制。

3. 电子商务物流成本控制的程序

电子商务物流成本控制贯穿于企业运作的全过程，通常包含以下四个阶段：

（1）制定控制标准。物流成本控制工作的关键是在物流活动发生前对物流活动所要耗费的资源拟定严格的成本标准，也就是目标成本。

（2）监督物流成本的形成。根据制定的物流控制标准对各环节、各项目进行检查、评比和监督，严格控制消耗与支出。

（3）揭示及纠正偏差。通过核算实际成本和标准差成本之间的差异，分析产生偏差的原因，明确责任的归属，及时上报特殊和例外情况，进行深入分析，提出改进措施并加以贯彻执行。

（4）评价、反馈和激励。评价物流成本目标的执行结果，及时反馈到有关部门并进行处理，依据物流成本业绩实施奖惩。

8.2.2 电子商务物流成本控制的方法

电子商务物流成本控制方法是指完成成本控制任务和达到成本控制目的的手段。物流成本控制方法是多种多样的。不同的阶段、不同的问题，所采用的方法就不一样，即使同一个阶段，对于不同的控制对象或出于不同的管理要求，其控制方法也不尽相同。例如，仅就事前控制来说，就有用于产量或销售量问题的量本利分析法，有用于产品设计和产品改进的价值分析法，有解决产品结构问题的线性规划法，有用于材料采购控制的最佳批量法。因此，对于企业来说，具体选用什么方法，应视本单位的实际情况而定，必要时还可以重新设计适合自身需要的特殊方法。

目前运用较多的物流成本控制的方法主要有目标成本法、标准成本法、责任成本法和订货点控制法等。我们重点介绍标准成本法。

1. 标准成本法的定义

标准成本法是在科学管理之父泰勒的生产过程标准化思想影响下产生的，是以预先运用技术测定等科学方法制定的标准成本为基础，将实际发生的成本与标准成本进行比较，核算和分析成本差异的成本计算方法，也是加强成本控制、评价经营业绩的成本控制方法。

2. 标准成本法的制定

物流标准成本的制定通常包括直接材料标准成本、直接人工标准成本和服务费用标准成本的制定。

在制定时，其中每一个项目的标准成本均应分为用量标准和价格标准。其中，用量标准包括单位产品消耗量、单位产品人工小时等，价格标准包括原材料单价、小时工资率、小时制造费用分配率等。

（1）直接材料标准成本

直接材料标准成本是指在物流活动中耗费的材料成本，由物流直接材料价格标准和用量标准确定。这里我们只研究使用一种材料情况，直接材料总成本只是把每种材料的标准成本汇总。

直接材料标准成本=用量×标准单位成本

材料标准用量通过实际测定或技术分析等数据，科学地制定材料耗费的用量标准。标准单位成本是根据市场价格和企业的采购成本确定的，还要考虑批量采购折扣、运费、损耗等因素。

（2）直接人工标准成本

直接人工标准成本是指直接用于物流活动的人工成本。直接人工标准成本包括标准工时和标准单位成本（标准工资率）两方面。

直接人工标准成本=标准工资率×标准工时

标准工时根据现有物流运作技术条件，物流活动中需要经历哪几个环节、每个环节要做哪些工作、每项工作需要耗费多长时间确定。标准工资率的制定则需要经过对企业的工资支付形式、制度进行研究后结合实际情况来确定。

（3）服务费用标准成本

服务费用标准成本可以分为变动服务费用和固定服务费用两部分。

①变动物流服务费用标准成本。其计算公式如下：

变动物流服务费用标准成本=单位物流服务直接人工标准工时×每小时变动物流服务费用的标准分配率

其中：每小时变动物流服务费用的标准分配率=变动物流服务费用总额/物流直接人工标准总工时

②固定物流服务费用标准成本。其计算公式如下：

固定物流服务费用标准成本=单位物流服务直接人工标准工时×每小时固定物流服务费用的标准分配率

其中：每小时固定物流服务费用的标准分配率=固定物流服务费用总额/物流直接人工标准总工时

3. 物流标准成本差异的计算与分析

物流标准成本差异是指物流实际成本与标准成本之间的差额。

成本差异=数量差异+价格差异

其中：数量差异=（实际数量-标准数量）×标准价格

价格差异=实际数量×（实际价格-标准价格）

（1）直接材料成本差异的计算与分析。

直接材料成本差异=直接材料实际成本-直接材料标准成本

=实际用量×实际价格-标准用量×标准价格

其中：标准用量=实际产量×单位产品材料耗用量标准

由于直接材料成本是材料价格与材料用量之积，因此直接材料成本差异是由材料价格差异和材料用量差异构成。

直接材料用量差异=（实际数量-标准数量）×标准价格

直接材料价格差异=（实际价格-标准价格）×实际数量

例 8-1 某生产企业在运输产品甲的过程中，对甲产品进行了包装，其中材料耗用定额为 5 公斤，每公斤 A 材料标准价格为 2 元。本月投入生产甲产品 1000 件，实际消耗 A 材料 5500 公斤，A 材料实际每公斤 2.1 元。试对产品甲包装成本差异进行分析。

解：成本总差异=（5500×2.1-1000×5×2）

=11550-10000=1550（元）

材料用量差异=（5500-1000×5）×2=1000（元）

材料价格差异=（2.1-2）×5500=550（元）

通过计算可知，实际发生的物流成本高出标准成本 1550 元。由于用量增加致使物流成本增加了 1000 元，材料价格上升导致物流成本增加了 550 元。在今后的工作中，应控制材料的耗费，尽量降低原材料的采购价格。

（2）直接人工差异的计算与分析

直接人工成本差异=实际工资-标准工资

=实际工时×实际工资率-标准工时×标准工资率

直接人工成本差异包括直接人工效率差异和直接人工工资率差异两部分。

直接人工效率差异=（实际工时-标准工时）×标准工资率

直接人工工资率差异=（实际工资率-标准工资率）×实际工时

例 8-2 某生产企业加工 B 产品，本期包装量为 150 件，实际耗用工时为 4500 小时，平均每件 30 小时，平均每小时工资率为 20 元，标准工资率为 19.2 元，单位产品耗用工时标准为 32 小时。请对企业 B 产品进行成本差异分析。

解：成本总差异=（4500×20-150×32×19.2）=90000-92160=-2160（元）

人工效率差异=（4500-150×32）×19.2=-5760（元）

工资率差异=（20-19.2）×4500=3600（元）

通过计算可知，实际成本的支出低于标准成本 2160 元，由于人工效率较高导致成本比标准成本减少了 5760 元，由于工资上升使成本增加了 3600 元，今后的成本控制重点应是进一步降低工资率。

（3）服务费用标准成本差异

①变动服务费用差异。其计算公式如下：

变动服务费用差异=耗费差异+效率差异

耗费差异=实际工时×（变动服务费用实际分配率-变动服务费用标准分配率）

效率差异=（实际工时-标准工时）×变动服务费用标准分配率

②固定服务费用差异。其计算公式如下：

固定服务费用差异=耗费差异+闲置能量差异+效率差异

耗费差异=固定服务费用实际数-固定服务费用标准分配率×使用时间

闲置能量差异=固定服务费用预算数-实际工时×固定服务费用标准分配率

效率差异=实际工时×固定服务费用标准分配率-标准工时×固定服务

例8-3 某项物流服务费用的标准成本为：工时耗时3小时，每小时变动服务费用分配率为5元。本月实际提供500次服务，实际使用工时1400小时，实际发生变动物流服务费用7700元。试分析变动物流服务费用的耗费差异和效率差异。

解：实际工时=1400÷500=2.8（小时）

实际服务费用分配率=7700÷1400=5.5（元）

变动物流服务费用耗费差异=（5.5÷5）×2.8×500=700（元）

变动物流服务费用效率差异=（2.8-3）×5×500=-500（元）

变动物流服务费用总差异=700-500=200（元）

通过计算可知，实际物流费用比标准成本高出200元，其中由于服务时间增加使成本提高了700元，由于服务效率提高使成本降低了500元，因此在今后的工作中应加大对服务时间的控制。

8.2.3 电子商务物流成本控制的途径

在电子商务物流企业，物流成本是最大的成本支出项目。如今的管理者通过学习、实践和总结，正在探索降低物流成本的途径。普遍观点认为，美国、日本及西方发达国家物流成本一般控制在8%左右，而我国则占到15%。因此，对物流成本尤其是电子商务物流成本的控制，使物流系统的总成本降低是可行的。

1. 电子商务物流成本控制的难点

当前，很多企业的物流管理采用的是分散管理物流的体制。物流系统的规划设计、能力建设、合理化改进、物流运作、信息系统建设与维护分别由不同的部门实施和完成，物流系统设计成本方面的基础数据难以进行完整有效的统计。主要体现在以下三个方面：

（1）物流成本核算标准不统一

物流范围包括产品从供应地到企业的物流、企业内部物流以及从企业到消费地的物流，将哪个范围列入物流成本核算以及将会计科目中的哪些科目列入成本核算对象对物流成本的影响特别大。目前，我国电子商务企业的物流成本计算科目、物流成本计算对象和范围在物流成本进行核算时没有统一的标准。各个企业之间无法相互比较，甚至同一电商企业在不同时期的物流成本也不具可比性，这严重影响了企业经营管理者的经营决策。

（2）产品质量和服务水平低，退货成本高

电子商务企业是通过互联网等电子工具与消费者进行商务活动的，消费者可以从互联网上了解到产品的款式、功能以及价格等特性，通过比较各企业的产品综合性能作出消费选择。许多电子商务企业的产品质量很差，通过美化工具美化产品或者在介绍产品性能时夸大其功能，这些都会误导消费者，最后导致消费者不满意所购买的产品，选择退货。有些则是货物在挑选整理的时候出现错误，消费者所收到的货物不是自己选的款式或大小，也会导致退货。退货增加了挑选整理费、仓储费、运输费以及人员工资等费用，影响着企业经营的总成本，减少了企业利润。

（3）工作效率低，运输成本高

许多电子商务企业的物流运输系统不合理，产品在配送运输过程中没有走高效益之路，浪费了很多能源、资源，运输成本大大提高。有些是由于运输线路和运输节点没选好，在节点上停滞的时间长，导致移动储存成本高；有些是运输工具没选好，导致效率低，运输时间过长；有些是由于货运代理人或者经纪人没选好，导致运输过程复杂，运输时间长、成本高。

（4）供应链管理不完善，委托成本高

目前，我国大多数的电子商务企业都集中精力于核心业务的经营，把物流服务部分外包于专业的第三方物流公司或者第四方物流公司，这样物流成本就是委托成本。企业的本意是为了更好地服务顾客，降低物流成本，但是由于供应链管理有缺陷，导致委托成本居高不下，大大减少了外包优势。许多电子商务企业与外包公司没有形成良好的战略联盟，各自都只注重自身的发展，没有考虑到利益的平衡，导致委托成本高。另外，电子商务企业选择外包公司时，没有综合评估外包公司的实力，由于供应商或者消费者的分布比较散、范围比较广，导致外包公司的经营成本高，进而影响物流委托成本。

2. 电子商务物流成本控制的有效途径

（1）制定统一的物流成本核算标准

电子商务企业应该根据企业的实际情况制定物流成本核算标准，这样才能让物流成本在不同时期具有可比性。为了行业中各个企业可以相互比较，应该尽早制定统一的行业标准，以便更好地监督和控制物流成本。通过制定统一的物流成本核算标准让成本信息更具真实性，就不会再出现物流成本的低估或者高估，也更有利于相关利益者及企业经营管理者作出正确的决策。

（2）完善产品质量和提高服务水平，降低退货成本

退货成本也是企业物流成本中一项重要的组成部分，随着产品的退回会产生一系列的物流费用，因此，降低退货成本是物流成本控制活动中需要特别重视的问题。为了降低退货成本，我们应该从源头上来解决问题，即完善产品质量和提高服务水平。电子商务企业应该在产品流出企业之前确保产品的质量没有问题，也不要弄虚作假，要让消费者知道产品的真实信息。另外，企业应树立顾客至上的服务理念，培养高素质的服务人员，以提高顾客对企业的认同感，进而提高顾客的满意度，以降低退货率，节约物流成本。

（3）注重效率化，降低运输成本

运输成本是最大项的物流成本，占企业物流成本的40%～50%，要想降低企业的物流成本，就应该紧紧围绕运输成本这个核心环节。因此，电子商务企业应注重效率化管理，合理安排运输排程，重视配车计划管理，提高装载率以及车辆运行管理，提高车辆的利用

率。同时，将生产商配车计划的制订与生产计划联系起来，使批发商将配车计划或进货计划相匹配，减少不必要的配送，提高配送效率，降低运输成本。另外，电子商务企业应该完善物流信息系统，让物流信息能够在企业内部高度共享，使各个部门的工作有机结合，提高工作效率，进而有利于物流成本的降低。

(4) 整合供应链管理，降低委托成本

电子商务企业的竞争日趋激烈，为了获得更多的市场份额，电子商务企业应该强力打造核心竞争力。供应链是打造核心竞争力的一个重要方面，供应链的强弱决定着竞争力的强弱。因此，电子商务企业应该制定筛选机制，选出综合实力强的供应商、经销商和物流企业，与这些企业建立战略联盟，平衡各方面的利益，整合产业链，促进物流一体化运作。供应链中不同环节的有机整合，能够提高供应链集成度，加强企业之间的协同，减少不必要的流程，从而降低物流成本。

任务实施

在教师指导下，调研一个电子商务物流企业，找出其物流成本存在的问题及可以选择的应对策略，以实训报告的形式谈谈如何控制物流成本。

任务成果

1. 调研到相关数据并进行分析。
2. 完成实训报告。

任务考核

电子商务物流成本控制任务考核表

检查内容	评价标准	分值	得分
操作准备	查询或走访某一电子商务企业，获取到完整、准确的数据信息。	10	
操作过程	分析相关成本数据，根据所学方法及获取的知识，找出物流成本控制中存在的问题，并给出对策。	50	
实训报告	调查报告结构合理、内容翔实，分析总结科学合理，体现出对电子商务物流成本控制的理解。	40	
合计		100	

任务小结

通过本任务的学习，使同学们了解电子商务物流成本控制的基本理论及标准成本法等相关知识；通过对企业的调研，能够利用所学理论知识分析其存在的物流成本控制方面的瓶颈并给出应对策略。

项目能力测试

一、单项选择题

1. 作业成本法又称（　　）。

A. ABC　　B. ZYC　　C. MRP　　D. ERP

2. 作业成本计算的第二阶段动因是（　　）。

A. 成本动因　　B. 资源动因　　C. 作业动因　　D. 作业成本法

3. 标准成本法是在（　　）的生产过程标准化思想影响下产生的。

A. 泰勒　　B. 西泽修　　C. 大野耐一　　D. 彼得德鲁克

4. 直接材料用量差异 =（实际数量-标准数量）×（　　）。

A. 实际数量　　B. 标准树立　　C. 实际价格　　D. 标准价格

二、多项选择题

1. 按照国家标准《企业物流成本构成与计算》，企业物流成本包括（　　）类型。

A. 企业物流成本项目构成　　B. 企业物流成本范围构成

C. 企业物流成本支付形态构成　　D. 企业物流成本功能构成

2. 电子商务物流成本管理的三阶段包括（　　）。

A. 成本预算调研　　B. 成本预算制定

C. 成本预算执行　　D. 成本预算总结

3. 为了有效地进行电子商务物流成本控制，必须遵循的原则有（　　）。

A. 经济原则　　B. 全面原则

C. 权责利相结合原则　　D. 重点控制原则

4. 电子商务物流成本控制的有效途径有（　　）。

A. 制定统一的物流成本核算标准

B. 完善产品质量和提高服务水平，降低退货成本

C. 注重效率化，降低运输成本

D. 整合供应链管理，降低委托成本

三、简答题

1. 电子商务物流成本核算的方法有哪些？

2. 电子商务物流成本控制目前存在的问题有哪些？

3. 标准成本法进行物流成本控制时有哪些项目需要进行分析？

4. 什么是成本动因？

项目9 电子商务与供应链管理

项目描述

电子商务强调人、技术、管理三者在商务活动中的有效集成以及工作流程、商务活动组织等方面的创新；供应链管理强调供应链各成员的集成，实现成员之间的信息共享和利益最大化，二者之间既有区别又有联系。本项目将分析电子商务环境下供应链管理的特点和方法，探讨将供应链管理的思想运用于电子商务企业运营管理中的方法和思路，提高电子商务企业的竞争力。

项目要求

通过本项目的学习，掌握供应链和供应链管理的基本知识，了解供应链管理思想在电子商务中的应用和影响；掌握供应链管理的思想、特点和方法；掌握各种供应链运作模式的特点，并能根据企业的实际情况，选择合理的供应链模式。

项目目标

【知识目标】

1. 掌握供应链和供应链管理的定义。
2. 掌握供应链管理的目标、思想、特点。
3. 了解供应链管理与电子商务的关系。
4. 了解供应链各种模式的特点及运营机制。

【技能目标】

1. 能够将供应链管理知识应用于电子商务。
2. 能根据本项目知识选择合适的供应链管理模式。
3. 掌握电子商务企业参与供应链管理的基本方法。

【职业能力目标】

1. 培养团队合作的精神。
2. 培养与供应链合作伙伴的双赢意识。
3. 了解供应链合作伙伴对于企业的重要性。

引导案例

奥克斯现象：大家电供应链改革先锋

近年来，依托各大电商平台，持续增长的奥克斯空调已经成为中国空调行业的一种现象。数据显示，奥克斯空调2015年、2016年、2017年的出货量同比增长异常迅猛。

奥克斯空调国内营销公司物流副总经理王亮近日接受《中国经营报》记者采访时表示，据数据显示，在总体出货量上，奥克斯1~8月排名第三，但在电商平台上，截至目前奥克斯是销量最大的空调品牌。然而，2017年下半年以来，“我们开始发现线上流量红利在下滑，已经不像以前那样持续火爆。电商存量市场依然很大，但增长速度开始下降。”王亮说。

对重视电商的奥克斯空调来说，这显然是必须面对的巨大挑战。于是，今年初，奥克斯与阿里巴巴组建联合团队频繁对接、研究对策，最终发现当网民规模高速增长带来的线上流量红利逐渐消失的时候，继续在电商渠道快速奔跑的唯一办法，就是打通商家与平台的供应链、全面提升供应链效率。

目前，奥克斯和天猫、菜鸟融合的智慧供应链系统已经上线。“销售预测准确率目前达到了70%。大家开始意识到，平台大数据赋能商家这件事还是相当靠谱的。”阿里巴巴一位供应链专家告诉《中国经营报》记者。

王亮也介绍说，奥克斯空调原来的电商渠道供应链SOP（即标准操作程序）分为18个节点，共需33个小时。新的系统上线以后已经优化为6个节点，只需1个多小时就能跑完整个供应链流程，大大提升了供应链效率。

王亮认为，打通奥克斯和天猫、菜鸟三方的供应链数据后，减少了所有不必要的环节，目标是让天猫和菜鸟后台的大数据分析能力，可以实时传导到奥克斯的系统架构，及时、按需响应。于是，2018年3~6月，经过奥克斯和天猫、菜鸟上百人团队的对接、测试、调整，奥克斯供应链优化1.0版本上线并且跑起来了，预测准确性已经超过70%。

王亮介绍，今年5月、6月、7月三个月是空调销售旺季，以往像湖北、华北这些高温地区的缺货比较常见，通过三方一系列的改善之后，今年这些地区缺货率下降了10个百分点，与此同时，货物周转率提升了将近40%。王亮还提到，奥克斯和菜鸟合作以来，整个仓储物流费用有大幅度下降，粗略估算，截至目前已经节省将近20%的仓储物流费用。

（李正豪：《奥克斯现象：大家电供应链改革先锋》，2018年9月29日，http：//www.cb.com.cn/index/show/gs/cv/cv12527390180/p/s.html）

任务9.1　供应链与供应链管理概述

任务描述

供应链管理是一种集成化的管理思想和方法，使供应链运作达到最优化，以最少的成本，使供应链从采购到最终客户的所有过程高效率地运作。随着电子商务企业的迅速发展，将供应链管理思想与电子商务管理相结合也就成为必然趋势，本次任务的主要内容就是了解供应链和供应链管理的相关知识。

任务知识

9.1.1 供应链简介

供应链最早起源于迈克尔·波特 1980 年发表的《竞争优势》一书中提出的“价值链”（Value Chain）理论。他倡导运用价值链对企业战略进行规划和管理，以帮助企业构筑核心竞争力，获取并维持竞争优势。迈克尔·波特将企业的业务活动过程描绘成一条价值链，将企业的内部经营活动分解为九项与战略性相关的价值活动（内部后勤、生产作业、外勤后勤、市场和营销、服务、采购、技术开发、人力资源管理、企业基础设施），通过对这些价值活动的分析实施企业内部业务流程的再造，形成企业的竞争优势。迈克尔·波特对价值链的深入研究使得供应链思想的出现成为了必然。

供应链又分为内部供应链和外部供应链。早期的内部供应链的观点认为，供应链是制造企业中的一个内部过程，是指内部产品生产和流通过程中所涉及的采购部门、生产部门、仓储部门等组成的供需过程。这个概念局限于企业的内部操作层上，注重企业自身资源的利用。外部供应链概念注意了供应链的外部环境，认为它是通过链中不同企业的加工处理将原材料转换成产品，再到最终用户的转换过程，这是更大范围、更为系统的概念。

近年来供应链的概念更加注重围绕核心企业的网链关系，如核心企业与供应商、供应商的供应商及至一切前向的关系，以及用户、用户的用户及一切后向的关系，此时对供应链的认识形成了一个网链的概念.

国家标准《物流术语》（GB/T 18354-2006）中的供应链定义：生产及流通过程中，为了将产品或服务交付给最终用户，由上游与下游企业共同建立的需求链状网。具体而言，供应链是指围绕核心企业，从配套零件开始，制成中间产品以及最终产品，最后由销售网络把产品送到消费者手中所涉及的供应商、制造商、分销商直到最终用户联结而成的一个整体的功能网链结构。其结构模型如图 9-1 所示。

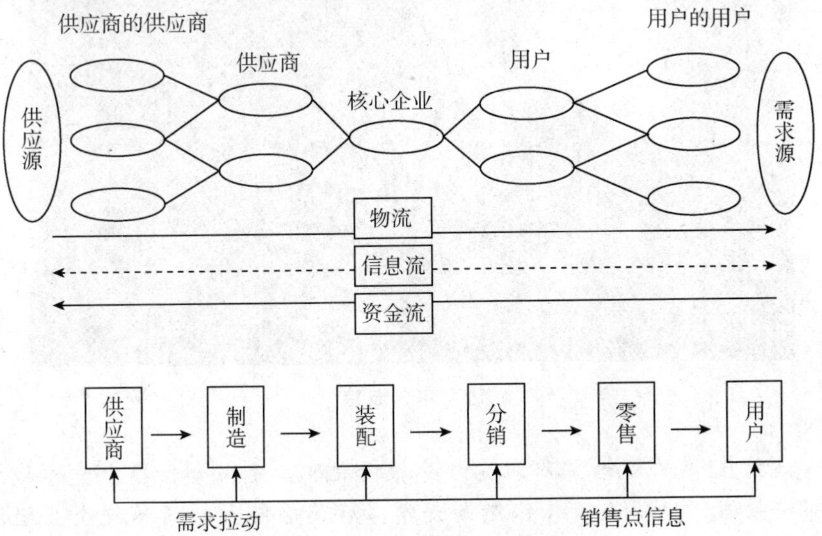

图 9-1 供应链的结构模型

从图 9-1 中可以看出，供应链由所有加盟的节点企业组成，其中一般有一个核心企业，节点企业在需求信息的驱动下，通过供应链的职能分工与合作，以资金流、物流和信息流为媒介实现整个供应链的不断增值。依据迈克尔·波特的价值链理论，它不仅是一条联结供应商到用户的物料链、信息链、资金链，而且还是一条增值链，它要求各成员企业必须共同达成客户至上的目标，最大限度地发挥各成员企业合作关系所带来的整体竞争优势，相互信任，共同服务于客户。任何企业均处于一个相应的价值链中，其产品必须通过相应的渠道和环节到达最终客户处，其生产所需要的各种原材料和服务必须通过相应的渠道和环节才能为企业所用。所以对于最终客户而言，为其提供价值的不是某一个单独的企业，而是由为了提供这种共同价值（在物理上体现为某个特定的产品或服务）的众多企业有机组成的一个价值链。

补充阅读

竞争战略之父：迈克尔·波特

1. 迈克尔·波特简介

迈克尔·波特（Michael E. Porter）是哈佛大学商学研究院著名教授，当今世界上少数最有影响的管理学家之一。他曾在 1983 年被任命为美国总统里根的产业竞争委员会主席，开创了企业竞争战略理论并引发了美国乃至世界的竞争力讨论。他先后获得过大卫·威尔兹经济学奖、亚当·斯密奖、五次获得麦肯锡奖，拥有很多大学的名誉博士学位。到现在为止，迈克尔·波特已有 14 本著作，其中最有影响的有《品牌间选择、战略及双边市场力量》（1976）、《竞争战略》（1980）、《竞争优势》（1985）、《国家竞争力》（1990）等。

迈克尔·波特

迈克尔·波特 32 岁即获哈佛商学院终身教授之职，是当今世界上竞争战略和竞争力方面公认的第一权威。他毕业于普林斯顿大学，后获哈佛大学商学院企业经济学博士学位。目前，他拥有瑞典、荷兰、法国等国大学的 8 个名誉博士学位。迈克尔·波特博士获得的崇高地位缘于他所提出的“五种竞争力量”和“三种竞争战略”的理论观点。作为国际商学领域最备受推崇的大师之一，迈克尔·波特博士至今已出版了17本书及70多篇文章。其中，《竞争战略》一书已经再版了53次，并被译为17种文字；另一本著作《竞争优势》，至今也已再版32次。

2. 迈克尔·波特主要理论

（1） 五力理论

五力包括同行业竞争者，供应商的议价能力，购买者的议价能力，潜在进入者威胁，替代品威胁。

（2） 三大战略

波特认为，在与五种竞争力量的抗争中，蕴含着三类成功型战略思想，这三种思路是：总成本领先战略、差异化战略、专一化战略。波特认为，这些战略类型的目标是使企业的经营在产业竞争中高人一筹：在某些产业中，这意味着企业可取得较高的收益；而在另外的产业中，一种战略的成功可能只是企业在绝对意义上能获取些微收益的必要条件。有时企业追逐的基本目标可能不止一个，但波特认为这种情况实现的可能性是很小的。因为贯彻任何一种战略，通常都需要全力以赴，并且要有一个支持这一战略的组织安排。如果企业的基本目标不止一个，则这些方面的资源将被分散。

（3） 价值链理论

迈克尔·波特的价值链理论认为：企业的任务是创造价值。企业的各项活动可以从战略重要性的角度分解为若干组成部分，并且它们能够创造价值，这些组成部分包括公司的基础设施、人力资源管理、技术开发和采购四项支持性活动以及运入后勤、生产操作、运出后勤、营销和服务五项基础性活动，九项活动的网状结构便构成了价值链。

波特的“价值链”理论揭示，企业与企业的竞争，不只是某个环节的竞争，而是整个价值链的竞争，整个价值链的综合竞争力决定企业的竞争力。用波特的话来说：“消费者心目中的价值由一连串企业内部物质与技术上的具体活动与利润所构成，当你和其他企业竞争时，其实是内部多项活动在进行竞争，而不是某一项活动的竞争。”

（许澈：《迈克尔·波特及其竞争战略》，2005年1月15日，http：//www.mie168.com/read.aspx）

9.1.2 供应链管理简介

供应链管理是当前国际企业管理的重要内容，也是我国企业管理的发展方向。它将企业内部经营所有的业务单元如订单、采购、库存、计划、生产、质量、运输、市场、销售、服务等以及相应的财务活动、人事管理均纳入一条供应链内进行统筹管理。

企业重视的是物流和企业内部资源的管理，即如何更快更好地生产出产品，并把其推向市场。这是一种“推式”的供应链管理，管理的出发点是从原材料推到产成品、市场，一直推至客户端。随着市场竞争的加剧，生产出的产品必须要转化成利润，企业才能得以生存和发展。为了赢得客户、赢得市场，企业管理进入了以客户及客户满意度为中心的管理，因而企业的供应链运营规则随即由推式转变为以客户需求为原动力的“拉式”供应链管理。这种供应链管理将企业各个业务环节的信息化孤岛连接在一起，使得各种业务和信息能够实现集成和共享。

美国的供应链协会将供应链管理定义为：供应链管理包括从供应商的供应商开始到客户的客户结束所有涉及产品生产和递送产品的活动。这个定义首先描述了供应链管理的四个基本流程：计划、采购、制造和配送，同时又强调了供应链管理的范围，表明了供应链管理是一种跨企业、跨多个职能组织的管理活动。

国家标准《物流术语》（GB/T 18354-2006）对供应链管理的定义：对供应链涉及的全部活动进行计划、组织、协调与控制。

现代供应链管理即通过综合从供应者到消费者供应链的运作，使物流与信息流达到最优化，把传统产供销企业利益分配矛盾转化为供应链上利益的统一体，把竞争转化为合作，实现供应链企业整体利益最大化。

9.1.3 供应链管理的目标

供应链管理的目标是在满足客户需要的前提下，对整个供应链（从供货商，制造商，分销商到消费者）的各个环节进行综合管理，包括对从采购、物料管理、生产、配送、营销到消费者的整个供应链的物流、信息流和资金流进行统筹管理，降低供应链参与方的总成本，提高供应链企业的整体竞争力。有效的供应链管理可以实现以下目标：

1. 共享信息

信息是现代竞争的重要资源，供应链管理采用现代科技方法，以最优流通渠道使信息迅速、准确地传递，在供应链上的各企业间实现资源共享，提高企业决策的合理性和实效性。

2. 提高服务质量，满足客户需求

供应链管理中，需要“以客户为中心”进行生产运作。消费者大多要求提供产品和服务的前置时间越短越好，为此，供应链管理通过生产企业内部、外部及流程企业的整体协作，大大缩短产品的流通周期，加快了产品供应和物流配送的速度，从而使客户个性化的需求在最短的时间内得到满足。

3. 实现双赢

供应链管理把供应链的供应商、分销商、零售商等联系在一起，并对之优化，使各个相关企业形成了一个融会贯通的网络整体，在这个网络中，各企业仍保持着个体特性，他们为整体利益的最大化共同合作，实现双赢。

9.1.4 供应链管理的思想

供应链管理是设计、开发、优化及管理供应系统内外部资源的过程，包括从供应、物料加工和将产品或服务送达客户的整个链条，它的基本思想是一种集成化、系统化的管理思想，可以概括为以下内涵：

1. 横向一体化

成功实施供应链管理需要彻底抛弃传统管理的思维，把企业内部及节点企业之间的各种业务看作一个整体功能过程。供应链管理强调每一个企业都需强化自己的核心竞争力，在内部管理上必须打破原来的纵向管理模式，建立由各个职能部门人员参与的项目团队，围绕企业的核心业务，实行业务流程重构，实现职能部门的优化集成。

2. 业务外包

供应链企业放弃“大而全”“小而全”的管理思想，而要求每个企业各有所长，专注于自身的核心业务，企业的非核心业务一般应采取外包的方式委托给业务伙伴，并与业务伙伴结成战略联盟关系，实现强强联合。

3. 合作性竞争

供应链企业之间形成的是一种合作性竞争。合作性竞争可以从两个层面理解：一是与竞争对手结盟，共同开发新技术，成果共享；二是将过去由本企业生产的非核心零部件外包给供应商，双方合作，共同参与竞争，这实际上也体现出核心竞争力的互补效应。

4. 顾客满意

供应链管理实行以提高顾客满意度作为目标的服务化管理。对于供应链内的上游企业而言，下游企业就是其顾客，上游企业不仅是简单地提供物料，而且还应该不断降低成本，提高高质量的服务，满足下游企业的物资和服务需求。

5. 集成化管理

供应链管理追求物流、信息流、资金流乃至工作流和组织流的集成。这几个“流”在企业日常经营中都会发生，但过去是间歇性或者间断性的，因此影响企业间的协调，最终导致整体竞争力下降。供应链管理则强调这几个流必须集成起来，进而将供应链上的企业连接成整体，实现资源的优化配置，提高整条供应链的竞争力。

9.1.5 供应链管理的特点

供应链管理不同于传统的企业管理，它更强调供应链整体的集成与协调，要求各节点企业围绕物流、信息流、资金流、价值流以及工作流进行信息共享与经营协调，实现柔性稳定的供需关系，其特点可以归纳为以下几条：

1. 把握真实需求

在瞬息万变的动态市场中，需求不仅包括一般性产品和服务，而且还包括个性化产品和特殊服务需求。供应链多层次需求信息反馈中存在着“牛鞭”效应，往往导致需求信息失真。尽快准确把握真实的需求与准确的需求量，使企业的供应活动建立在真实可靠的市场需求基础之上的供应链管理，可以减少生产过剩，防止库存积压等情况的发生，提高运输、包装、订单处理等活动的效率。

2. 组织快速反应

要使供应链主导企业比竞争对手更快捷、更准确、更经济地将货物供应给客户，就需要借助计算机、移动通信、动态跟踪等技术，避免供应链任何环节上低效运作、无效停滞现象，从而提升企业物流运作效率，最大限度地提高服务质量和用户满意度。

3. 进行整体优化

传统供应链难免存在库存过大、生产盲目、渠道复杂等诸多缺陷，且由于不同组织间相互独立，常导致组织目标相互冲突。企业为了生存发展，必须站在供应链全局的高度，从企业整体效益出发，对产品发展方向和获利性、业务流程和组织机构、企业内外部各种资源利用、生产及流通计划与交货期、销售、服务及仓库布局等各方面进行全方位优化。

4. 实施集成管理

如果没有供应链一体化集成管理，供应链上的每个企业就只会管理它自己的库存，并以这种方式来应对供应链中下游企业的需求，不可避免地形成牛鞭效应，导致企业的库存剧增，成本居高不下。供应链管理实行集成管理，通过信息共享等方式体现出企业的真实需求，减少了供应链各方的库存，降低成本，提高了整条供应链的竞争力。

9.1.6 电子商务与供应链管理关系

随着基于 Internet/Intranet 的网络供应链管理模式的发展，供应链活动中的生产商、销售商、供应商等各个环节通过统一的协调和计划，更好地适应了市场变化的需要，从而实现了高效的、一体化的供应链管理。供应链管理的实施和具体运作都离不开信息技术的支撑，电子商务供应链管理能够消除企业之间各种形态的信息孤岛，通过 Internet 与电子商务技术把过去分离的业务过程集成起来，建立跨企业的信息共享与业务集成，使企业能够更好地整合和优化利用各方的社会资源，分享和占有更多的市场机会，为企业创造更大的价值。作为一种全新的管理思想，供应链强调通过供应链各节点企业间的合作和协调，建立战略伙伴关系，将企业内部的供应链与企业外部的供应链有机地集成起来进行管理，达到全局动态最优目标，最终实现“双赢”或“多赢”的目的。

电子商务是供应链网络中的一个重要环节，其目标是通过提供交易信息和交易平台等公共服务以提高交易主体之间的交易效率。电子商务对于信息交换的先天优势使它成为供应链信息采集和流通的天然平台。

首先，电子商务不受时间和空间的限制，只要有网络连接，采购、销售、资金收付等活动可以随时随地进行，加强了信息传递的实时性，从而提高供应链的反应灵敏度。无线传输、卫星通信等通信技术的发展将会使网络无处不在，有利于电子商务的发展与运营。

其次，统一信息格式标准后，电子商务获取的信息可以直接传送到需要的地方进行处理，加快了信息处理速度，减少了信息传递中的错误，同样提高了供应链的灵敏度，加速了资金周转。

最后，电子商务是构造虚拟企业的理想平台。瞬息万变的市场决定了企业的结构也需要极大的灵活性，若干企业只有根据自己的优势临时搭建起的虚拟企业才能抓住稍纵即逝的利润热点，而电子商务提供了可自由分解、组合的信息平台，为虚拟企业的管理运作奠定了基础。

因而，未来供应链的发展离不开电子商务，电子商务将成为供应链的一个基础支持平台。电子商务的优势发挥不仅表现在商品销售阶段，要发挥它的特长，而且还需要将其完全整合到供应链中，或者在供应链系统开始搭建的时候就将它作为一个基础平台。制造企业可以通过电子商务向供应商采购物料，从物流公司得到物流服务，从金融企业得到金融服务，和下游企业合作完成产品销售。与此同时，顾客可通过电子商务向分销商和零售商购买产品。由于电子商务连接着终端消费者，而满足消费者的需要从而获取利润是供应链存在的目的，因而电子商务直接掌握着供应链的第一驱动力，是供应链计划的信息源泉。综上所述，电子商务必须融入供应链的各个方面，使信息流紧密结合，才能实现供应链的真正无缝连接。

任务实施

第一步：将全班学生分成若干组，每组3~5人。

第二步：每组同学选出一位组长，负责协调本小组同学的工作。

第三步：实地考察当地的电子商务企业或者网上查询某家典型的电子商务企业，完成以下任务：

1. 分析调研企业的上下游企业。
2. 选择调研企业与上下游企业商流、物流、信息流、资金流的流转作业。
3. 试用供应链管理的知识来分析调研企业与合作伙伴的关系。
4. 尝试用供应链管理知识为调研企业分析存在的问题并提出建议。
5. 以小组为单位编写调研报告并进行调研成果汇报。

任务成果

目标企业供应链管理情况的调研报告，小组汇报PPT。

任务考核

序号	考核项目	考核标准	分值
1	人员分工	分工明确，各司其职，体现出良好的团队精神	20
2	调研过程	调研过程科学合理，信息收集整理详尽准确	20
3	调研报告	调研报告结构完整、内容充实、分析合理，能正确运用所学知识解决问题	30
4	小组汇报	PPT美观，逻辑清晰，语言表达自然流畅，观点鲜明	30
合计			100

任务小结

本任务主要学习了供应链及供应链管理的基本知识，包括供应链管理的目标、思想、特点等，尤其是分析了供应链管理与电子商务二者之间相互依存、相互促进的密切关系，为后期供应链模式选择和应用奠定了基础。

任务9.2 供应链的模式选择与管理运营

任务描述

在前文学习了供应链管理的基本知识的基础上，本次任务将学习供应链的运营模式和策略，分析不同模式的优缺点和应用情景，学习供应链管理的运营机制，了解电子商务环境下供应链管理的特征和应用。

任务知识

9.2.1 供应链模式分类

供应链管理平台可以由供应链中的一方或多方共同投资建设、进行管理，由于企业自身实力以及信息化程度的不同，供应链平台的建设模式选择就有不同。我们可将其归纳起来大体分为以下三种类型：

1. 自建模式

该模式是指供应链中的核心企业投资建立以自身发展为核心的平台，并建立符合自身发展需求的标准，依靠核心企业的影响力促使其他成员履行这一标准。如 DELL 通过自建的供应链管理平台，与其客户和供应商在一个统一的 IT 基础设施上协同行动，有效整合了渠道资源。

2. 共建模式

如果供应链中的企业实力或者影响力较弱，无法依靠自身实力搭建供应链平台，而是联合供应链上的其他成员共同建立合作平台，这也是一种有效途径。而且在共建平台的过程中，供应链成员企业可以共同制定统一的标准，增强伙伴之间的联系与合作。

3. 第三方模式

第三方模式即由第三方搭建供应链管理平台，也就是核心企业与渠道伙伴共同利用第三方投资建设的平台实现相应的供应链管理功能。核心企业及其合作伙伴不需自主投资、运营和管理其需要的供应链管理平台，而是与第三方供应链管理平台服务协商达成协议，通过互联网直接利用第三方为其提供的供应链管理软件功能，并享受第三方供应链管理平台服务商提供的各种服务。

9.2.2 供应链模式的比较

目前的趋势是应用第三方投资建设和管理的平台（也称“外包租用平台”）来实现供应链管理，因为与自建或者共建相比，利用第三方提供的供应链管理平台具有很大的优势。我们可以对自建（共建）平台和外包租用平台进行比较，如表 9-1 所示。

表 9-1 自建（共建）平台和外包租用平台之间的比较

指标	自建或共建	第三方提供
成本	建设花费巨大：人员、硬件、软件、开发、运行、维护、升级等每一项投资成本都很高	建设花费较小：只需要交纳租用费。因获得服务所产生的成本降低，企业组织也会降低人事成本
效率	效率低：企业不易将 IT 和自身经营业务完美结合	效率高：企业外包后能加强对核心业务的管理；集中更多的人力、物力专注于自身核心竞争力的发掘，提高工作效率。另一方面，ASP（应用服务提供商）拥有规模经济、范围经济等优势，能更好地为客户服务

续表

指标	自建或共建	第三方提供
速度	速度缓慢：从引进 IT 技术人才、购买计算机设备到项目需求分析直至项目开发完毕投入使用，周期很长	速度快：可以快捷而简便地使用系统
质量	一般较低，不能得到充分质量保证	承包商专业水准和良好业绩帮助企业使用最佳方案，更好地完成任务
资本	资本投资大，周期长	资本投资减少，现金流通
投资风险	风险大：根据摩尔定律，硬件投入随着时间消耗巨大，并且自建后不易退出	风险低：企业前期投入较少，很容易退出
社会整个资源	重复开发和重复劳动，浪费人力资源和社会财力	避免重复开发和劳动，节约人力资源和社会财力

虽然选择第三方提供应链管理平台有很多优势，但也应当考虑到这种方式的弊端：

首先，第三方对各成员企业不甚了解，对于供应链要达到的目标的理解就会与成员企业有差异。这就需要企业选择发展较为成熟的平台服务提供商，并在项目实施过程中充分沟通，才能达到预期的效果。

其次，选择第三方提供的平台有信息泄露、受制于人、运营维护费用较高等风险，这也是选择信息服务外包租用的共同的弊端。供应链企业在选择该模式时，应该制定应对措施，降低风险。

因此，供应链成员在构建平台过程中选择究竟是外包还是自建时，需要充分考虑，权衡利弊，选择符合供应链企业发展需求的供应链模式。

9.2.3 供应链管理的策略

传统的供应链管理以生产为中心，力图提高生产效率，降低产品成本，来获得利润。在销售方面则采用多种方式将自己的产品推销给顾客，并通过库存来保证产品能不断地流向顾客。而供应链管理的理念是以顾客为中心，通过顾客的实际需求和对顾客未来的需求的预测来拉动产品和服务。基于这种思想，产生了多种现代化的供应链管理策略，如有效客户响应策略，快速反应策略，供应商管理库存，延迟策略，准时生产制等。

1. ECR 和 QR

ECR 和 QR 是供应链管理的两个基本的策略。ECR（Efficient Consumer Response）意指有效顾客响应，是美国食品市场营销协会 1992 年联合可口可乐、宝洁公司等对供应链进行调查、总结、分析，得到改进供应链管理的详细报告，提出的概念体系，目的是降低供应链中不必要的成本消耗，给用户带来更大利益而进行企业间密切合作的策略。

QR（Quick Response）意指快速响应，是美国纺织与服装行业在 20 世纪 80 年代末发展起来的一种供应链管理策略，目的是减少原材料到销售点的时间和整个供应链上的库存，最大限度地提高供应链运行效率。

2. 供应商管理库存

供应商管理库存（Vendor Managed Inventory，简称 VMI），是一种供应链库存管理策略。《中华人民共和国国家标准物流术语》中供应商管理库存的定义是：供应商等上游企业基于其下游客户的生产经营、库存信息，对下游客户的库存进行管理与控制，即供应商将管理零售商销售点库存的权限交给供应商。供应商管理库存的主要思想是供应商在用户的允许下设立库存，确定库存水平和补给策略，拥有库存控制权。

3. 延迟策略

延迟策略是为了响应顾客需求，提高产品设计与制造的柔性而实施的一种策略，被认为是定制生产的一种手段。延迟策略首先在市场营销中被采用，后来逐渐应用于物流管理和供应链管理，其基本思想是把产品差异化的位置与时间尽量靠近用户。也就是说，产品在设计制造过程中采用标准化、模块化方法进行设计制造，当运送到地区分销中心后由地区分销中心根据当地用户对产品款式、外观、包装等方面特殊化要求进行重新组装，从而大大满足了不同地区与国家的用户对产品多样化的需求，提高了制造企业的市场响应能力。延迟策略能减少产品变化的成本以及库存费用，使企业适应市场变化的能力大大增强。

4. 准时生产制

准时生产制（Just In Time，简称 JIT）是日本丰田公司副总裁大野耐一综合了单件生产和批量生产的特点和优点，创造的一种在多品种小批量混合生产条件下高质量、低消耗的生产方式，即准时生产。准时生产制的基本思想是："只在需要的时候，按需要的量，生产所需的产品"，也就是追求一种无库存或库存达到最小的生产系统。

9.2.4 供应链管理机制

供应链管理实际上是一种基于"竞争—合作—协调"机制，以分布式企业集成和分布式作业协调为保证的新型企业运作模式。供应链的管理过程包括两方面：一是通过产品（技术、服务）的扩散机制来满足社会的需求；二是通过市场的竞争机制来发展壮大企业的实力。

供应链管理通过合作机制（Cooperation Mechanism）、决策机制（Decision Mechanism）、激励机制（Encourage Mechanism）、标杆机制（Bench-marking Mechanism）来满足客户需求，提高客户满意度，留住核心客户，从而实现供应链管理的最终目标。

1. 合作机制

供应链合作机制体现了战略伙伴关系和企业内外资源的集成与优化利用。基于这种企业环境的产品制造过程，从产品的研发到投放市场周期大大地缩短，虚拟制造与动态协作提高了业务外包（Outsourcing）策略的有效程度。企业集成的范围从原来的中低层次的内部业务流程重组到企业间的协作，这是一种更高级别的供应链集成模式。

2. 决策机制

由于供应链企业决策信息的来源不再仅限于一个企业内部，而是在开放的信息网络环境下，不断进行信息交换和共享，实现供应链企业同步化、集成化计划与控制的目的。随着广域网、局域网等技术的发展，可以构建基于供应链的企业决策支持系统，企业的决策模式将会产生很大的变化，因此处于供应链中的任何企业决策模式应是基于开放性信息环境下的群体决策模式。

3. 激励机制

供应链管理和任何其他的管理思想一样，都是为了使企业在竞争中从"TQCSF"几个方面取得优势地位（T为时间，Q为质量，C为成本，S为服务，F为柔性）。寻求均衡一致的供应链管理业绩评价指标和评价方法是目前供应链管理研究的重要内容，以此来激励供应链的企业按照既定目标进行管理决策和生产经营。

4. 标杆机制

标杆机制要求供应链节点企业向行业的领头企业或最具竞争力的竞争对手看齐，不断对产品、服务和供应链业绩进行评价，并不断地改进，以使企业能保持和发展自己的竞争力。企业通过推行标杆机制，可以降低成本，增加利润及销售量，更好地了解竞争对手，提高客户满意度，提升企业信誉，企业内部部门之间的业绩差距也可以得到缩小，从而提高企业的整体竞争力。

9.2.5 电子商务环境下的供应链管理

电子商务对现代供应链管理的影响是非常深远的，这不仅是因为它改变了商品交易的形式，而且还改变了物流、信息流和资金流。之所以会出现这种状况，是因为在拉动式生产经营模式下，消费者或客户对交易和服务的要求发生了深刻的变化。供应链在电子商务环境下呈现出新的特征，归纳起来有以下几点：

1. 信息的同步化

传统的供应链上的信息流是逐级传递的，这种逐级传递方式势必造成信息传递效率的低下和不准确，信息传递的低效率进而导致物流作业的高成本、低效率。电子商务供应链改变了传统供应链的这种状况，电子商务供应链上的信息是在链上各环节之间同步传输的，各节点企业及最终顾客可以通过 Internet 直接与核心企业进行信息交流。这样，信息传递的效率和准确性大大提高，供应链上各企业就能及时地根据客户需求安排生产计划，调整库存策略。

2. 供应链的流程由"推动"变为"拉动"

在电子商务时代，生产者与消费者的关系发生了变化，消费者的差异化需求得到了更大程度的满足，进而发展出更加复杂多变的需求；同时由于各种生产资源在电子商务环境中的虚拟化，生产者需要具备满足这种日益多变需求的能力，生产者与消费者的关系由生产者将产品"推"给消费者，转变为消费者"拉动"式。也就是说，供应链上的信息和物流的动力源从供应方转变为需求方。

3. 供应链的动态性增强

由于信息网络技术的革命性影响，赋予了供应链快速重构的能力，使得供应链的结构显现出动态性不断加强的网络形式，以适应电子商务环境下的市场变化、柔性、速度等需要。价值增值活动的网络化改变了供应链整体运作思路和发展方向，不再仅仅依靠现有的稳定合作关系，而是考虑在价值流的各个环节如何调配和利用最有效率的优质资源；然后，根据顾客的需求，动态地建立供应链，使供应链内部各经济实体的合作关系更富吸引力。

补充阅读

用数字化重塑供应链，IBM助力中国移动宁夏公司转型升级

供应链管理一直是企业数字化转型中的难点，特别是对供应链冗长复杂的通信行业来说更是如此。以电信运营商为例，其供应链体系就包括了采购管理、物流管理、供应商管理、产品管理等各个环节，承载着企业每年成本花费的大头。

那么，在企业数字化转型升级的大潮中，通信企业应该如何打造高效的供应链管理体系，让其成为业务高速发展的助力而不是阻力？

在IBM的助力之下，中国移动通信集团宁夏有限公司历时4年，构建了可视、可管、可控、可追溯的全网集中化供应链运营体系，打造了国内通信行业供应链管理的标杆案例。该供应链管理系统物流创新与实践项目最近还获得了中国物流采购联合会颁发的“2018年度智慧供应链优秀案例奖”，树立了通信行业供应链管理数字化的标杆。

1. 通信行业数字化转型，供应链管理是难啃的硬骨头

作为国内通信行业的老大哥，中国移动在业务保持规模优势的同时，供应链管理问题也逐渐成为数字化转型中迫在眉睫的痛点。

作为中国移动有限公司在宁夏设立的全资子公司，中国移动通信集团宁夏有限公司2017年营运收入达31.25亿元人民币，上交税收1.23亿元，是宁夏区域的龙头企业。但是陈旧的供应链管理体系，已经难以满足公司业务发展的需求。

在IBM项目实施之前，中国移动宁夏公司的供应链管理存在业务流程不贯通、物料主数据不统一、供应商协同能力较弱、数据可视性差等诸多问题。在整个中国移动集团中，宁夏公司的供应链管理问题可以说非常具有代表性。

2. 4年苦功，IBM助力中国移动宁夏公司实现经济效益近500万元

面对供应链管理这块难啃的骨头，中国移动宁夏公司找来了IBM作为其数字化转型和数字化重塑的战略伙伴。经过历时4年、为期3大阶段的供应链管理系统创新与实践项目，中国移动宁夏公司的供应链体系得到了彻底的梳理和重塑。

目前，中国移动宁夏公司的供应链管理体系已经在国内通信行业处在领先水平。这得益于项目逐步实现的四大成果：

(1) 纵横全流程贯通，数据可视化管理

首先，中国移动宁夏公司整体供应链体系实现了纵向贯通，从集团到省到地市，任何

一个供应链管理环节都实现了全流程贯通。

其次，横向串联。所有涉及供应链管理的系统，例如ERP、预算、合同、报账等以往分散的系统都联通了，并且还打通了与多个外围系统的数据接口。

在横纵打通基础上，中国移动宁夏公司的供应链运营情况可以通过视图、彩信等方式，向管理层实时展现全网数据，为其提供有效、数据支撑的决策依据。

(2) 统一的供应商门户平台

IBM助力中国移动宁夏公司搭建了全国统一的供应商协同门户平台，从采购环节到物流环节，供应商都可以协同参与进来。通过跟供应商共享库存，打造VOI（供应商拥有的库存）管理模式，中国移动宁夏公司进一步降低了库存，实现了与供应商的深度协同。

(3) 统一的物料编码体系

此前，各省移动的物料编码管理“各自为政”，有的省采用15位编码，有的省采用8位的，无法统一管理。

IBM帮助中国移动宁夏公司乃至整个中国移动的全物资（含非实体物资，如服务、软件等）管理制定了统一标准。截至2017年年底，共计完成了十余个大类，近千个小类，十余万条物料编码的编制。这一举措，也极大地推进了国内通信行业采购产品目录与物料主数据的标准化。

(4) 全网物流集中运营体系

在物流管理方面，IBM助力整个中国移动实现了“1个总部+5个大区物流中心+23个省公司”的集中管理模式，解决了此前仓储资源分散、资源利用率低、大量库存积压、物资供应响应不及时等诸多问题。2015年底，中国移动整体物流集中水平达到85%，集中化、规模化的物流运作带来了显著的成本下降。

据悉，从2015年到2017年，中国移动宁夏公司的库存周转率持续提升，2017年库存金额较2015年降低了36.77%，2017年库存周转率较2015年提升了37.19%。项目目前已经帮助中国移动宁夏公司实现了直接效益约490万元，包括仓储运输方面每年降低的资金大概在100万元。

（注：本文源于趣味科技的百家号文章，有删节。https://baijiahao.baidu.com/s?id=1615768553053232178&wfr=spider&for=pc）

任务实施

选择当地的电子商务企业进行实地调研，或者选择某家典型的电子商务企业进行信息收集整理，分析调研企业的供应链的运营模式和运营机制，分析其选择该模式的原因，并编写调研报告。

任务成果

1. 针对特定电子商务企业的电子商务的运营模式的调研报告。
2. 本次调研活动的成果汇报。

任务考核

考核内容	评价标准	分值	得分
调研准备	调研对象的选择具有针对性和代表性 调研目标明确，调研计划翔实完善 调研准备充分	10	
调研过程	充分了解调研对象的相关信息 针对调研对象的供应链运营模式进行有针对性的资料收集和调研 调研记录详尽 资料收集整理翔实细致	20	
实训报告	咨询报告结构合理、内容翔实、分析总结科学合理，体现出对供应链管理知识的认知与理解	50	
成果汇报	汇报材料翔实 汇报内容丰富充实 汇报过程流畅自然	20	
合计		100	

任务小结

本任务主要讲解了供应链管理的相关知识，包括供应链管理的目标、原则、内容、职能、特点等，并分析了供应链运营的几种典型模式及各种模式的优缺点，并通过任务实训，引导学生运用供应链管理的知识来分析和解决电子商务企业中存在的问题。

项目能力测试

一、单项选择题

1. 供应链由所有加盟的节点企业组成，其中一般有一个（　　）。

A. 销售企业　B. 核心企业　C. 电子商务企业　D. 生产企业

2. 供应链中的企业各有所长，专注于自身的核心业务，而将企业的非核心业务一般应委托给业务伙伴，这体现了供应链管理的（　　）思想。

A. 横向一体化　B. 集成化　C. 业务外包　D. 顾客满意

3. 供应商管理库存的简称是（　　）。

A. VMI　B. ECR　C. QR　D. JIT

4.（　　）要求供应链节点企业向行业的领头企业或最具竞争力的竞争对手看齐，并不断地改进，以使企业能持续提高自省竞争力。

A. 合作机制　B. 标杆机制　C. 决策机制　D. 激励机制

二、多项选择题

1. 供应链管理的目标包括（　　）。

A. 共享信息　B. 提高服务质量　C. 满足客户需求　D. 实现双赢

2. 供应链管理的思想包括（　　）。

A. 横向一体化　　B. 集成化　　C. 业务外包　　D. 顾客满意

3. 供应链管理强调供应链整体的集成与协调，要求各节点企业围绕（　　）进行信息共享与经营协调。

A. 物流　　B. 信息流　　C. 资金流　　D. 价值流

E. 工作流

4. 供应链管理机制包括（　　）。

A. 合作机制　　B. 决策机制　　C. 激励机制　　D. 标杆机制

三、简答题

1. 什么是供应链管理？
2. 供应链管理的目标是什么？
3. 供应链管理的特点有哪些？
4. 供应链的运营模式有哪些？
5. 简述供应链的管理机制。

项目10　电子商务物流模式管理

项目描述

随着电商的发展和日益成熟，物流成为各大电商企业竞争强有力的筹码，选择符合电商企业发展需求的物流模式对于每个电商企业而言，都是至关重要的。本项目主要介绍了第三方、第四方物流的相关知识以及电商企业常用的几种物流模式，并对各种物流模式的优缺点进行了分析和比较，使大家了解电子商务企业物流模式选择评价的基本方法。

项目要求

1. 掌握第三方、第四方物流的定义、特点、作用等相关知识。
2. 了解第三方物流、第四方物流与电子商务的关系。
3. 掌握电子商务企业常用的物流模式。
4. 了解影响电子商务企业物流模式选择的因素，能够根据企业自身条件选择合适的物流模式。

项目目标

【知识目标】

1. 掌握第三方、第四方物流的定义和特点。
2. 了解第三方、第四方物流与电子商务的关系。
3. 掌握电子商务物流模式的分类。
4. 了解三种常见物流模式的优缺点。

【技能目标】

1. 能够根据电子商务企业的实际情况，分析电商企业的物流模式。
2. 能够选择符合电商企业发展特点的物流模式。
3. 掌握电子商务物流模式选择的方法。

【职业能力目标】

1. 能够自主学习物流行业、电商行业的新知识、新技术。
2. 学以致用，能够利用所学知识解决电商、物流企业的实际问题。
3. 培养良好的团队精神。
4. 突破传统思维和传统工作流程的创新能力。

引导案例

苏宁物流反行业“常态”一毛钱不涨源于强大的物流运营能力

2018 年 9 月 27 日，苏宁物流常务副总裁姚凯通过微头条发声，承诺这个“双十一”，苏宁快递费用不涨一毛钱，以真诚待用户。在人力、物料、运营、车辆等成本日益攀升的今天，快递都陷入了“旺季不赚钱”的尴尬，缘何苏宁有如此底气？这底气源于智慧零售模式下苏宁的多元化仓储布局逐步完整，“无人化”军团日益扩大以及由此铸就的强大的物流运营能力。

一、物流中心加码，冷链崛起，多元化仓储布局形成

2018 年 7 月 6 日，苏宁易购发布公告称，其在物流地产基金方面已经募得首期资金规模 50 亿元，将主要用于收购苏宁建成的成熟仓储设施、市场化收购及投资开发符合条件的高标准仓储物流设施。“8・18”发烧购物节期间，苏宁物流全国物流中心新增了合肥、福州、天津、徐州四城，随后这四个城市几十万方仓储配套正式迎来大促海量订单的考验。目前，苏宁物流已经拥有 17 个全国物流中心。

随后，苏宁冷链异军突起。从 2 月开始，苏宁物流在北京、上海、广州、南京、杭州、重庆、济南等 45 个城市的冷链仓相继完成了建仓，辐射范围进一步扩大到全国 173 个城市。截至 2018 年 6 月末，苏宁物流及天天快递拥有仓储及相关配套面积 735 万平方米。

二、黑科技加持，创新“最后一公里”

伴随着全国仓储规模的极速扩张，AGV 机器人、“卧龙一号”“行龙一号”及无人机等黑科技不断丰富着苏宁“无人化军团”。在南京，苏宁“超级云仓”雨花物流基地是亚洲最大的智慧物流基地，约 2000 万件商品在这里实现从入库、补货、拣选、分拨到出库全流程的智能化作业，每个订单最快可在 30 分钟内出库。

上海奉贤物流基地和济南物流基地，AGV 机器人和人协同合作，实现了“货到人”拣选，单件商品平均拣货时间减至 10 秒。2018 年 5 月，作为苏宁无人驾驶项目里重要的

一环，"行龙一号" 无人重卡路测成功，主要解决苏宁物流园区到物流园区的干线运输和园区内的自动驾驶问题。

三、基础运费5元，满额免费，全国最具性价比的运费模式

在多元化仓储布局和末端配送智能化之外，从物流运营模式和服务收费标准来看，苏宁物流也堪称最具性价比。以苏宁易购网上订单为例，目前苏宁物流基础运费为5元，自营普通商品订单支付金额大于86元时免运费，对于v3、v4会员满76元即享免运费。苏宁还与递易（上海）智能科技有限公司达成战略合作，双方多线发力，打造一站式智慧社区、校园服务生态，实现新增10万家快递自提点的目标，全方位提升最后100米收货体验。

基于多年的坚持布局，苏宁物流的规模化红利正日益凸显，这也为苏宁决胜新零售时代增加了胜利的筹码。

（注：以上资料来源于新浪科技，有删节。原文链接：http://www.sohu.com/a/258148174_104421）

任务10.1 第三方和第四方物流

任务描述

本任务主要是学习第三方和第四方物流的定义、特点、作用以及二者之间的区别联系，介绍了第三方物流与电子商务之间相互依存、相互促进的关系，分析了第三方物流、第四方物流对于电子商务企业的作用。

任务知识

10.1.1 第三方物流的定义

据前瞻产业研究院发布的《2018—2023年中国第三方物流行业市场前瞻与投资战略规划分析报告》显示，2017年，我国第三方物流行业整体市场规模已经超过12000亿元，同比增速在6.3%左右，我国第三方物流已经进入了快速发展期。

第三方物流（Third-Party logistics，3PL），也称"物流外包"（Logistics Outsourcing）或是契约物流（Contract Logistics）。通常情况下，第一方物流是货物的供应方所提供的物流服务，即供方物流。第二方物流是货物需求方所提供的物流服务，即需方物流。第三方物流则是由供方和需方以外的组织所提供的物流服务。

国家标准《物流术语》（GB/T 18354-2006）中对第三方物流的定义是：第三方物流是指受客户委托为其提供专项或全面的物流系统设计以及系统运营的物流服务模式。具体而言，第三方物流是专门从事物流作业的公司为其他公司或组织提供与物流相关之服务，如运输、仓储、存货管理、订单管理、信息整合及附加价值等服务，或与相关物流服务的

业者合作，提供更加全面、专业、系统的物流服务。

第三方物流企业具有强大的市场需求以及良好的产出机制，能够带动其他产业不断发展，对于整个国民经济都有着重大的影响。第三方物流能够对各种物流功能以及物流要素进行有机整合，将企业内部物流资源整合和物流资源一体化逐步扩展到社会供应链全过程，专门为企业和消费者提供专业物流服务。

10.1.2 第三方物流的特点

与传统的供方物流、需方物流相比，第三方物流是一种新的物流运作模式，具有关系合同化、服务个性化、功能专业化、信息网络化等特点。具体而言，第三方物流的特点如下：

1. 关系合同化

第三方物流是通过契约形式来规范物流经营者与物流消费者之间关系的。物流经营者根据契约规定的要求，提供多功能直至全方位一体化物流服务，并以契约来管理所提供的物流服务活动及其过程，这也是第三方物流又被称为契约物流的原因。

2. 服务个性化

第三方物流能够根据物流消费者的物流服务要求提供有针对性的物流服务，第三方物流根据物流消费者在企业形象、业务流程、产品特征、顾客需求、竞争需要等方面的不同要求，提供个性化物流服务和增值服务。

3. 功能专业化

第三方物流既非货物的供方亦非货物需方，所提供的是专业的物流服务，这就要求第三方物流企业从物流设计、物流操作过程、物流技术工具、物流设施到物流管理必须体现专门化和专业水平，这既是物流消费者的需要，也是第三方物流自身发展的基本要求。

4. 信息网络化

信息技术是第三方物流发展的基础，第三方物流企业需要与货物的供需方进行大量的信息交流，以了解客户的物流需求，进而提供相应的物流服务，这一过程中，信息技术发展必不可少。物流服务过程中，信息技术、互联网技术的发展实现了信息实时共享，促进了物流管理的科学化，极大地提高了物流效率和物流效益。

10.1.3 第三方物流与电子商务的关系

目前，我国大多数的电子商务企业，比如淘宝、天猫、聚划算、唯品会、当当网等企业的物流配送服务主要是由第三方物流来完成的。电子商务产业的迅猛发展为第三方物流提供了发展的契机，促进了第三方物流企业的发展壮大。与此同时，第三方物流的发展也为电子商务过程中物资的流转奠定了基础。具体而言，两者的关系体现在以下三个方面：

1. 第三方物流是电子商务现实交易的最佳载体

电子商务是在开放的互联网环境下，实现消费者的网上购物、商户之间的网上交易和在线电子支付等过程的交易模式。电子商务发展的直接产物，就是促进了全球范围内的物资流通；而物资的流通往往需要专业化、现代化的物流服务，第三方物流企业恰恰能够提供专业、高效、低成本的物流服务，也就为电子商务的实现提供了最佳的载体。

2. 第三方物流是实现电子商务的最有力保证

电子商务采用现代信息技术手段，以数字化通信网络和计算机装置替代传统交易过程中介质信息载体的存储、传递、统计、发布等环节，从而实现了商品交易以及交易管理等活动的全过程无纸化，并达到了高效率、低成本、数字化、网络化和全球化。但商品的迅速、准确到达要靠现代化、专业化的物流过程来实现，因此，电子商务的发展，离不开第三方物流的支持，第三方物流是实现电子商务的最有力保证。

3. 电子商务影响着第三方物流的发展方向

一方面，第三方物流既是电子商务现实交易的最佳载体，又是实现电子商务的最有力保证；另一方面，第三方物流企业在运作管理过程中，为了更好地与客户进行信息交流和共享，也需要将电子商务技术引入企业管理中，而且电子商务的物流需求为第三方物流提供了广阔的需求市场，进而对第三方物流的发展方向有着深远的影响。

总之，电子商务的实现必须要有第三方物流提供支持和保障，而第三方物流的发展离不开电子商务所提供的广阔市场，第三方物流与电子商务二者之间相互依存、相互促进，具有密切的关系。

补充阅读

2017 年中国第三方物流行业概况及市场容量分析

一、全球第三方物流行业发展状况

英国第三方物流占其整个物流市场份额的 76%，美国的第三方物流每年要完成其 58% 的物流量。而在日本这一比例更是高达 80%，是世界上第三方物流比例最高的国家和地区。我国第三方物流较西方国家落后很多，尚不足全国物流量的 20%。2015 年，全球第三方物流的收入规模已达 7210 亿美元。

2015 年全球第三方物流收入规模 单位：亿美元

地区	北美地区	欧洲	亚太地区	南美地区	其他地区	合计
收入规模	1901	1545	2769	353	642	7210

二、我国第三方物流行业的发展状况

1. 我国第三方物流业发展空间较大

据统计，2016 年全国社会物流总费用 11.1 万亿元，同比增长 2.9%，物流市场规模较大。

一方面，目前我国物流市场以企业自营物流为主，第三方物流占比较小。在工业企业中，第三方物流仅分别占原材料物流和产成品物流的 19% 和 31%。而在商贸企业当中，第三方物流比例仅达 17%。另一方面，我国社会物流总成本明显偏高。2015 年，社会物流总费用与 GDP 的比率为 16%，而西方发达国家一般为 8%~10%。物流费用占我国国民经济很大比重，推行物流外包，发展第三方物流，降低物流费用占 GDP 的比重已经成为我国经济发展的战略。

2015 年，中国第三方物流收入规模为 1638 亿美元，第三方物流占物流市场 8.0% 的份额。发达国家的实践证明，独立的第三方物流要占到社会物流的 50% 以上，物流产业才算成熟。未来几年，我国第三方物流市场面临较大发展空间。

2. 我国物流服务层次较低，能够提供全方位服务的物流供应商较少

目前，我国的第三方物流企业多数只能提供单项或分段的物流服务，物流功能主要停留在储存、运输、配送等传统物流环节上，代理加工、JIT 配送、“零”库存管理、物流咨询与培训、物流信息等延伸服务不多，不能形成完整的物流供应链。现阶段，我国第三方物流供应商收益的 85% 来自基础性服务，增值服务及物资信息服务与支持物流的财务服务的收益只占 15%，服务功能较单一；而美国第三方物流企业的服务已远远超出传统理念的范畴，有 39% 的第三方物流企业在美国境内外直接或间接地为客户提供合同制造服务，有 67% 的第三方物流企业为客户提供融资服务，包括客户存货融资、保险服务、车队融资、应收款融资、资本设备融资等，美国第三方物流企业通过这种“全方位”的增值服务来开拓市场，而我国的第三方物流企业的服务水平与发达国家相比还有相当大的差距。

3. 社会库存周转率较低，直接影响我国社会物流成本

目前我国物流成本居高不下，已经引起全社会的关注。2015 年全年工业品物流总额 204.0 万亿元，同比增长 6.1%，占社会物流总额比重为 93.07%。由于缺乏产销协调的供应链信息化管理，我国的工业企业需要保存 45 天甚至 90 天的存货，而发达国家大型企业一般情况下只需保存 5 天的生产存货，整体不超过 10 天，因此我国生产企业日常保留的呆滞存货比例相对过大。过多的存货不仅占用资金，而且需要制造业企业提供大量的仓储面积。大量的待销库存需要不断地转运、存放，其中不能适销对路的存货以及呆滞存货从进货、生产、储存到处理甚至销毁都会产生物流成本，不仅浪费了大量资源，而且还直接推高了全社会的物流成本。

三、第三方物流市场容量分析

从宏观方面来看，我国第三方物流市场发展潜力巨大。据统计，我国社会物流总费用已经由 2005 年的 3.38 万亿元增加至 2015 年的 10.8 万亿元，年均增长 12.32%。

2005~2015 年我国社会物流总费用及增长率

（作者根据公开资料、智研咨询整理）

我国社会物流需求以制造业物流占主导。2015 年，社会物流总额达 219.2 万亿元，其中，制造业物流总额占比 93.07%。2008~2015 年，制造业物流需求系数平均值为 7.49，即每1元的工业增加值能拉动 7.49 元制造业物流总额，预计 2018 年我国制造业物流总额将达到 301.12 万亿元。

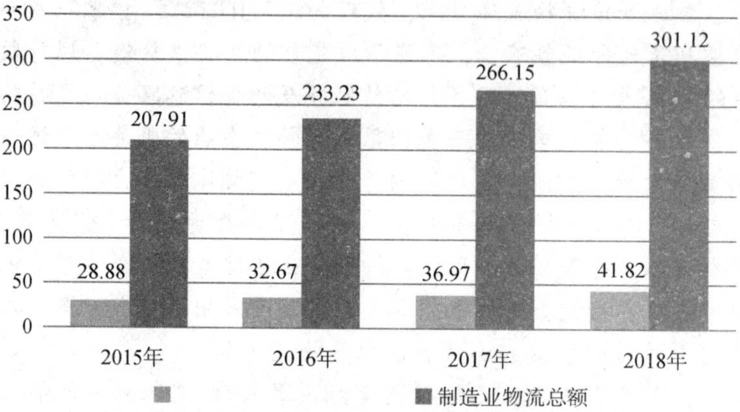

2015~2018 年我国工业增加值及制造业物流总额（万亿元）

（作者根据公开资料、智研咨询整理）

从微观方面来看，从事供应链管理的第三方物流企业的客户多为制造业企业，因此，所有制造业企业均可以成为从事供应链管理的第三方物流企业的客户，从事全程供应链管理的物流公司由于参与了制造业企业的原材料采购、商品销售等环节，因而制造业企业的原材料供应商和客户也可以成为该物流企业的客户，从而达到以点带面的客户累积效应。

（注：以上内容源自中国产业信息网，有删节。http：//www.chyxx.com/industry/201707/539024.html）

10.1.4 第四方物流的定义

第四方物流这一概念最早出现美国，而后在欧美发达国家流行。1996 年，第四方物流作为一个专业名称由咨询顾问专家 Bob Evans 提出，其所在的埃森哲公司还将 4PL 注册成商标。埃森哲管理咨询公司将第四方物流定义为：第四方物流，是一个供应链的整合者及协调者，调配与管理组织本身与其他互补性服务所有者的资源、能力和技术来提供综合的供应链解决方案。

自第四方物流概念提出至今，在二十几年时间里，国内外专家学者对第四方物流进行了很多研究，但其定义并没有统一。有专家认为，第四方物流是集成商利用分包商来控制与管理客户公司的点到点方式的供应链运作。也有专家认为，第四方物流是一个集中管理自身资源、能力和技术并提供互补服务的供应链综合解决方法的供应者。还有专家认为，第四方物流是为综合供应链解决方案的整合和作业的组织者，负责传统的第三方物流之外的职责，即第四方物流负责传统的第三方安排之外的功能整合。

本书对第四方物流的定义更倾向于咨询顾问专家 John Gattorna 的第四方物流定义：第四方物流提供商是一个供应链的集成商，对公司内部和具有互补性的服务商所拥有的不同资源、能力和技术能进行整合和管理，并提供一整套供应链解决方案。

虽然国内外学者对于第四方物流的定义不尽相同，但是综合来看，第四方物流定义的内容有许多相似之处：首先，第四方物流不仅仅提供单纯的物流服务，更多的是为企业提供完善的供应链解决方案，这一方案既包括了前期的物流策划，也包括了后期的物流售后服务，既涵盖了本企业也涉及上下游企业，第四方物流加强了企业与其利益相关方的联系；其次，第四方物流更多的是扮演协调者的角色，提供的服务不局限于自身资源，而且会更多地整合其他合作企业甚至是客户的优势资源、能力和技术，来为客户提供优质服务，在这个过程中客户既是合作者也是被服务者。

总之，第四方物流是一个供应链集成商，它能够调度、管理并组织自己所拥有的资源以及具有互补性的服务提供商的资源、能力和技术，进而提供系统性、综合性、一体化的供应链解决方案，并通过影响整个供应链来创造价值和获取价值。

10.1.5 第四方物流的特点

与第三方物流注重实际操作相比，第四方物流更多地关注整个供应链的物流活动，这种差别主要体现在以下几个方面，并形成第四方物流独有的特点：

1. 规划整个供应链物流系统运行方案

第四方物流有能力提供一整套完善的供应链解决方案，是集成管理咨询和第三方物流服务的集成商。第四方物流和第三方物流不同，不是简单地为企业客户的物流活动提供管理服务，而是通过对企业客户所处供应链的整个系统或行业物流的整个系统进行详细分析后提出高效合理的解决方案。

第四方物流服务供应商本身并不能单独地完成这个方案，而是要通过物流公司、技术公司等多类公司的协助才能将方案得以实施。第三方物流服务供应商能够为企业客户提供相对于企业的全局最优却不能提供相对于行业或供应链的全局最优，因此第四方物流服务供应商就需要先对现有资源和物流运作流程进行整合和再造，从而达到解决方案所预期的目标。

2. 提供的供应链解决方案是最优方案而非成本最低方案

最优而非成本最低有两个方面的含义：一方面指第四方物流提供的物流方案有可能使某个环节的成本高于未采用第四方物流方案时的成本，但是从整体来讲，其所耗费的成本比单独采用传统物流服务的成本低，所以在一些环节成本偏高属于正常现象，应用第四方物流要从整体上来把握最终的效果；另一方面是指第四方物流提供的物流服务不是以成本最低为目的，而是以企业获得最大利润为目的，并且这种与企业上下游的物流服务相联系的关系是长久的关系而非暂时性的，这种稳定的关系可以减少再次寻求物流服务的成本。如果企业采取以最低成本为目标，某些情况下会阻碍物流整体方案的运行，从而影响企业运营最优化的实现，因此第四方物流以整体最优为目标进行物流方案的设计来实现企业利润最大化。

3. 通过影响整条供应链来创造价值

第四方物流整合自身以及相关企业的优势资源、能力和技术，这些相关企业包含第三方物流提供商、信息技术提供商、客户、供应链管理咨询公司以及金融服务商等合作伙伴，第四方物流通过合理地选择合作伙伴并进行相应的培训，将整个物流运作流程进行优质的改造，使得各环节运作协调一致，从而提高整个供应链的效率，通过提高这些参与供应链各个环节的战略合作伙伴的服务技能来创新价值。第四方物流是通过对供应链产生影响的能力来实现自身价值，在向客户提供持续更新和优化的技术方案的同时，满足客户特殊需求。第四方物流服务供应商可以通过物流运作的流程再造，使整个物流系统的流程更合理、效率更高，从而将产生的利益在供应链的各个环节之间进行平衡，使每个环节的企业客户都可以受益。

总之，客户将物流外包给第四方物流企业，第四方物流企业则根据自身拥有的优势资源并结合自己整合的各方资源为客户量身打造最合适的物流方案，不仅仅降低了企业的物流成本，提供了完善的物流方案，更重要的是企业将物流外包以后，可以更加专注于自己的核心作业，提高了市场竞争力。对于社会而言，第四方物流整合了各方优势资源，提高了社会资源的利用率，降低了整个社会的物流费用，打破区域之间的独立性，加强全社会经济的共同发展。

10.1.6 第四方物流的模式

第四方物流结合自身的特点可以有三种运作模式可供选择，虽然它们之间略有差别，但都是要突出第四方物流的特点。

1. 协同运作模式

该运作模式下，第四方物流只与第三方物流有内部合作关系，即第四方物流服务供应商不直接与企业客户接触，而是通过第三方物流服务供应商将其提出的供应链解决方案、再造的物流运作流程等进行实施。这就意味着第四方物流与第三方物流共同开发市场。在开发的过程中，第四方物流向第三方物流提供技术支持、供应链管理决策、市场准入能力以及项目管理能力等，它们之间的合作关系可以采用合同方式绑定或采用战略联盟方式形成。

2. 方案集成商模式

该运作模式下，第四方物流作为企业客户与第三方物流的纽带，将企业客户与第三方物流连接起来，这样企业客户就不需要与众多第三方物流服务供应商进行接触，而是直接通过第四方物流服务供应商来实现复杂的物流运作管理。在这种模式下，第四方物流作为方案集成商除了提出供应链管理的可行性解决方案外，还要对第三方物流资源进行整合，统一规划，为企业客户服务。

3. 行业创新者模式

行业创新者模式与方案集成商模式有相似之处，二者都是作为第三方物流和客户沟通的桥梁，将物流运作的两个端点连接起来。两者的不同之处在于行业创新者模式的客户是同一行业的多个企业，而方案集成商模式只针对一个企业客户进行物流管理。这种模式下，第四方物流提供行业整体物流的解决方案，这样可以使第四方物流运作的规模更大限度地得到扩大，使整个行业在物流运作上获得收益。

第四方物流无论采取哪一种模式，都突破了单纯发展第三方物流的局限性，能真正地实行低成本运作，实现最大范围的资源整合。因为第三方物流缺乏跨越整个供应链运作以及真正整合供应链流程所需的战略专业技术，第四方物流则可以根据客户需求将每一个领域的最佳物流提供商组合起来，为客户提供最佳物流服务，进而形成最优物流方案或供应链管理方案。

任务实施

第一步：将全班学生分成若干组，每组3~5人。

第二步：每组同学选出一位组长，负责协调本小组同学的工作。

第三步：小组同学根据所学的知识，查阅资料并实施以下任务：

(1) 掌握第三方物流的定义和特点。

(2) 掌握第三方物流与电子商务之间的关系。

(3) 调研本地第三方物流企业，分析该物流企业特点和业务流程，重点是确定该物流企业能够为客户提供哪些物流服务，分析该企业采取了哪些措施提高客户服务质量。

(4) 将上述任务所学知识和调研情况做成PPT，进行小组汇报。

任务成果

第三方物流企业调研报告，小组汇报PPT。

任务考核

序号	考核项目	考核标准	分值
1	调研过程	能够合理安排调研过程，并对调研信息进行了认真记录和整理	20
2	调研报告	调研报告内容全面、分析合理，能正确运用所学知识解决问题，排版工整美观	50
3	小组成员合作情况	分工明确，团结合作，集体荣誉感强	10
4	汇报情况	汇报内容详细，逻辑清晰，语速恰当，声音洪亮，表达自然流畅	20

任务小结

本任务主要讲解了第三方、第四方物流的定义、特点、作用等相关知识，分析了第三方物流、第四方物流与电子商务的相互关系，并通过组织对第三方物流企业进行调研和考察，使大家更好地掌握和应用第三方物流知识来解决电子商务企业现实管理中存在的问题。

任务10.2　电子商务物流模式分析

任务描述

物流模式的选择影响着电子商务企业的发展和运营。在本次任务的学习中，我们将学习自营物流、第三方物流、混合物流这三种物流模式的定义和优缺点，介绍不同的物流模式的适用企业。通过分析影响电子商务企业物流模式选择的因素，为电子商务企业选择符合其发展要求的物流模式。

任务知识

10.2.1 电子商务物流模式分类

目前，典型的电子商务物流模式主要分为以下几种：自营物流（The Self-Run Logistics）、第三方物流（The Third Party Logistics）、混合物流（The Mixed Logistics）。

1. 自营物流

自营物流的实质是自建物流配送体系，指电子商务企业或电商平台在根据客户需求和客户分布，自己建设仓储中心和配送点，按客户订单进行拣选、发货、运输、配送直至将货物送到用户手中。完全自营物流运作模式是指以企业自身需求为核心，对涉及企业运营的供应、生产、销售等过程各个物流环节都由企业自身筹建并组织管理，实现对企业内部及外部物流进行管理的运作模式。

2. 第三方物流

前文已经讲到，第三方物流是市场竞争的产物，是物流专业化的一种形式，出现于20世纪70年代的美国。随着市场的发展、竞争的激烈，生产企业、销售企业、电商企业等无法将更多的精力、财力投入到物流上面，市场需要出现专业的物流企业来完成相关的物流的作业，因此第三方物流应运而生。对于电商企业而言，通过与第三方物流企业合作，可以节省大量的资金，而将企业的资源集中用于发展电子商务企业的核心竞争力，提高电商企业的竞争优势。

3. 混合物流模式

混合物流模式是指电子商务企业将关键的物流作业由企业自己进行管理运作，而将无关紧要或者企业不擅长的部分物流业务外包给第三方物流企业，综合自营物流和第三方物流两种模式的优势，为自身的电子商务开展提供物流保障。

10.2.2 自营物流模式分析

1. 自营物流模式的优势

（1）掌握物流控制权，有利于企业的整体管理

电子商务企业自建物流，不用借助第三方物流企业来为本企业完成配送等物流服务，不用受制于第三方的高物流费用以及服务限制。第三方物流企业服务的不仅仅是一家企业，它同时服务于多家企业，因此进行配送服务时，要综合考虑自身成本控制等方面的因素，难以及时对电子商务企业的服务要求作出反应。而自建物流体系则让电子商务企业在物流的全局控制上掌握了主动权，充分了解每一个物流作业的进行，可以及时有效地对企业自身的物流作业作出规划和调整，有利于实现企业的总体目标。

(2) 有利于树立品牌形象，增加竞争力

自建物流也是电子商务企业提高客户满意度、树立品牌形象、提高市场影响力的重要手段。如今，电商企业在经营范围、产品质量、售后服务方面的差距日趋缩小，物流服务能力已成为消费者选择电商的重要考虑因素。客户对物流配送服务的评价以及对物流配送人员的服务态度感知，直接影响着消费者的购买决定。目前，因物流配送人员服务态度差或配送服务质量差受到投诉的交易事项日益增多，选择自建物流，可以直接对配送人员进行培训以及控制服务过程，能够减少这类投诉事件发生的频率，有利于直接树立自身的品牌形象。

2. 自营物流模式的劣势

(1) 投资支出大，对于企业的资金、管理等能力要求高

自营物流的建设初期需要投入大量的资金进行物流设施建设、物流设备购置等，这会对采用自营物流的电商企业产生巨大的资金压力。通常情况下，只有具备雄厚资金实力的电子商务企业才会选择自营物流。此外，采用自营物流时，还要求电子商务企业有强大的物流管理能力，能够对企业的物流资源、物流功能、物流作业进行科学有效的管理。

(2) 垂直化经营为企业的经营管理带来全新的挑战

电子商务企业采用自建物流时，将不得不进入其之前所未接触过的物流行业，不可避免地会面临新情况、新业务、新挑战，需要积累物流业务经验，招聘或培养物流行业的管理人才，对物流业务投入更多精力和资源，这些都增加了企业经营的压力和风险。

10.2.3 第三方物流模式分析

1. 第三方物流模式的优势

在当今竞争日趋激化和社会分工日益细化的大背景下，第三方物流具有明显的优越性，能够提供比企业自营物流服务系统更便捷、成本更低、安全性更强、服务水平更高的物流服务。电子商务企业选择第三方物流的优势主要体现在以下方面：

第一，电子商务企业能将精力聚焦于主业。通过将物流业务外包给第三方物流公司，电商企业不需要再花费大量的人力、物力、财力来进行物流设施建设和物流作业管理，可以使企业资源能够最大程度地进行优化配置。企业能将有限的资源配置于核心业务，提高企业的核心竞争力，更好地参与市场竞争，得到客户认可。

第二，能够降低电商企业的物流成本，减少资金占用。第三方物流公司能够通过自身专业化的管理能力、资源整合能力、方案设计能力，并充分利用专业优势，从而提高物流服务的效率，达到节约成本的目的。比如，电子商务企业如需运输、仓储服务，不再需要自有车队或者自建仓库，只需将物流服务外包给专业的第三方物流企业即可，避免了因车辆购置和仓库建设而产生的巨大费用，还能节省物流管理费用、物流机械维护费用以及物流人工成本，减少了企业的资金占用。

第三，降低产品库存，减少企业资金压力。通常，电子商务企业的资金及资源有限，无法承受库存的过度增长，尤其是高价值商品的库存将会占用企业大量的资金。第三方物

流供应商可以通过专业化的物流管理能力、高效的管理手段以及丰富的管理经验，帮助电子商务企业减少库存，有效改善企业现金流状况，实现竞争优势。

第四，提高企业经营效率，提升企业形象。第三方物流供应商是物流解决方案的专家，他们可以通过完善的物流资源、丰富的业务网点、专业的人才队伍，优化和管理整个物流过程，减少物流链的复杂性，提高物流服务质量。第三方物流还可以通过完善的信息网络使整个物流供应链管理过程透明化，降低物流管理风险，使客户能够实时了解物流服务进程。第三方物流供应商还能够结合客户需求，通过定制化的服务为客户提供高效率的物流服务方案，提高客户整体经营效率，为客户能够在竞争市场中取胜创造有利的条件。

2. 第三方物流的不足

与自营物流相比较，第三方物流在为电子商务企业提供高效的物流服务的同时，也会给企业带来诸多的不利。比如选择第三方物流时，电子商务企业可能会丧失对物流活动的主导和控制，有可能导致信息泄露、对外部物流产生依赖等。具体而言，企业在选择第三方物流时，应该注意以下弊端：

（1）限制企业对物流环节的控制能力

企业在选择第三方物流配送模式时，就会失去对物流环节的主导掌控权，可能会引发不必要的风险，从而降低了物流服务的质量。

（2）企业与客户的关系被削弱

物流外包给第三方，企业就不能直接为客户提供服务，失去了部分与客户直接交流沟通的机会。对企业而言，这有可能会降低顾客的产品消费体验，不易于维护企业与客户之间的长期合作关系。

（3）信息泄露风险

如果电子商务企业选择第三方物流配送服务，就会使第三方物流公司掌握了企业的供求信息、客户信息、货物周转量等经营管理的信息。而第三方物流公司并不是仅仅同一家企业合作，这增加了企业信息泄露的风险。

（4）连带经营风险

在与第三方物流企业的合作过程中，很多电子商务企业会长期选择一家或多家适合自己的第三方企业提供物流服务，容易对第三方物流企业产生依赖。若第三方物流企业由于倒闭、停业、破产等事件导致无法提供相应物流服务，就有可能影响企业的生产经营，而重新选择物流服务商又往往需要花费巨大的成本。

10.2.4 混合物流模式分析

1. 混合物流模式的优势

（1）运输、仓储、配送等服务灵活性强

混合物流的显著优势在于运输、仓储、配送等物流活动的灵活性。由于混合物流模式是自营物流与第三方物流的结合，核心的物流活动掌握在企业自身手中，部分非核心业务外包给第三物流方。企业可以根据自身的特点选择外包和自营的比例以及范围，保证了配送等物流活动的灵活性，有利于企业的有效运转。

（2）物流成本控制力强

完全外包给第三方物流的模式导致物流成本的控制权在第三方物流手中，而混合物流模式里，电子商务企业控制着重要的核心物流业务，使企业能有效地控制物流成本。

（3）掌握企业核心物流控制权以及市场控制力

混合物流的特点在于电子商务企业是将非核心的物流业务外包出去，而与企业自身息息相关的关键物流业务依然由电子商务企业控制，因而可以提高电商企业对核心物流活动控制权，弱化了对外部物流的依赖，降低了企业经营风险。

2. 混合物流模式的劣势

（1）物流可控性差

混合物流的灵活性也决定了该方式在物流部分环节的不可控性以及复杂性，该模式下，电子商务企业和第三方物流各自掌控了部分物流作业和物流信息，难以全盘掌握总物流动向，降低了物流管理的系统性和可控性。

（2）与自营物流相比，物流管理难度加大

混合物流模式由于既有自营物流业务又有委托第三方的物流业务，电商企业不仅需要加强自营物流的管理，而且还要投入时间和精力适时制订两者的业务匹配计划，并对其效果进行监督，以求得最好的经济效果，因此，混合物流模式进一步加大了企业物流管理难度。

10.2.5 物流模式比较分析

不同的物流模式有着各自的优势与劣势，将三种物流模式的优劣势比较分析，总结成表 10-1。

表 10-1 三种物流模式的优劣分析

	优势	劣势
自营物流模式	1. 掌握物流的控制力，有利于公司整体的管理； 2. 有利于树立品牌形象，增加竞争力； 3. 节省物流总成本，控制资金。	1. 投资成本大，尤其是建设、管理成本，对于企业的资金、管理等能力要求高； 2. 脱离了原来的主营业务，对于企业的经营管理带来全新的挑战。
第三方物流模式	1. 节省物流业务投资； 2. 基于第三方物流的专业性，可以提供更加专业的物流服务，降低物流风险； 3. 利于企业集中精力于主要核心业务上。	1. 企业无法参与到物流过程中，受制于第三方物流企业的控制； 2. 客户维护率低； 3. 物流业现状无法满足 B2C 电子商务企业的发展要求。
混合物流模式	1. 配送等服务灵活性强； 2. 物流成本控制力强； 3. 掌握企业核心物流控制权以及市场控制力。	1. 总物流可控性差； 2. 与自营物流相比，物流管理难度加大。

补充阅读

“双十一”临近电商巨头纷纷备战物流

随着“双十一”的临近，物流作为零售电商上游供应链重要的一环，电商巨头陆续进入战前准备。

2018年10月14日，天天快递2018年旺季动员大会上，苏宁物流常务副总裁、天天快递总裁姚凯指出，未来快递行业的竞争不再是单一的发件、配送，天天快递不能再定义为传统快递公司，而应该是差异化的服务新零售主攻高附加值业务的新型快递平台。

为服务新零售，天天快递将围绕苏宁多业态多场景零售、社会化新型零售业态的发展，布局同城、O2O社区配送业务；生鲜冷链配送业务加快布局新业态；推行产地仓、分销仓业务；苏宁小件仓对加盟商开放，联合拓展电商仓配业务。

事实上，自苏宁易购2017年1月全资收购天天快递，一直被业内人士视为阿里对于全网物流的又一战略布局。在阿里已持有圆通、百世、全峰等快递公司股份的情况下，由阿里持股的苏宁收购天天快递，或有利于阿里保持在快递市场的中立性。

数据显示，苏宁将天天快递接入菜鸟裹裹业务后，截至2017年年底，天天快递已经占据了菜鸟裹裹60%以上业务量的揽收。

2017年9月，阿里增持菜鸟网络，持股比例增至51%，并承诺将在五年内继续投入1000亿元，建设菜鸟网络的物流体系，最终“打造一张中国24小时、全球72小时必达的物流网络”。阿里表示，对于物流网络建设的战略布局，是为了轻重有度地打造服务于新零售的新物流，以解决客户问题，提升社会物流效率。同时，能够大幅提升消费者购物体验的新物流模式的兴起和发展，也将推动新零售的进一步扩张。以阿里新零售的“代表作”盒马鲜生为例，要求3公里范围内30分钟完成配送。这样的模式颠覆了传统的物流通道，也给了菜鸟网络弯道超车的机会。

平台化的阿里VS重资产的京东

阿里自2013年组建菜鸟物流，借助物流地产商的“地网”优势和“三通一达”的“人网”优势，快速提升自身的仓配运营效率，同时赋能传统物流企业。我国的民营物流企业，绝大部分呈现企业规模较小、地域特征明显的特点。菜鸟平台开放的物流云全链路的能力，加速了中小物流迈入智慧物流的步伐。而对自身物流体系的建设，阿里则远不及京东重视。

京东依托投入巨资建设的物流体系，于2010年推出211限时达服务，实现“当日达”与“次日达”。京东物流的配送速度，在早期确实为京东的电商业务夺得不少优势。但随着2013年菜鸟网络的横空出世，“当日达”及“次日达”不再是京东的专利，京东的自建物流也从封闭体系中走出来，对外开放。

2016年11月，京东物流宣布推出独立的品牌，向全社会开放。当时京东的物流技术开放仅服务于以京东仓储为核心的有限场景，接入京东物流体系的第三方数量非常有限。与平台型的阿里相比，自建物流居高不下的人力成本对京东来说，也是不小的负担。京东仓储事业部负责人吉芥在 2017 年全球物流技术大会上透露，京东在 B2C 业务发展的十多年间，人力成本在京东总成本中占比非常大，而人力成本的增速也居高不下。

据吉芥介绍，2011 年京东开始做“亚洲一号”规划设计时，曾对人力成本进行过估算，当时是按照人力成本每年 5%的增速计算，但 5 年后回过头去复盘，却发现人力成本的增速远远超出甚至成倍于当初的预期。京东自称“具有高度智能化和自动化特征”的“亚洲一号”仓库，据财联社此前报道，目前全国 13 个亚洲一号仓库，除了一个无人仓，其余自动化程度并不是很高。

随着京东无界零售的推进，京东物流的开放程度也在不断加深，除了向更多的第三方开放，还将增加面向个人用户的业务。但是，在物流格局相对稳定的情势下，京东物流要如何吸引更多的个人用户和商家，还留待解答。

[注：本文摘自财联社（记者萧朗）百家号文章《双十一临近，电商巨头纷纷备战物流》，稍有删节。https：//baijiahao. baidu. com/s？ id = 1614529916506789334&wfr = spider&for =pc]

10. 2. 6 电子商务企业物流模式选择的影响因素

电子商务企业在选择物流模式时，要认真研究各种物流模式的利弊，并针对企业发展需要选择适合自己的物流配送模式。影响电商企业选择物流模式的因素可归纳为如下几种：

1. 经营商品的属性

电子商务企业所经营商品的属性会影响到企业物流模式的选择。比如对体积大、价值高的物品，企业会考虑选择自营物流模式，以避免物品配送过程中出现毁损、遗失等问题，影响企业的声誉。而食品或是冷鲜品都对仓储设施设备、运输车辆、流通加工过程提出了严格的限制，往往需要专业化的冷链物流公司，所以经营这类产品的电商企业往往会选择第三方物流，以获得满意的物流服务。

2. 企业的规模及实力状况

在物流模式的选择理论研究中，企业的规模及实力状况也是重要的影响因素。对于规模庞大、资金实力雄厚的大型电商企业来说，自营物流不仅能满足本企业较大的物流需求，而且还能掌控物流的重要环节，控制物流成本，提升物流效率，在更大程度上拉开与其他电商企业的差距，获得更大的市场和收益。而规模较小、市场定位尚不稳定、处于发展中的企业更应该专注于本企业的核心业务，将物流业务外包。因此，对于规模实力强的大型电子商务企业，可以考虑选择自营物流；对于规模较小、资金实力弱的中小企业倾向于第三方物流模式或者混合物流模式。

3. 物流对企业的影响度

如果物流业务对企业的影响重大，企业资金雄厚，又掌握专业的物流知识，则企业就可以建立自营物流体系，这样可以为客户提供专业化的服务，提升企业的形象。如果物流业务对企业的影响能力比较弱，企业规模也很小，那么企业比较适合选择外包的形式，来获得更加专业化的服务。

4. 企业对物流的控制力的要求

企业对物流控制力的要求也是企业选择物流模式是考虑的重要因素之一。如果物流服务对企业的影响重大，需要控制整个物流环节，那么企业最好选择自建物流，这样可以更好地保护自己的销售渠道，提高客户的服务水平。如果企业对物流的控制要求不是很高的话，企业可以选择第三方物流或者混合物流模式。

任务实施

选择当地的电子商务企业进行实地调研，或者选择某家典型的电子商务企业，利用互联网或者其他渠道进行信息收集整理，分析调研企业所采用的物流模式，分析调研对象选择该物流模式的原因，并编写调研报告。

任务成果

1. 针对特定电子商务企业的物流模式的调研报告。
2. 本次调研活动的成果汇报。

任务考核

考核内容	评价标准	分值	得分
调研准备	调研对象的选择具有针对性和代表性； 调研目标明确，调研计划翔实完善； 调研准备充分。	10	
调研过程	充分了解调研对象的相关信息； 针对调研对象的物流模式进行具有针对性的资料收集和调研； 调研记录详尽； 资料收集整理翔实细致。	20	
实训报告	咨询报告结构合理、内容翔实、分析总结科学合理，体现出对供应链管理知识的认知与理解。	50	
成果汇报	汇报材料翔实； 汇报内容丰富充实； 汇报过程流畅自然。	20	
合计		100	

任务小结

本任务主要讲解了电子商务企业常用的三种物流模式，即自营物流、第三方物流、混合物流，介绍了这三种物流模式各自优缺点和适用对象。另外，组织学生针对某一电子商务企业的物流模式进行调研，分析企业选择该模式的原因及存在的问题，提高学生利用物流知识解决电子商务企业实际问题的能力。

项目能力测试

一、单项选择题

1. 第三方物流的英文简称是（　　）。

A. 3PD　　B. 3PL　　C. 3AP　　D. AD

2. （　　）有能力提供一整套完善的供应链解决方案。

A. 第三方物流　　B. 第四方物流　　C. 自营物流　　D. 混合物流

3. （　　）是指电子商务企业将关键的物流作业由企业自己进行管理运作，而将无关紧要或者企业不擅长的部分物流业务外包给第三方物流企业一种物流模式。

A. 自营模式　　B. 第三方物流模式

C. 混合物流模式　　D. 供应链模式

4. 电子商务企业所经营商品的属性会影响到企业物流模式的选择，比如对体积大、价值高的物品，企业会考虑选择（　　）模式。

A. 自营模式　　B. 第三方物流模式

C. 混合物流模式　　D. 供应链模式

二、多项选择题

1. 第三方物流又被称作（　　）。

A. 物流外包　　B. 供方物流　　C. 契约物流　　D. 电商物流

2. 第三方物流的特点包括（　　）。

A. 关系合同化　　B. 服务个性化　　C. 功能专业化　　D. 信息网络化

3. 第四方物流的模式有（　　）。

A. 协同运作模式　　B. 方案集成商模式

C. 行业创新者模式　　D. 供销一体模式

4. 电子商务企业选择第三方物流的优势主要体现在（　　）。

A. 电子商务企业能将精力聚焦于主业

B. 能够降低电商企业的物流成本，减少资金占用

C. 掌握企业核心物流控制权以及市场控制力

D. 提高企业经营效率，提升企业形象

5. 企业在选择第三方物流模式时，应该注意以下弊端（　　）。

A. 限制企业对物流环节的控制能力

B. 企业与客户的关系被削弱

C. 信息泄露风险

D. 连带经营风险

三、简答题

1. 第三方物流的定义是什么？

2. 第三方物流特点是什么？

3. 简述第三方物流与电子商务的关系。

4. 第四方物流的特点有哪些？

5. 常见的物流模式有哪些？

主要参考文献

[1] 南灵燕．电子商务与现代物流融合发展浅谈［J］．物流工程与管理，2010（10）．
[2] 王暖．我国电子商务物流发展现状及问题研究［J］．经济研究导刊，2016（7）．
[3] 邱冬阳．论电子商务物流的八种模式［J］．中国流通经济，2001（1）．
[4] 董安邦．廖志英．供应链管理的研究综述［J］．工业工程，2002（9）．
[5] 刘建华．徐志国．电子商务与第三方物流模式［J］．信息技术，2002（9）．
[6] 张鑫，等．电子商务物流浅析［J］．新疆大学学报（哲学·人文社会科学版），2010（1）．
[7] 赵爱香．电子商务环境下物流管理创新发展路径研究［J］．改革与战略，2016（12）．
[8] 戚润洲，杨爱霞．我国电子商务物流业的发展［J］．科技情报开发与经济，2006（1）．
[9] 张莉，李秀丽．现代物流管理［M］．沈阳：东北大学出版社，2017.
[10] 李兴志，张龙．物流信息管理［M］．哈尔滨：哈尔滨工业大学出版社，2018.
[11] 楚晓娟，李永梅．电子商务物流［M］．天津：天津大学出版社，2019.
[12] 王桂花，王志凤，高文华．供应链管理［M］．北京：中国人民大学出版社，2019.
[13] 郭宁．物流运输管理实务［M］．上海：上海交通大学出版社，2016.